벗들과
이세상을
여행하며

이윤희 지음

돌샘서훈

저자 이윤희

- 1947년 서울 용산 출생
- 대광고, 서울대학교 농과대학 졸업
- 한국외국어대학교 무역대학원 수학
- 평생직장 : 농협중앙회
- 1977년부터 네델란드, 인도, 일본, 태국 등 연수
- 퇴직 후에는 등산, 여행을 즐겨하여 국내외 여러 곳을 다녀옴
- 수필동호회, 사진동호회 회원들과 수필집을 공동저술.

e-mail: lyyhhll@naver.com

벗들과 이 세상을 여행하며

2024년 8월 19일 초판 1쇄 인쇄
2024년 8월 27일 초판 1쇄 발행

글・그림・사진 / 이윤희
기획・편집 / HJ Process
발행인 / 고우용
발행처 / 도서출판 서훈
등록일 / 1997년 11월 25일
출판등록 / 제 2018-000062호
주소 / 서울특별시 은평구 갈현로47가길 22
전화번호 / 02)324-6577
팩시밀리 / 02)324-6177

정가 /27,000원

ISBN / 978-89-6249-164-7 03980

2024 ⓒ 이윤희

이 책은 저작권법에 의해 한국 내에서 보호받는 저작물이므로 법에
정한 예외 이외의 무단전제나 복제, 매체 수록 등을 금합니다.

'벗들과 이 세상을 여행하며'를 쓰며

어느 날 무대 한쪽에 슬그머니 등장하였다, 언제인가 무대에서 사라질 나의 인생은 3막으로 나눌 수 있겠다. 성숙단계, 취업단계, 퇴직단계의 3막으로. 3막이 시작된 지도 벌써 20년. 인생이란 무대의 마지막 장을 향해 가고 있다.

아무런 준비도 없이 3막에 들어서서 한 일은 글쓰기, 사진 찍기, 드로잉을 시작한 것이다. 손광성 선생님, 고인이 되신 박광정 선생님에게서 글을 배웠고, 간지 선생님한테 사진을 배웠다. 그리고 남정식 선생님 지도하에 드로잉을 시작했다. 원래 소질이 없어 아직도 초보 상태이지만 네 분에게 감사를 드린다.

벗들과 함께한 등산, 여행, 걷기 등에서 사진과 글쓰기는 매우 유용하였다. 카페, 브로그, 카카오스토리 등을 통하여 친구, 지인들과 매우 가까워졌고 기행문을 책으로 내라는 말도 많이 들었다. 그러나 사진을 곁들인 글은 쉽게 읽혀질 수 있지만, 인쇄물로 발행하기에는 많은 제한이 있다.

그래서 팔순을 앞두고 기억에 남아있는 미국횡단, 뉴질랜드 종단, 타이완 자유여행을 묶어 책을 내고 팔순 기념으로 선물을 할까 하는 마음을 갖게 되었다. 사실 인생을 돌아다 보면 지인들의 도움을 너무 많이 받았다. 고마워할 줄 모르는 나의 좁은 마음을 바꾸는 계기로 삼았으면 하는 마음이다.

이번 기행문을 쓰다 보니 나와 가장 많이 여행한 세 친구와의 이야기가 빠졌다. 고인이 된 친구 정지형, 내가 퇴직을 할 즈음 기자 생활을 마친 친구 전재혁, 그리고 모토로라에서 임원을 했던 친구 민경희가 그들이다. 그들과의 여행은 언제나 내 삶의 원동력이 되어왔다. 셋 모두 기행문에 나온 친구들과 마찬가지로 고교 동창이다.

미국, 뉴질랜드, 타이완 여행기를 쓰다 보니 문제가 다 다르다. 여행 시기가 3년 내지는 5년 이상 차이가 나니 어쩔 수 없는 것 같다. 뉴질랜드 여행의 동기가 된 친구 오길수, 책을 내는 데 큰 도움을 준 친구 손재완에게 특별한 감사를 하고 싶다. 여행을 같이 한 친구들은 말할 것 없고. 돌이켜 보면 뻔질나게 밖으로 나돌았던 나. 자유로운 영혼을 허용해준 집사람과 가족에게 고맙다는 말을 하고싶다.

그리고 개발새발 원고를 다듬어주고 출판해 준 도서출판 서훈 관계자 여러분들에게 감사를 드린다.

2024. 5.

난해 이 윤 희

목차

'벗들과 이 세상을 여행하며'를 쓰며 ··· 3

칠순맞이 미국 횡단 여행 / 9

  1. 자연의 평화가 깃들은 요세미티 ·· 15
  2. 형형색색形形色色인 사막의 골짜기, 데스벨리 ··································· 25
  3. 라스베이거스 그리고 장대한 그랜드캐니언 ······································ 39
  4. 글랜캐니언국립휴양지, 홀스 슈 그리고 앤티롭캐니언 ························ 51
  5. 나바호족의 한이 서린 모뉴멘트벨리 ··· 61
  6. 버진강과 어울린 자이언국립공원 ·· 71
  7. 고원지대의 홍보석 만화경, 브라이스캐니언 ···································· 79
  8. 태양이 머무는 곳, 아치스 ·· 87
  9. 원시의 골짜기, 캐니언랜즈 국립공원과 콜로라도 준공립공원 ············ 101
  10. 콜로라도강의 발원지, 로키산맥국립공원 ····································· 111
  11. 나이야 가라 외치며 나이아가라로 ··· 121
  12. 여행자들이 방황하고 싶은 곳, 뉴욕 ·· 141

7학년의 죽자사자 뉴질랜드 여행 / 165

1. 오클랜드 근교, 그리고 북섬 남쪽으로 · 169
    데본포트 · 169
    후카폭포, 스파서멀파크 Spa Thermal Park와 타우포호수 · 170
    타라나키폭포 트랙 · 172
    남섬 가는 배를 타러 웰링톤으로 · 174

2. 남섬의 최남단을 향하여 · 177
    아벨타즈만 트래킹 · 177
    푸퐁가, 그레이마우스 · 182
    이안테호수, 프란츠죠셉빙하 · 186
    마운틴쿡 트래킹 · 187
    와나카 트래킹 · 192
    퀸스타운 · 196
    알랙산드라, 록스버그, 인버카길 · 198
    큐리오베이, 오와카 · 200

3. 남섬 동쪽해안을 북상하여 픽턴항으로 · 203
    더니든 · 203
    아카로아 · 205
    크라이스트처치, 보웬베일 트래킹 · 206
    햄머스프링, 카이코우라 · 210
    블레넘(브렌하임) · 214

4. 북섬 동해안을 북상하여, 오클랜드로 · 215
    케이프팰리저, 캐슬포인트 · 215
    우드빌, 네이피어 · 219
    타우랑가 · 220
    코로만델반도 동쪽 해안 · 222
    커시드럴코브 Cathedral Cove · 224
    오클랜드, 그리고 귀국 · 228

타이완 자유여행 / 233

1. 타이완 북부 여행 ·· 235
- 단수이淡水 ·· 237
- 구꿍보우위엔故宮博物院 ·· 239
- 롱산스龍山寺 ·· 241
- 쭝정지니엔탕中正記念館 ·· 242
- 스린야시장士林夜市 ·· 243
- 화리엔花蓮 ·· 244
- 타이루거太魯閣 공원 ·· 245
- 치싱탄七星潭, 화리엔 ·· 247
- 예류野柳 지질공원 ·· 248
- 101빌딩, 시먼西門 ·· 250
- 띠르꾸地熱谷 그리고 귀국 ·· 251

2. 타이완 남부여행 ·· 253
- 가오슝, 류허시장 한 바퀴 돌고, 아이허 유람선 타기 ···················· 254
- 땅끝마을, 컨딩墾丁 즐기기 ·· 257
- 가오슝항高雄港 건너, 치진旗津섬 즐기기 ·· 265
- 타이완 역사기행, 타이난 ·· 270
- 다시 가오슝으로 ·· 277

3. 타이완 중부 여행 ·· 283
- 아리산 1박 2일 ·· 287
- 타이중으로 돌아와서 저녁산책 ·· 299
- 르웨탄(日月潭, Sun Moon Lake)에서의 하루 ································ 301

참고한 책 / 310

칠순맞이 미국 횡단 여행

- 콜로라도강을 거슬러 올라 -

데스벨리, 메스퀴테 사막

칠순이 돌아오기 전에 여행다운 여행을 해보자고 고등학교 친구끼리 계획한 미국 횡단 여행은 떠나는 날까지 마음을 졸이게 했다. 무거운 가방을 들어준다고 역까지 마중 나온 집사람이 떠나는 순간까지 가지 말라고 말렸으니. 한해 전 8월에 위를 자르는 수술을 한 이후 먹는 것이 시원찮았고, 자다가 몇 번이고 화장실을 들락거리는 실정에다, 떠나기 전날까지 허리가 아프다, 왼쪽 어깨 근육이 뭉쳤다 하며 한의원을 다녔으니 말이다.

여행은 계획단계에서 시작하여 짐 꾸릴 때까지도 나름대로 즐거움이 있다. 소풍 가는 아이와 마찬가지로 기대에 부풀어서 말이다. RV(Recreation Vehicle, 레저차량, 캠핑차)를 타고 미국 서부의 국립공원을 중심으로 나이아가라까지 이곳저곳 들려, 있는 그대로의 자연을 즐기기도 하며 중간중간 트래킹을 하기로 한 여행이니까, 기대가 더 컸다.

여행 관련 책자를 뒤지다 보니, 도린 오리온이 쓴 '비바 라스베이거스(슈즈홀릭이 반해버린 미국 캠핑카 여행)'가 눈에 띄었다. 의사 부부인 도린과 팀이 1년가량 미국 전역을 누비며 쓴 캠핑카 여행기다. 구두 200켤레를 신고 다니며, 나체주의자들 캠핑장에서 "구두는 신어도 되죠?"라고 천연덕스럽게 묻는 슈즈홀릭(shoesholic, 구두에 열광하는) 여인의 얘기. 차량 고장으로 고생한 일, 강도를 만난 사건 등은 우리에게도 닥칠 수 있는 일이니까 걱정도 되었지만, 여행이 끝난 후 부부관계뿐 아니라 생활 전반이 스릴 넘치고 신이 났다는 대목에서, 우리의 여행도 그렇게 되었으면 하는 마음이었다.

멋진 강화도

사막에도 가고, 겨울에 이미 들어선 로키산국립공원Rocky Mountain National Park도 갈 터이니, 사철 옷가지와 등산스틱 등을 단단히 준비하라는 친구의 말도 있었고, 삼각대며 무거운 카메라 줌렌즈를 넣을까 말까 망설였고, 결국은 작아야만 하는 여행 가방은 빵빵해지고 말았다.

마나님과 이별하고, 같은 동네 사는 친구, 호텔리어와 함께 공항철도를 타고 인천공항을 가려니 강화도의 멋진 모습이 차창에 스쳐 지나갔다. 섬은 서서히 아침에서 깨어나고 있었다. 새벽이나 저녁에 보는 강화 섬은 볼 때마다 모습이 같지 않을 뿐 아니라, 섬이 주는 느낌도 새롭고 이색적이다. 시간이 흐름에 따라 철길 주변이 성급한 개발로 어지러워지고 있어, 언젠가는 저 멋진 모습도 새로 지은 건축물에 가려져 볼 수 없겠지 하는 우려가 생긴다.

2015년 10월 5일 오전 10시, 드디어 델타 항공 158기는 인천공항을 떴다. 호텔리어가 네다섯 달 전 63만 원을 주고 싸게 예매한 왕복항공편. 일행은 어디 앉았는지도 모르고, 한 가운데 앉아 꼼짝달싹도 못 하는 데다 음식은 기름져 속이 메스꺼웠다. 이 나이엔 적어도 비즈니스석에 앉아가야 하는 게 아닐까 하는 생각도 들었고 …

'국제시장' 영화 한 편을 보고, 옛날 미국 여행 때 산 앙드레 모로아의 '미국사'를 읽으며 그럭저럭 디트로이트까지 갔지만, 그곳에서 두세 시간 머무른 후 미국 국내선으로 갈아타고 LA로 다시 역주행할 때는 지루함이 더 했다. 디트로이트에서 LA, 결코 짧은 거리는 아니다.

LA의 친구들과 함께

영국과 경쟁관계에 있었던 프랑스의 작가가 쓴 미국 역사는 일본인이 쓴 한국사와는 차원이 다르겠지만 그런대로 재미가 있었고, 미국 횡단 전에 그들의 짧은 역사를 한번 되돌아보는 것도 의미가 있었다.

LA에 도착하니 임목사님이 우리가 타고 다닐 RV, 패스화인더Pathfinder와 함께 우리를 기다리고 있었다. 그는 뉴욕에서 밤낮으로 차를 몰고 온 패스화인더의 주인이자 길 안내자이며 맛있는 음식을 만들어줄 조리사이기도 했다. 우리보다 한참 연하이지만 목사로 부르기는 좀 예의에 벗어나는 것 같다. 우리 친구 중에 목사인 친구들이 많이 있지만, 그들에게 반말을 함부로 쓰기가 그런 것처럼.

임목사님 덕분에 무슨 차로 갈까, 어디를 어떻게 가며, 무엇을 보고, 식사는 어떻게 할 것인지 등 신경을 써야 할 문제에서 벗어날 수 있으니 우리에겐 얼마나 큰 축복인지 몰랐다. 호텔신라 임원을 했던 친구 천병헌, 호텔리어가 일전에 미국 여행 갔을 때 임목사를 알게 되었고. 이번 여행의 계기가 되었다. 우리끼리의 여행이라면 물론 차량, 숙소, 공원 등을 예약하고, 필요한 물품을 준비하며 여행경로를 계획하는 과정에서의 자잘한 재미는 있었겠지만.

Pathfinder. 정이 가는 단어이다. 길을 찾아가는 사람, 개척자 또는 탐험자. 선도기(先導機, 앞서가는 비행기)의 조종사란 뜻도 있다. 앞에서 길을 안내하는 목회자의 입장에서도 쓸 수 있는 단어 같기도 하다. 그리고 바로 코앞에 닥친 70대를 헤쳐나갈 우리 자신을 말할 수도 있을 것 같다.

우리는 서둘러 미국의 고등학교 친구들과 약속이 되어 있는 장소로 향했다. 그리운 친구들을 만나는 즐거움 외에, 내년은 고등학교를 졸업한 지 50년이 되는 해인지라 동창회의 특별전달사항이 있었다.

요즈음 띠동갑 모임을 나가면, 고교 졸업 50주년 행사를 한다고 자랑하는 친구들이 많다. "너만 졸업한 지 50년 되었냐?"고 면박을 주지만. 내년은 칠순이 되는 나이가 되는 해이기도 하니, 경사가 겹쳤다 할까. 부부 동반 여행이니 특별행사를 계획하고 있는데, 우리는 외국에 사는 친구들을 초청하려는 계획이 진행되고 있는 모양이다. 어려운 친구들에겐 교통비를 보조한다든가, 잠자리를 제공한다든가. 어려운 친구들은 늘그막에 향수에 젖을 수도 있을 터이니.

친구의 집은 LA 남서쪽 교외의 고급주택지, 태평양 바닷가를 끼고 있는 롤링 힐즈 Rolling Hills에 있다. 인공폭포도 흐르는 잘 가꾸어진 집이다. 어려서부터 늘그막까지 넉넉하게 살 수 있다는 것은 본인들의 노력이 우선하겠지만, 복 받은 일이다. 도착했을 때 얼듯 태평양의 멋진 석양의 해변을 엿 볼 수 있었는데, 친구들이 하나둘 도착하고 날이 어두워지는데다 먹구름이 몰려오는 바람에, 태평양이 맞닿아 있는 파로스 베르데스Palos

Verdes반도의 멋진 풍광을 못 본 것이 못내 아쉬웠다.

　미국 LA쪽 친구들은 우리가 온다고 너무 준비를 많이 한 것 같았고, 정원에 차려놓은 파티장의 차림새를 보니 집주인과 친구들의 정성이 그득 담겨 있었다. 좋은 술과 안주 그리고 오랜만에 보는 친구들. 한 명 두 명씩 도착하더니 열두 명이 되었다. 포도주로 시작한 파티가 양주로 옮아감에 따라, 우리 여섯 명을 합한 열여덟 명의 분위기 도수도 올라가기 시작했다. 아들의 고향 친구들이 멀리 이곳까지 와서 이곳 미국에 있는 친구들과 신나게 어울리니, 이 집의 어르신께서도 기분이 흔쾌하신지 불편한 몸을 이끄시고 몇 번이고 정원에 나오셔 인사를 하셨다.

　친구들을 보니 하도 오랜만이라도 한눈에 알아볼 수 있는 친구가 있는가 하면, 얼굴이 기억 안 나는 친구도 여럿이 되었다. 아무래도 축구나 핸드볼 등 운동을 했던 손사장이나 유교감이 아는 친구들도 많았고 알아보는 친구들도 많았다.

　일반적으로 미국에 사는 친구들이 나이가 덜 들어 보인다고 한다. 열심히 일하고, 그 결과로 생활이 풍족하다면, 한국처럼 신경을 크게 쓸 일이 적으니까. 꼭 그런 것만도 아니어서, 흰 털북숭이의 나이가 들어 보이는 친구가 그렇다. 당시 큰 기업의 소유주 아들로서 이 집 주인과 중학교 때부터 밴드를 결성하여 진주 조개잡이Peary Shells 등 60년대 당시 유행하던 곡들을 멋지게 연주했었다. 미국생활이 만만치 않았나 보다.

　같은 대학을 다녔던 친구와 아무래도 이야기를 많이 나누었다. 그는 학교 때 미식축구팀 주장을 했었는데, 당시 모교의 팀은 전국을 제패했었다. 그때 나보다 두 배 정도 되었던 그의 큰 주먹이 아직도 기억에 남아있고, 그와 함께 농장의 땅속에서 항아리를 꺼내어 퍼마셨던 색깔 좋은 딸기주 맛이 아직도 내게 남아있다. 그 이야기를 꺼내니 딸기주를 만들었던 원료 딸기는 당시 새로 외국에서 도입되었던 신품종이었다고 기억하고 있었다. 당시 나는 제대하여 바로 복학한 학생이었고, 그는 군입대를 안 하고 바로 대학원으로 진학한 원생이었다. 하여튼 그의 후광으로 같이 공부했던 후배들이 나를 함부로 대하지는 못했던 것 같은 기억이 남아있다.

　몇 년 전 강원도 하조대에서 같이 즐거움을 나눴던 친구도 있었는데, 풍을 맞아 불편한 중에도 참석하여 우리를 반겨주었으며 시종 즐거워했다.

　오륙 년 전의 일이었다. 강원도 하조대에는 우리가 즐겨 찾곤 하는 친구의 별장이나 마찬가지인 아파트가 있었다. 여름 어느 날 나는 사정이 있어 친구들과는 별도로 서울에서 버스로 출발했다. 하조대에서 버스를 내려 바닷가를 지나다 보니 맛있는 찰옥수수를 파는 아저씨가 있어, 한 줄 사서 친구의 집을 찾았는데, 집에는 친구들은 모두 어디인지 가고 없고 미국에서 온 이 친구 혼자 집을 지키고 있었다. 고교 졸업 후 첫 만남. 만나자마자 "친구들 오기 전에 빨리 먹어치우자."하며 장난스럽게 먹기를 권했고, 둘이 오랜만에 만난 기념으로 갓 쪄서 맛있는 옥수수를 다 해치웠던 기억이 있다.

  모임 도중 비가 내려 분위기가 조금 가라앉기도 했었지만, 금주할 수밖에 없었던 둘 빼놓고는 모두 혀가 잘 안 돌아갈 정도로 취해서 숙소로 돌아왔다. 미국 친구 몇 명은 숙소까지 쫓아와서 여행에 필요한 여러 가지 참고사항도 말해주고 충고도 해주었고, 아무리 생각해보아도 이번 횡단여행은 우리 나이에는 무리라고 하며 걱정들을 해주었다.

  다음 날 아침, LA의 하늘은 너무 오랜만에 보는 눈부신 파란 하늘이었다. 중국의 산업화 영향으로 찌푸린 하늘만 보아오다 이런 하늘을 보니 기분이 날듯했다. 우리가 찾은 한인 타운의 북창동순두부집 음식은 정말 맛있었고, 여종업원들은 정말 친절했다. 물론 15-20% 사이 삼 단계로 되어 있는 팁 제도의 영향이 크겠지만. 미국에서 팁 금액이 명시가 안 되었다면, 텍스의 두 배로 생각하면 된다고 한다.

1. 자연의 평화가 깃들은 요세미티

10월 6일, 눈 부신 태양과 파란 하늘 그리고 뭉게구름과 함께 미국 서쪽에서 동쪽으로 가는 횡단여행을 시작했다. 어떻게 보면 국립공원을 찾아가는 우리들의 발길은 콜로라도강을 거슬러 오르는 모양이 되겠지만, 미국의 선조들이 서부로, 서부로 달렸던 길을 역방향으로 달려가는 셈이었다. 동부로 가면서 자연을 즐기는 이외 미국의 역사도 소급해 보기도 하고, 이 땅의 주인이었던 인디언들도 생각해보면 더욱 의미가 있는 길이 될 것도 같았다.

한인 타운은 영어와 한글 간판이 뒤섞인 치열한 삶의 현장이지만, 차분하고 잘 정돈되어 있는 느낌이었다. 우리는 LA에 대한 고별인사로 엘에이 한인 타운을 한 바퀴 뺑 돈 다음, 허리우드를 지나 5번과 99번 후리웨이(고속도로)를 북쪽으로 5시간 달렸고, 이어 후레스노Fresno에서 시내를 관통하는 41번 도로를 2시간 달려 요세미티에 도착했다. 주행거리는 485km. 이국적이고 시원스러운 도로는 우리들의 마음을 뻥 뚫리게 했다.

허리우드가 이곳 LA에 자리 잡은 데에는 사연이 있다. 1920년대 무성영화가 폭발적 인기를 얻을 때는 조명이 가장 중요했는데, 로스앤젤레스는 강수량이 적고 맑은 날이 많아 이런 점에서 영화를 찍기에 안성맞춤이었다. 그런데다 마침 서부영화 붐이 크게 일었고, 주변의 계곡Canyon들과 목장들은 촬영장소로 그만이었기 때문이었다.

생각해보면 우리가 중 고등학교 때인 1960년대에는 서부영화가 꽤 유행했던 기억이 난다. 신대륙의 역사를 잘 몰랐던 우리는 인디언을 적으로 생각하고 쌍권총을 찬 카우보이들을 우리 편으로 생각하며, 역마차가 인디언들에게 습격을 당할 때면 마음을 무척 졸이며 보았다.

가는 도중 잘 정돈된 휴게소에서 첫 야외식사를 했다. 우리나라의 고속도로 휴게소와는 달리 널찍할 뿐 아니라, 현대적 감각으로 설치해 놓은 설치물이며 청결한 화장실 등이 모두 마음에 들었다.

출국 전에 식품을 취급하고 있는 친구가 준비해준 깻잎 등의 절임식품, 그리고 가든파티가 끝나고 친구 부인이 싸서 건네준 건과일, 견과류는 여행 중에 큰 도움이 되었다. 가는 길 내내 먹을 때마다 준 사람에 대한 고마움을 느꼈는데, 조그만 정성이 사람을 감동시키는 법이다.

식사 때 보니 며칠이 되었다고 수염을 기르기로 한 세 친구의 얼굴은 벌써 거무스레해졌다. 수염은 나이 관계없이 세포분열을 계속하나 보다.

전날 술 먹을 때는 아주 기분이 좋았던 친구 주문수, 주대감은 안경을 어디에 놓아두었는지 잃어버리고 여행 내내 도수 있는 선글라스를 낄 수밖에 없었는데, 그나마 안경다리도 완전치 못했다. 선글라스를 쓰면 낮 동안은 그렇다고 쳐도, 날이 어두울 때나 어두운 장소에선 잘 보이기나 하는지 모르겠다.

그는 중학교 때 1학년 1반 1번이었던 귀여운 도련님이었는데, 지금은 세무공무원을 한 덕인지 술과 비계, 닭 껍질을 마다하는 애주, 애지가愛脂家이며, 그렇게 술과 고기를 좋아하는데도 건강 체크 때 부정맥 말고는 이상이 없다는 친구이다.

이 친구는 부인을 엄청나게 사랑하는 남자이다. 지금은 타계했지만, 아직도 그녀를 잊지 못해 유골로 만든 묵주를 몸에 지니고 다닌다. 겉으로는 껄껄거리며 유쾌한 척하지만, 속으로는 그녀 생각뿐이다.

전날 누가 술을 많이 마셨는가를 알려면 차량 이동 중에 뒤쪽 침대칸에 누가 신세를 많이 지고 있는가를 보면 알 수가 있었다. 친구 안규철, 하동사나이는 어제 주대감 못지않게 취했었고 제 세상 만난 양 미국 친구들의 어깨를 두드리며, 그들의 이름을 엄청나게 크게 불러댔었다. 덕분에 복용하는 약봉지를 잃어버렸지만. 이 친구는 위암으로 수술을 받은 지가 10년이 되었고, 잠깐 놓았던 술병을 지금도 꿰차고 다닌다. 하동의 터줏대감으로 과수원에서 손을 뗀 지가 몇 년 되었다. 술이 과하면 해병대 기질이 나타난다.

> Tip 해외여행을 하다 복용하던 약을 잃어버리거나 약이 떨어졌을 때를 대비해서 영문으로 된 의사의 처방전을 받아두는 것이 좋다. 처방전이 있으면 외국에서도 필요한 약을 구입할 수 있으니까.

이 나이 되도록 정신을 잃도록 술을 들 수 있다는 것은 무척이나 복받은 일이다. 막상 건강 관계로 술을 들지 못하면 세상이 얼마나 삭막한지, 친구들이 특히 요즈음 여친들이 얼마나 재미없어하는지 알 것이다. 나이 들면 여자들은 왜 그렇게 술이 강해지는지.

요세미티공원에 도착하여 흑색 참나무Black Oaks, 흰색 소나무White Bark Pine, 세콰이어Sequoia 등으로 우거진 요세미티국립공원의 꼬불꼬불한 계곡을 지나자니, 아름드리 숲의 모습과 그 상쾌한 대기, 그리고 기분 좋은 적막감을 사진에 담지 못하는 것이 무척이나 아쉬웠다.

96년도 가을에 요세미티, 그랜드캐니언, 뉴욕, 시카고 등 여기저기 미국을 여행했었는데, 그랜드캐니언은 라스베이거스에서 경비행기를 타고 가서 그런지 뚜렷이 기억에 남아있고, 요세미티 하면 아름드리나무들만 희미하게 생각날 뿐이다.

헨리 데비드 소로우(Henry David Thoreau, 1837-1861)와 함께 미국을 대표하는 자연주의자이며 환경보전운동 선구자인 존 무어(John Muir, 1838-1914)는 "우주로 가는 가장 분명한 길은 야생의 숲을 통과하는 것이다."라고 했다.

운전석 옆자리에 앉아서 좋은 풍경사진 한 장 찍으려 해도, 차는 덜컹거리고 나뭇가지에 가려지고 커브 길에 막히고. 신경은 있는 대로 다 써도 한 장도 못 건지느니, 차라리 기억 속에 야무지게 담아두는 것이 나을 때가 대부분이었다.

차에서 내려 공원의 서쪽 아래에 있는 터널 뷰에서 보면, 왼쪽의 엘 케피탄(대장 바위)과 오른쪽 뒤 하프 돔의 모습이 정말로 장관이다. 사진작가 안셀 아담스가 그토록 좋아하는 바위들이다. 어떻게 보면, 요세미티 관광은 하프 돔을 중심으로 해서 요세미티의 이 길 저 길을 한 바퀴 돌아보는 것이라고나 할까.

엘 케피탄과 하프 돔

캘리포니아주 중부 동쪽의 시에라네바다산맥 중간에 있는 요세미티국립공원은 그랜드캐니언, 옐로우스톤과 함께 미국 3대 국립공원의 하나이다. 제주도의 두 배 크기이며, 요세미티는 인디언 말로 회색곰을 뜻한다. 이곳에 봄이 와서 눈이 녹아내리는 시기이면 천 개 이상의 폭포가 그 자태를 자랑하며 힘찬 물줄기를 쏟아 내린다. 그리고 이 공원을 종횡무진으로 달리는 트레일이 백 개 이상이나 있다.

1,300만 년 전에 지각변동으로 이곳에 큰 산이 솟아올랐고, 150만 년 전 빙하와 계곡을 흐르는 머세드강Merced River에 의해 이곳저곳이 그림같이 조각되었다. 계절에 따라 시시각각 그 모습이 변해가고, 요세미티의 꿈은 계곡마다 구름과 함께 피어오른다.

머세드강은 시에라네바다산맥에서 발원하여 샌와킨강에 이어지며 태평양으로 흘러든다. 강의 길이는 180km이며, 6월에 가장 수량이 많다. 이때는 높은 산의 눈이 녹아내리므로 비가 오지 않아도 수량이 풍부하며, 이물은 요세미티폭포 등으로 흘러내리기도 하며, 요세미티 호수 등의 원천이 된다.

하프 돔 위의 구름은 시시각각 정말 변화무쌍했다. 자비의 강, 머세드Merced에 의해 만들어진 산하는 얼마나 멋들어진지.

샌프란시스코가 고향인 아담스[1]는 일찍이 피아니스트를 꿈꾸었으나, 요세미티를 방문하면서 이곳의 자연과 사진에 매료되었으며, 시에라클럽에 가입하여 요세미티, 그랜드캐니언 등의 보호에 앞장을 섰었다.

2015년 여름부터 가을까지 '딸에게 준 선물'이라는 제목으로 서울 세종예술회관에서 아담스의 전시회가 열렸는데, 우리는 요번 여행의 준비단계로 단체관람을 했었다. 우리도 흉내를 낸다고 흑백으로도 사진을 찍어보았지만, 그의 요세미티 사진은 감히 흉내 낼 수 없는 신비함이 깃들여 있다.

우리의 RV와 텐트

1. 안셀 아담스(1902-1984)는 풍경사진의 원로이자 환경운동가이다. 흑과 백이라는 단순한 색감의 공간을 정밀하고 섬세한 작업으로 표현하여 보는 이들로 황홀감을 느끼게 한다. 그는 폭풍우 몰아치는 하늘과 변화무쌍한 구름 그리고 휘영청 밝은 달 등을 도전적인 주제로 택하기도 했다. 한 장의 작품을 얻기 위해 얼마 동안 인내를 하며 또 얼마나 많은 고통을 이겨내야 하는지를 알 수도 있을 것 같다.

패스화인더를 타고 계곡으로 내려오니 어둠이 서서히 찾아오기 시작했고, 계곡 뷰 Valley View에서 보니 터널 뷰에서 본 것보다 더 크게 하프 돔Half Dome, 2,698m이 다가왔다. 하프 돔은 그 옛날에 빙하의 무게와 지반의 움직이는 힘으로 북쪽의 절반이 떨어져 나갔다 한다.

계곡에서 좋은 자리를 찾아 이리저리 다니다 보니 날은 어두워졌고, 우리는 서둘러 텐트를 치고 바로 저녁을 지어 먹었다. 별이 유난히도 밝은 밤이었다. 우리는 깊은 적막 속에서 맑고 싸늘한 요세미티의 공기를 깊게 들어 마셨다.

그 좋은 밤에 별로 좋지도 않은 사건이 세 건이나 일어났다.

하나는 하동사나이의 코골이 사건이다. 이 친구가 거나하게 술 한잔하고 1인용 텐트에서 잠이 들어 코를 고는데, 그 옆에서 해먹을 치고 있던 독일친구가 잠을 잘 수가 없었나 보다. 본인은 곯아떨어졌고 하는 수 없이 우리에게 자리 좀 옮겨달라고 하소연했다. 야영장에서 타인에게 영향을 주는 행위를 금기시하고 있는 미국국립공원이니까 당연하다고 생각할 수도 있어 하동 친구를 깨워 의사를 전달했더니, 잠에서 깬 이 친구 화를 내며 길길이 뛰었다. 술 취한 것은 좀 그렇지만, 의도적으로 코를 고는 것은 아니지 않느냐 하고 식식거렸다.

그러던 중 옆 텐트에서 호텔리어와 같이 잠을 자려니, 무언가 툭탁거리는 소리가 났다. 해병대 출신인 하동사나이가 독일친구와 한판 붙은 줄 알고 후다닥 나가보니, 다행히 불상사는 없었다. 다음 날 아침 일어나 보니, 독일친구는 어디로 갔는지 안보였다. 슬그머니 자리를 옮겼나 보았다.

그 이후 텐트족이 바뀌었다. 하동사나이가 차 안에서 잤고, 대신 교보문고, 영풍문고에서 임원을 했던 서적계의 원로 친구 손재완 사장이 텐트족이 되어 호텔리어와 한 텐트를 썼고, 나는 일인용 텐트를 사용하기 시작했다.

또 하나는 밤에 몇 번이고 화장실을 가야만 하는 내 문제였다. 이곳 화장실은 유난히 멀리 떨어져 있고, 큰길에서 벗어나 외진 데다 전등까지 없어서 찾기가 힘들었다. 그래서 식사 전, 어두워지기 전에 사전 답사도 했었다. 쌀쌀한 밤공기에 몸을 움츠리며 화장실 가는 길, 어둠 속에서 늑대가 아닌가 싶은 큰 쉐퍼드가 나타나더니 내 뒤를 쫓기 시작했다. 겁에 질려 총총 달음질치다가 이렇게 도망가면 안 되겠다 싶어, 헤드랜턴을 들이대고 정면승부를 하였더니 그때서야 주춤하며 물러서더니 사라졌다.

어두운 길을 한참 가다 보니 새까만 어둠 속에 한 무리의 젊은이들이 캠프 화이어를 하고 있었다. 이들에게 화장실을 물어물어 허둥지둥 일을 보고 나니, 화장실 입구에는 곰 늑대 등 야생동물을 만났을 때의 대처법이 적혀 있었다. 돌아오는 길에 또 늑대 같은 친구가 나타날까 조마조마 맘 졸였는데, 다행히도 나타나지는 않았다. 화장실 왔다 가는

데 삼십 분은 족히 걸린 것 같았다. 이날 밤 이 화장실을 세 번은 갔다 왔고. 갈 때마다 길을 헤맸다. 다음날 보니 이 화장실 가는 중간에 또 하나의 화장실이 있지 않은가.

마지막 건은 서라벌중학교 교감으로 퇴직한 친구 유수종, 유교감이 침대에서 자다가 두 번이나 떨어진 사건이었다. RV의 운전석 윗부분에 침실이 있어 차의 앞부분이 툭 튀어나와 있다. 높이도 낮은 편은 아니라, 이곳에서 떨어진 사건 이후 그는 몸이 쑤셔 불편하다고 했는데, 그 이후 잠자리를 낮은 자리의 침대로 옮겼다.

다음 날 아침 식사를 마치고 출발하려니 계곡 옆에 웬 큰 뱀이 한 마리 있었다. 방울뱀이 아닌가 하고 어제에 이어 놀란 가슴 쓸어내리고 보니, 장난꾸러기가 놓고 간 장난감 뱀이었다. 어디를 가나 장난꾸러기는 있는 법.

다음날의 첫 일정은 그래시어Glacier 포인트로 이동하여 요세미티를 관망하는 일이었다. 차량으로 이곳까지 이동 후 20분 가볍게 비탈길을 오르면 해발 2,199m의 그래시어 포인트이다. 좌측 멀리에 요세미티 폭포도 보였고, 아담한 소나무 한 그루가 서 있어 주위의 부드러운 요세미티의 산들과 잘 어우러져 있었다.

하프 돔 옆모습

이곳에서 보면 하프 돔의 옆모습이 마치 귀여운 펭귄 같다. 동쪽 아래는 자비의 강, 머세드강이 흐르고 있었고. 그래시어 포인트는 이름에서도 알 수 있듯이 겨울에는 꽁꽁 얼어붙는 곳이라 길이 폐쇄가 된다.

또 이곳에 1925년 요세미티 자연역사협회에서 요세미티의 지질학적 역사를 알리려고, 조그만 오두막을 지어놓았다. 차량으로 돌아오는 길, 화장실을 들어가 보니 수세식은 아니었지만 청결하고 냄새가 전연 없었다, 이곳의 공기가 너무 청결해서 그런 것은 아니겠고, 냄새를 없애는 비결이 있는 모양이다.

그래시어 포인트를 떠나 비스타포인트 트레일 입구에 도착하여 이곳저곳 사진을 찍으면서 이곳의 완만한 길을 올랐다.

트레일의 종점에서 이 공원에서 세 번째로 큰, 길이 189m의 브라이들베일Bridalveil 폭포의 멋진 모습을 보았다. 브라이들베일은 면사포를 뜻한다. 바람에 부딪쳐 휘날리는 물길이 신부가 쓴 면사포가 바람에 휘날리는 모양 같기도 하고 신비스러운 느낌을 주었다. 계속된 가뭄으로 수량은 풍부하지 않았지만.

요세미티에서 제일 긴 폭포는 리본Ribbon 폭포이다. 길이는 491m로 북미에서 최고이지만, 세계 8위의 폭포이다.

툴럼 옴스테드 포인트

점심을 간단히 해 먹고 다음으로 들린 곳은 공원 동쪽의 툴럼Tuolumne옴스테드 Olmsted 포인트. 해발 2,800m에 위치한다. 이곳에 가려면 시에라산맥의 허리를 횡단하는 티오가패스Tioga Pass을 올라타야 한다. 우리나라의 대관령 길 같다고 할까. 티오가는 이곳의 제일 높은 고개 이름이다.

이곳에서는 하프 돔의 뒷면을 볼 수 있고, 둥근 화강암들의 유희와 구름이 한가로이 쉬어가는 모습을 볼 수가 있다. 오른쪽에 하프 돔이 마치 공룡의 머리처럼 보였다.

툴럼고원은 요세미티, 그랜드캐니언의 국립공원 지정에 지대한 공을 세운 존 무어가 쓴 미국 생태문학의 고전 '나의 첫 여름My first Summer in the Sierra'의 무대이다. 툴럼은 인디언이 거주했던 동굴과 돌집이 모인 마을을 뜻한다.

John Muir

시인이며 자연주의자인 존 무어는 1869. 6. 3-9. 22 동안 요세미티의 이곳에서 생활을 하며 목동들과 함께 요세미티의 아름다움을 찬미하고 스케치도 했다. 2,050마리의 양과 목동생활을 시작했는데, 끝날 때는 2,025마리의 통통하고 강한 양들이 남았다. 10마리는 곰에게, 한 마리는 방울뱀에게 그리고 9마리는 사람에게 먹히고 말았다. 곰에 의한 피해가 크다고 했지만, 사람이 먹어치운 숫자나 비슷하다. 그는 이 책에서 자연의 아름다움과 요세미티의 동식물의 아름다움을 스케치와 글로 기술했지만, 미국의 동식물에 대한 지식이 없는 나에겐 아쉬움이 많았다. 동식물의 특성과 여기에 얽힌 재미있는 이야기가 많을 텐데. 요세미티에는 90종 이상의 동물, 230종 이상의 조류, 1,400종 이상의 식물이 살고 있다.

> **자연의 평화는 태양이 나무속으로 흘러 들어가듯
> 당신의 마음으로 들어간다.
> 바람은 그들만의 상쾌함으로, 폭풍은 그들만의 힘으로
> 당신에게 다가선다.
> 그러는 동안 당신의 모든 근심과 걱정은
> 가을 낙엽처럼 사라져버린다.**

자연에 대한 무어의 마음이 잘 담겨 있는 멋있는 시의 한 구절이다. 툴럼에 서 있는 우리들의 마음이기도 하고.

그는 게으르고 지저분한 인디언을 싫어했으며, 천렵하는 사람들을 비난하기도 했다. "하나님이 자연에 대해 더할 나위 없는 설교를 하시는 동안, 살려고 발버둥 치는 물고기들의 고통 속에서 즐거움을 찾으며, 요세미티 신전에서 못된 오락을 하다니."하며.

요세미티공원에서 킹스캐니언까지 시에라네바다산맥을 종주하는 385km의 존 무어

트래일은 그를 기리기 위해 만들어진 코스이다. 종주에는 최소 20일이 소요된다.

　툴럼에서 내려오다 보면, 해발 1,900m에 있는 푸른색의 아름다운 테나야Tenaya 호수를 만나게 된다. 예술을 좋아했던 빙하가 만든 호수이다. 이곳에 살았던 요세미티족 추장의 이름, 올드 테나야Old Tenaya에서 그 이름을 따왔다고 한다. 이 호수는 캘리포니아, 네바다에 걸쳐 있으며 샌프란시스코 등에 식수를 공급하고 있다.

　우리가 방문한 곳을 차례로 보면, 왼쪽 아래에 벨리뷰Valley View, 터널뷰Tunnel view가 있고, 이곳에서 오른쪽으로 조금 오르면 방문자센터에 이른다. 그 바로 아래 그래시어포인트Glacier Point가 위치하며 이곳에서 맨 아래로 내려오면 브라이들베일Bridalveil이 있다. 툴럼옴스테드포인트Tuolumne Olmsted Point는 오른쪽 1/3 윗부분에, 이곳의 바로 위에 테나야Tenaya호수가 있다.

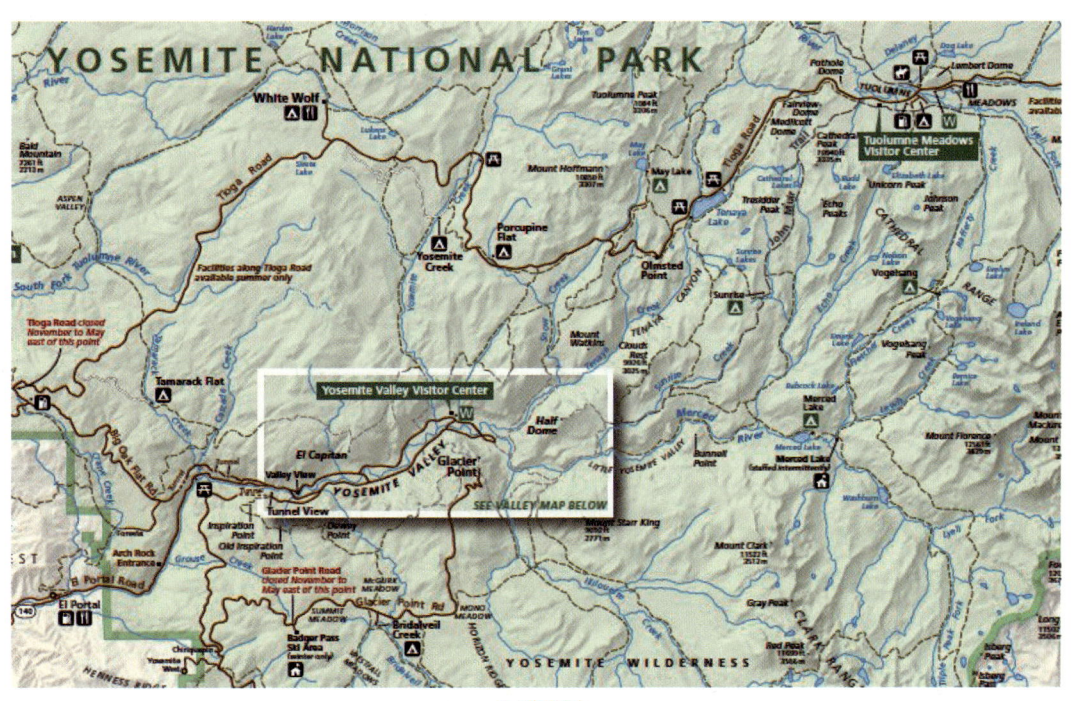

요세미티

Tip 미국 국립공원의 입장료는 공원마다 차이가 있으며 차량당 20-30불, 개별 입장은 1인당 10-15불, 캠프를 하는 데는 하루에 12-100불(아치스공원이 제일 비싸다)이며, 4-9월 사이에는 예약이 필수이다. 입장료는 일주일간 유효하고, 캠핑지는 하루 요금이며, 우리처럼 여러 곳을 방문한다면, 연간 패스 등을 사는 것이 유리하다.

국립공원National Park과 준국립공원National Monument에 관한 자세한 사항, 가는 길, 요금 등에 관해서는 //www.nps.gov로 들어가서 공원 이름을 찾아 검색하면 된다.

2. 형형색색形形色色인 사막의 골짜기, 데스벨리

데스벨리 가는 길

요세미티의 테나야 호수와 아쉬운 작별을 하고 데스벨리 국립공원으로 가는 길, 멋진 설산이 우리를 안내했다. 네바다는 스페인어로 '눈이 뒤덮인 곳'이라는 뜻이라니까 보이는 설산은 네바다에 속할지도 모르겠다.

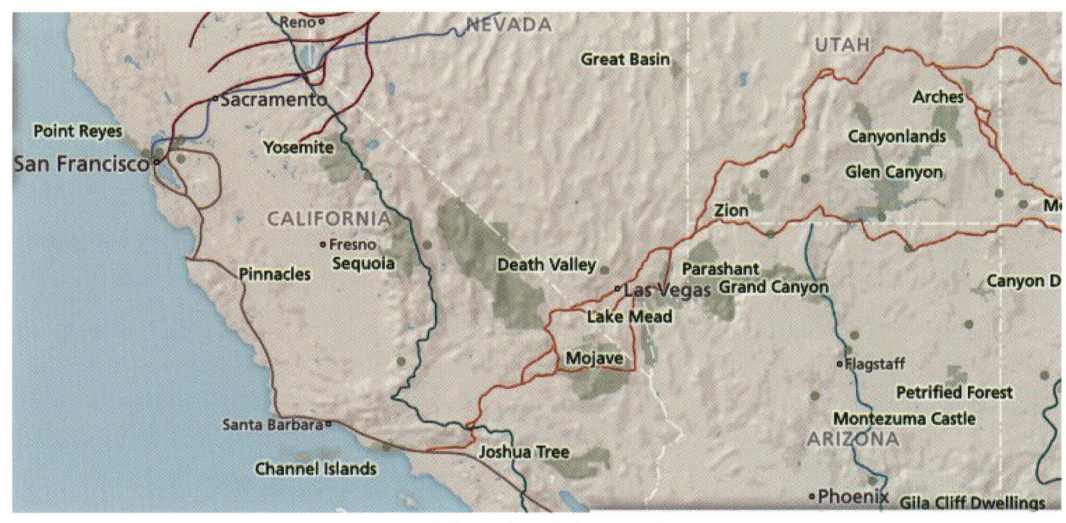
요세미티,데스벨리 인근 지도

지도에는 우리가 이미 방문한 요세미티 이외에 앞으로 방문할 데스벨리, 라스베이거스, 그랜드캐니언, 자이언, 글랜캐니언, 캐니언랜드, 그리고 아치스가 표시되어 있다.

데스벨리를 가려면 요세미티에서 나와 오른쪽으로 돌아 120번 도로를 타고가다, 395번 하이웨이를 만나서 이 길을 67km 달리면 오란차Olancha 마을에 도착한다. 이곳에서 190번 도로를 동쪽으로 106km 더 들어가서 타운패스Towne Pass를 지나면 데스벨리 공원으로 들어가게 된다. 우리는 405km의 거리를, 네 시간 반 동안 달려 도착했다.

요세미티, 데스벨리 국립공원은 둘 다 캘리포니아주에 있는 명소이다.

캘리포니아주가 미국에서 차지하는 비중은 상당하다. 인구는 39백만 명으로 미국에서 인구가 가장 많은 주이고, 면적으로는 3위이며 한국의 네 배가 넘는다.

역사적으로 보면 하와이, 알래스카 다음으로 늦게 미국의 영토가 되었는데, 1848년 멕시코로부터 양여를 받아 미국 땅이 되었다. 1846년 멕시코와의 전쟁에서 승리한 결과였다. 1776년 독립 당시 영토를 동부 13주로 보면, 태평양에 접해있는 캘리포니아 취득은 미국에게 얼마나 큰 복덩어리가 굴러온 것인지 모른다.

> **Tip** 데스벨리국립공원Death Valley National Park은 캘리포니아주 남동부에 있는 아마르고사 산맥과 페너민트 산맥 사이에 끼어있는 사막으로 캘리포니아주에 있으나, 일부는 네바다주에 속해 있다.
> 죽음의 계곡Death Valley은 2억 년까지 바다 밑에 있었다. 여러 차례 지각의 변화를 거쳐 현재의 형태를 갖춘 것은 3천5백만 년 전에서 5백만 년 전이라고 한다. 계곡의 내부는 물이 고여 호수의 형태였는데, 9천 년 전부터 5천 년 전 사이에 물이 마르고 메마른 땅으로 변했다. 선사시대 동물의 발자국 화석이 발견되어 국립공원으로 지정되는 계기가 되었다.

지나다 보니 길가에 '마호가니로 구운 고기' 집이 보였다. 저녁때도 가까워지고 고급목재로 구운 고기는 얼마나 맛이 있을까 침을 흘렸는데, 이쪽에도 나무의 결이 아름다운 마호가니가 자라고 있는가 보았다.

데스벨리의 서쪽 입구를 통과한 후 계곡을 지나면서 "이곳은 북미에서 제일 고도가 낮은 지역으로, -86m가 되는 곳도 있습니다."라는 임목사의 설명을 들을 때는, 인적도 차량도 없는 황량한 어둠 속의 벌판이었는데, 휘니스크리크Furnace Creek에 있는 캠핑장에 도착해보니 어둠 속에 유령처럼 파킹되어 있는 차량이 얼마나 많았던지 깜짝 놀랐다. 우리나라 같으면 왁자지껄했을 캠핑장이 조용하게 어둠 속에 파묻혀 있었다. 우리도 어둠 속에서 소곤거리며 간단한 저녁 준비를 했다.

휘니스크리크는 공원의 서쪽 입구를 통과한 후, 스토브파이프웰Stovepipe Wells 빌리지를 지나, 이 공원의 허리를 지나는 190번 도로상의 동쪽에 있는 역사적 장소이다. 나중에 더 자세히 설명하겠지만, 이곳은 붕사공장의 용광로Furnace가 이글거렸던 곳이고, 이로 인해 데스벨리가 국립공원으로 탈바꿈하게끔 동기를 부여한 곳이다.

다행히 화장실 옆에 자리를 잡고 텐트를 쳤다. 사진 찍기를 좋아하는 세 사람은 늦은 저녁 식사를 허둥지둥 마치고, 사막의 별을 찍는다고 삼각대를 펴는 등 수선을 피웠다. 마침 화장실을 찾아가는 주대감의 모습을 보았는데, 화장실의 반대 방향으로 가고 있었다. 선글라스 때문인지, 잠결이어서 그런지 모르겠지만.

이때 찍은 별 사진들은 밋밋해 마음에 안 들었고, 찍은 달은 초승달인지, 보름달인지 구분이 안 되었다. 처음 찍어본 별 사진이라 당연한 결과였지만, 사전에 별을 찍는 요령을 습득하는 것보다 역시 경험이 중요하다는 것을 새삼 깨달았다.

그러고 보면 마지막으로 캠핑을 한 것은 아득한 옛날 일이다. 중학교 일학년 때 난생 처음으로 청평의 대성리로 캠핑을 떠났는데, 지금 제기역 자리에 있었던 성동역에서 간신히 기차를 탈 수가 있었다. 바로 전에 구입한 꽁치 통조림을 팔에 껴안고 떨어질까 조바심하며 기차 꽁무니에 매달렸다. 그리고 대성리에서는 그곳에 사는 우리 또래 아이들한테 둘러싸여 혼이 났다. 당시는 농촌인구가 많았을 때이고, 도시이건 시골이건 고만고만한 조무래기들의 텃세가 심했던 시대였다.

고등학교 때는 효영이라는 친구와 둘이서 용인에서 여러 번 텐트를 쳤었다. 개구리를 잡아서 개울 바위틈 사이에 넣으면 큰 가재가 덥석 물고는 했었고, 텐트 주위에는 알밤이 떨어지는 소리가 툭 툭 들렸었다. 그림 그리기 좋아했던 친구는 살림이 어려워 석고로 성모상을 만들어 팔았다는데, 지금은 저세상 사람이다.

대학교 때는 무거운 군용 삼각 배낭과 텐트를 짊어지고 비교적 높은 산을 다녔다. 한번은 백담사 내설악으로 해서 대청을 올랐었다. 하산하여 속초항에서 얼쩡대다 고깃배에서 하역작업 중이었던 손수레와 부딪쳐 명태 세례를 받았고. 바지엔 한동안 비린내가 진동했던 기억이 아직도 생생하다. 그 많던 명태는 지금 다 어디로 갔는지. 그 이후로는 빡빡한 사회생활에 쫓겨 텐트를 치고 자본 기억이 별로 없는 것 같다.

10월 8일, 처음 경험하는 사막의 아침은 아름답고 상쾌했다. 하늘에는 파란색과 연한 갈색이 제멋대로 요술을 부리고 있었다. 사막의 아침을 찍는다고 나다녔는데, 그 아름다움에 황홀할 뿐이었다.

데스벨리 공원은 모하비사막 북쪽의 일부분이다.

여기서 사막이란 보통 305m(1천 피트) 정도의 고지대에 연 평균 강수량이 250mm 이하이고, 산과 숲, 대초원과 모래벌판으로 이루어진 곳을 말한다. 따라서 인적이 드물고 종려나무로 둘러싸이고 온통 모래뿐인 사하라사막 등과는 의미가 다르다.

모하비는 사막에 사는 모하비인디언에서 이름을 따온 것이지만, 넓이는 57 천 ㎢, 남한의 절반보다 크다. 캘리포니아주 동부를 남으로 달리는 시에라네바다산맥, 로스앤젤레스를 병풍처럼 둘러싸고 있는 샌가브리엘산맥 그리고 샌베르나디노산맥에 둘러싸인 산악 분지이다. 캘리포니아 남부에서 네바다, 애리조나, 유타주에 걸쳐 있다. 라스베이거스는 모하비사막 가운데 있는 도시이고, 지금은 폐광촌이지만 갤리코은광촌도 이곳에 있듯이 모하비사막은 철, 금, 은, 중석 등 지하자원이 풍부하다. 사막 지하에는 영혼의 강, 모하비강이 흐르고 있다. 바다로 흐르지 않는 강이다.

당시 사막의 광산에서 일하던 노동자들은 독사에 물려 죽거나 다치는 사람들이 많았다. 사막의 원주민에게는 파란색이 뱀을 쫓는 영험한 힘이 있다는 민간신앙이 있었는데, 리바이Levi Strauss는 이를 이용하여 누런 천막 천에 푸른색을 물들이고 청바지를 만들어 팔아 공전의 히트를 쳤다. 청바지에 붙어 있는 가죽 라벨은 원래 천막을 지탱하는 줄이나 기둥을 고정하기 위해 붙여놓은 가죽 라벨이었다고 한다.

여섯 시, 우리는 또 하루의 아름다운 날을 기대하며 한 그릇의 해물국수를 먹었다. 어떻게 보면 먹는 것이 부실하다고 볼 수 있는데도 왜 그렇게 음식이 맛있었는지. 여럿이 식사를 하다 보면 그러하지만, 방문했던 곳의 매력에 푹 빠졌던 모양이다. 주위를 돌아보니 이른 시각임에도 불구하고 이미 길 떠난 차량이 많았고 주위는 썰렁하기까지 했다.

사막 아침의 멋진 풍경

이곳의 강우량은 40mm 내외에 불과하고, 여름철 평균기온이 45도를 넘지만, 봄에는 화려한 야생화 천국이고, 가을에서 봄 사이에는 기후가 쾌적하여 피한지로 각광을 받고 있다. 한번 찾으면 그 매력에 빠져 다시 찾는 국립공원이 되었다.

그렇지만 더운 여름철에 이곳을 찾은 사람들은 더위 때문에 말 못 할 정도로 고생을 하는 모양이다. 임목사도 우리가 방문한 시기가 시월 초임에도 불구하고 더운 시간대를 피하려고 방문 시간, 출발시간에 대해 신경을 썼다. 다행히 더위를 겪지 않았지만, 이곳의 여름철 최고기온은 58도, 겨울 최저기온은 5도이다.

데스벨리공원의 길이는 220km, 너비는 6-25km이며, 면적은 경기도의 10분의 8이나 된다. 알래스카를 빼고는 북미에서 가장 큰 국립공원이다 미국사람들은 데스벨리공원을 가장 덥고 건조하며, 낮은 곳으로(Hottest, Driest, Lowest) 표현하고 있다.

휘니스크리크에 있는 주유소에서 기름을 넣고, 화장실 청소를 하고는 어제 어둠 속에서 왔던 길을 다시 돌아서 달리니 비경이 눈앞에 펼쳐졌다. 어떤 사람들은 파스텔 톤으로 표현했지만, 맑은 하늘에 어울리는 선명한 색들이 우리의 마음을 홀리게 했다.

모래뿐인 사막과는 달리 다양한 색들의 퍼레이드가 계속되었다. 요즈음도 어린이, 어른 할 것 없이 인기가 있는 생떽쥐베리Saint Exupery, 1900-1944의 '어린왕자'가 연상되었다. 높은 산에 올라 "안녕, 안녕"하고 어린 왕자가 인사를 해도 대답이 없고 공허한 메아리만 되돌아오는 대지. 몹시 메마르고 소금이 버적거리는, 게다가 사람들은 상상력도 없이 남이 하는 말을 하기나 하는, 왕자의 집에 있는 꽃은 말을 먼저 거는데.

멀리 한곳을 보니 새파란 강물이 흐르고 있는 것 같이 보이지만, 파란 부분이 실제로는 빛의 조화로 생긴 음영이라고 했다. 건조한 대기에 하늘이 반사되어 환상을 만들어 낸다고 한다. 신비로운 곳으로의 여행임을 실감했다.

한편 시원하게 뚫린 도로 양옆에는 짚단을 낮게 쌓아놓은모양의 관목들이 나타났다. 악마의 옥수수밭Devils Cornfield이다. 악마의 세상도 구경하고.

이어 스토브파이프웰빌리지Stovepipe Wells Village에 못 미쳐 메스퀴테모래사막 Mesquite Sand Dunes에 도착했다. 초승달 모양의 사구. 이곳의 일출 일몰이 무척이나 장엄하다는데, 이를 못 보는 것이 못내 아쉬웠다.

데스벨리공원에서 모래언덕이 차지하는 것은 1% 미만으로 미미하다. 모래언덕Sand Dune이 생성되려면 모래의 원료, 바람, 그리고 집적 장소가 있어야 되는데, 메스퀴테사막의 원료는 사막의 남쪽에 있는 터키산Tucki Mountain에서 날려 온다고 한다. 이곳의 모래사막은 광활하지는 않지만 여러 면에서 연구의 대상이 되고 있고, 또 이곳을 찾는 많은 사람들에게 휴식공간을 제공하고 있다.

이 사막 입구에는 죽은 메스퀴테Mesquite나무가 널브러져 있고, 살아있는 조그만 나무들이 여기저기 보였다. 물론 사막의 이름도 이 나무에서 왔고. 이 나무들은 콩과에 속해 있는 식물로 보기와는 달리 50m 넘게 깊게 뿌리를 내리지만, 높이는 2-3m 정도밖에 안 자란다. 수명은 놀랍게도 200년 이상이나 되는데, 이들은 야생의 동물들이 거주할 수 있는 언덕을 만들어 주고 있다.

서양 사람들이 발붙이기 전에 이곳에는 쇼숀Timbisha Shoshone족 인디언이 살았는데, 그들은 주로 동물들을 사냥하는 외에 메스퀴테나무의 열매Mesquite Beans와 피니온소나무Pinyon Pine Tree의 열매Pine Nuts, Indian Nuts를 채취하며 생활을 했다. 그들은 생계와 직결되는 이곳을 매우 신성한 곳으로 여겼다고 한다.

데스벨리공원 서남쪽에는 쇼숀Shoshone이라는 타운이 있는데, 그곳에는 아직도 이들 인디언이 살고 있다. 이 메스퀴테사막의 모래언덕 위로는 구름이 한가로이 떠다니고 있지만, 이곳은 무언가 죽음의 촉감도 느껴지는 곳이다. 이곳에서 욕심은 금물이다.

사막의 남녀

1848년 캘리포니아 새크라멘토Sacramento냇가에서 금이 발견됐다는 소식이 있자, 1849년부터 골드러시가 이어졌다. 1849년 골드러시 당시, 황금을 찾아 이곳을 찾았던 사람들의 일부는 살아 돌아가지 못했고, 일부는 고생을 하다 겨우 빠져나갔다. 이때 같이 왔던 노새의 후손들이 야생화되어 이곳을 떠돌아다닌다고 한다. 그래서 죽음의 계곡Death Valley이란 이름도 생겨났고. 클레멘타인이라는 우리가 잘 아는 노래, 영어 가사 속의 클레멘타인 아버지는 어부가 아니라 1849년에 황금을 찾아 떠났던 훠티나이너즈 Forty-niners 중의 한 사람이었다.

미국의 역사를 1492년 아메리카 발견에서 1776년 미국 독립까지의 개척기, 독립에서 남북전쟁(1861-65)까지의 성장기, 합쳐진 연방국에서 20세기 강국이 되기까지의 도약기, 강국이 된 이후(1901-)로 나눈다면, 1849년은 1846년 미국이 멕시코와의 전쟁에서 승리한 후, 그 영토가 태평양까지 확장되는 성장기의 절정이라 할 수 있겠다.

이 모래사막의 입구에는 1900년대 이곳에서 죽은 사람의 무덤 사진을 넣은 빨간 경고판이 붙어 있다. 이곳의 더위와 열은 사람을 죽일 수 있다Heat Kills는 경고 문구를 넣었고, 물은 충분히 마시고, 더위 속 하이킹은 하지 말라고 권유하고 있다.

죽음의 촉감이 느껴지는 이곳 사막이지만, 바람이 만든 이 부드러운 언덕 한쪽에서는 사랑이 익어가고 있었다. 이렇듯 사람들은 이곳에 무수한 발자국과 아름다운 추억을 남기지만, 바람은 새로 오는 사람들을 위해 이 발자국을 말끔히 지워버린다.

그리고 메스퀴테사막에는 어린왕자의 독백이 들리는 듯했다.

"나는 늘 사막을 사랑했었어.
너도 모래언덕에 앉아봐.
아무것도 보이지 않아.
하지만 뭔가 빛나고 있어.
뭔가 고요함 속에서 흥얼거리지 않아."

길을 다시 떠나 크라우리신부전망대Father Crowley Vista Point로 가는 길, 산들은 색깔뿐 아니라 모양도 가지각색이었다. 한마디로 형형색색.

길가에 어린 왕자가 길들였던 여우가 나타났다.
처음 여우가 왕자를 만났을 때 그에게 길들여지기를 청했다.

"네가 나를 길들이면 내 생활은 해가 돋은 것처럼 환해질 거야.
나는 어느 발소리하고도 틀린 발소리를 듣게 될 거야.
네 발자국 소리는 음악처럼 나를 굴 밖으로 불러낼 거야.
난 빵을 안 먹어. 그래서 밀밭을 보아도 내 머리에는 아무것도 떠오르는 것이 없어.
그렇지만 네가 나를 길들이면 금빛이 도는 밀을 보면 네 머리를 생각할거야. 그리고 밀밭으로 지나가는 바람 소리가 좋아질 거야."

마침내는 길들여진 여우가 어린 왕자와 작별 인사를 하는 날이 왔다.

" 내 비밀을 알려줄게.
잘 보려면 마음으로 보아야 한다.

가장 중요한 것은 눈에는 보이지 않는다.
네 장미꽃을 위해 허비한 시간 때문에
네 장미꽃이 그렇게까지 중요하게 된 것이야."

사막의 여우

2차 세계대전에 참전했다 정찰비행 중 행방불명된 생떽쥐베리는 진정한 의미의 삶은 개개 인간의 존재가 아니라, 사람과 사람의 정신적 유대에 있다고 보았다.

데스벨리의 동식물은 극한의 자연에서도 생명을 꾸준히 이어가고 있다. 포유동물 51종, 조류 307종, 도마뱀 36종, 어류 5종 그리고 1,000종이 넘는 식물이 이곳에서 살아가고 있다.

파란 하늘이 형형색색의 산들과 잘 어울리고 있었다. 우리나라의 가을 하늘과 단풍의 어울림도 아름답지만, 이곳의 색다른 조화는 잊지 못할 것 같다. 구름의 유희도 그렇고.

고도가 1,500m까지 이르는 타운패스Towne Pass 위를 달려도, 달려도 질리지 않았다. 어제 어둠 속에 달렸던 길이었지만, 이렇게 멋진 길인지 상상을 못 했었다.

이곳 계곡의 밑바닥은 두꺼운 소금층이 깔려 있고, 이곳에서는 특수 타이어Heavy Duty Tire를 부착해야 차가 다닐 수 있다.

나를 묶었던 끈과 바닥짐은 이미 내게서 떠나갔다.
나는 산맥을 에워싸고 내 손바닥도 대륙을 덮는다.
나는 내 비전과 함께 걷고 있다.

롱아일랜드 출신, 월트 휘트먼(Walt Whitman 1812-92)의 시집 '풀잎Leaves of Grass'에 나와 있는 시, '나 자신의 노래Song of Myself'의 일부분이다.

크라우리전망대

그는 미국의 민주주의 정신을 잘 표현한 시인이다. "지구상의 어떤 시기, 어떤 나라 중에서도 미국이야말로 가장 완전한 시적 특성을 지니고 있을 것이다. 미국은 본질적으로 가장 위대한 시이다."라고 그는 말했다. 아마 이러한 넓고 멋진 대륙을 보고 그는 미국은 위대한 시라고 했을 것이다. 전 세계에서 온 선구자적인 정신을 지닌 사람들로 북적대는 자유로운 상상력의 땅, 미국의 영원한 이미지를 그는 창조했다.

이 장엄한 미국의 자연은 정말로 위대한 시였다.

크라우리(John J. Crowley, 1891-1940)신부의 이름에서 따온 전망대에서 본 황야. 두 사람은 넋을 잃고 있었다. 전망대 아래 계곡에는 무지개가 뜨지 않았지만, 계곡 이름은 무지개 계곡Rainbow Canyon이다. 윌리엄 히트문의 여행기 중에 사막에 대해 이러한 말이 나온다.

  사막은 인간을 좋아하지 않으며
  보금자리를 찾는 인간의 본능을 조롱하고
  인간이 이룩한 건설을
  한없이 보잘것없고 덧없이 보이게 한다.

또 반문명주의자 에드워드 애비는 황야에 대해서 이렇게 말했다. "황야Wilderness라는 말은 향수를 일으킨다. 그것은 우리 조상들이 알았던 잃어버린 아메리카에 대한 감상적인 향수만은 아니다. 황야라는 말은 과거와 미지의 세계, 우리 모두의 고향인 대지의 자궁을 암시한다. 그것은 잃어버렸으면서 아직 있는 어떤 것, 동시에 아주 가까이 있는 어떤 것, 우리 피와 신경에 묻힌 어떤 것, 우리를 초월한 어떤 것을 뜻한다. 우리가 흘려버려서는 안 될 낭만을 뜻하기도 한다. 황야에 대한 사랑은 도달할 수 없는 것에 대한 갈증 이상의 것이며 지구에 대한 충성심의 표현이기도 하다. 지구는 우리의 유일한 고향이며 필요로 하는 유일한 낙원이다. 원죄는 탐욕 때문에 우리 주위의 자연이란 낙원을 맹목적으로 파괴하는 것이다. 문명이 얼마 남지 않은 야생의 세계, 원시의 자연을 파괴하는 것은 생명과의 고리를 끊어버리는 것이며 문명 자체의 원칙을 배반하는 것이다."

무지개계곡은 여인의 브래지어처럼 부드럽기 짝이 없었고, 계속하여 보석 같은 색들의 바위가 여기저기 눈에 띄었다. 이 색들의 원천은 광물질이다. 구리는 녹색, 철은 붉은색, 망간은 보랏빛을 품어낸다.

전망대에서 다시 동쪽으로 되돌아가는 길, 올 때의 오르막은 내리막이 되었다.

이렇게 멋진 데스벨리의 풍경을 한 번 더 감상할 수 있었던 것은 우리의 행운이었다. 행운이라기보다는 임목사가 좋아하는 길이기에, 아니 밤에 왔던 길이니까 다시 올 수밖에 없는 길이었다.

사막의 시원한 길

마주 오는 차량들은 거의 빠짐없이 라이트를 번쩍거리며 지나갔다. 졸음 오는 운전자에게 큰 도움이 되었을 것이다. 우리나라에서는 에너지를 절약하려는 생각에서인지, 기본 습관이 잘못되어선지, 비 오는 날에도 라이트를 키지 않는 차량이 많은데 말이다.

우리가 하루 텐트를 쳤던 휘니스크리크로 돌아오니 휘니스크리크인Furnace Creek Inn이 눈에 보였다. 태평양연안붕사회사Pacific Coast Borax Company가 1927년 개장한 숙박시설이다. 붕사생산의 초기였던 1880년대, 이곳 근처에 있었던 하모니붕사공장Harmony Borax Works에는 20마리 노새Twenty Mule Team가 있었다. 이 노새들은 철도 수송과 연계하기 위해 공장에서 생산된 붕사를 이곳에서 260km 떨어진 모자브까지 수송했었다. 1970년대 붕사가 세제의 원료로 쓰이자 붕사는 사막의 하얀 금으로 불릴 만큼 인기가 솟았다. Twenty Mule Team으로 이름 붙인 세제가 선풍적 인기를 끌었고, 관련되어 이곳을 찾은 방문객들은 주변의 데스벨리 풍경에 매료되었다. 서서히 이곳이 관광단지로 변모하기 시작한 것이다.

휘니스크리크를 지나자면 고도가 제로인 팻말이 나온다. 이곳에서 남쪽으로 가면 고도가 -86m, 길이가 855m인 배드워터Bad Water가 있다. 북미에서 가장 낮은 곳이다. 이곳에서 불과 100km 떨어져 있는 곳에 미국 본토에서 가장 높은 휘트니산(4,421m)이 있는 것도 아이러니한 일이다. 이곳은 아주 옛날에는 호수였는데 지각 변동으로 물이 갇히고 증발하면서 넓은 소금밭이 되었다. 이 짜디짠 배드워터에도 사는 고기가 있다고 하니, 생명은 참 대단한 것이다.

휘니스크리크에서 조금 동남쪽으로 가면 자브리스키포인트Zabriskie Point가 있다. 태평양연안붕사회사에서 36년간 근무하고 1933년에 퇴사한 자브리스키(1864-1936)의 이름이 붙은 전망대이다. 데스벨리에서 사람들이 가장 먼저 찾기 시작한 관광지인 셈이다. 이곳에는 20마리 노새 캐니언Twenty Mule Team Canyon도 있다.

이 전망대에 갔다 오는 길, 멋진 미녀가 멋진 풍경을 관람하고 있었는데, 남쪽에는 화가가 파란 물감 등을 개어놓은 것 같은 화가의 팔레트Artist's Pallet가 있다.

데스벨리공원에서 우리의 행적을 보면, 서쪽으로 진입하여 190번 도로를 타고 휘니스크리크에서 숙박을 하고, 다시 한번 서쪽 끝까지 왕복한 다음, 휘니스크리크에서 자브리스키포인트를 거쳐 동쪽 입구를 통하여 나갔다.

우리는 동쪽 데스벨리 표지판 앞에 서 있던 여인과 데스벨리에 안녕을 고했다. 당초에 계획했던 와이오밍 주의 옐로스톤 대신에 이곳을 방문한 것은 아무리 생각해 보아도 정말 잘한 선택이었다.

데스벨리와 관련하여 꽃과 사막을 그리는 추상화가, 조지아 오키프Georgia O'keeffe, 1887-1986의 그림이 있다. 그녀의 그림을 보면 야생화가 만발한 데스벨리를 다시 찾고 싶은 생각뿐이다. 그녀는 유명한 사진작가 스티그리츠Stiglitz의 아내이며 모델이었다. 생의 후기에 뉴멕시코의 산타페로 이주하여 붉은 계곡과 야생화를 주로 그렸다. 그녀가 한 말도 우리의 마음에 와닿는다.

> 아무도 꽃을 보지 않는다. 정말이다.
> 너무 작아서 알아보는 데 시간이 걸리기 때문이다.
> 우리에겐 시간이 없고, 무엇인가를 보려면 시간이 필요하다.
> 친구를 사귀는 것처럼.

데스벨리에 반한 여인

그녀의 말대로 사막의 꽃들은 너무 작아 우리가 지나쳐버리는 경우가 많다. 스티그리츠의 누드모델로 서기도 하여 세간에는 그녀가 이용만 당했다는 이야기도 있지만, 그녀는 개의치 않았던 것 같으며 사실 그러한 사진 중에는 남성들에게 상당히 고혹적인 것들이 많다.

그리고 출렁이는 바다, 우람하게 솟은 산, 조용한 사막을 비교한 에드워드 애비의 글도 흥미롭다. 장엄함, 색채, 광대함, 오래되고 원초적인 것의 힘, 인간이 완전히 파악하거나 이용할 수 없는 이런 특질을 바다, 산, 사막 모두 가졌다.

바다의 다른 쪽에 도착했을 때는 떠난 해안에 있던 것과 같은 모든 것을 발견할 뿐이다. 항해하는 동안에도 단지 단조로운 바다와 텅 빈 하늘을 볼 뿐이다. 바다의 가장 호소력이 있는 부분은 그것이 육지와 만난다는 것이다.

조지아 오키프가 그린 데스벨리

산은 오른 다음에는 다시 내려가는 일이 있을 뿐 할 일이 아무것도 없다. 산을 내려오며 우리는 차츰 더 우호적이고 편안하고 인간적인 환경으로 접어들게 된다. 이 낯익은 것들이 우리를 안심시켜 준다.

사막은 다르다. 산봉우리처럼 적대적인 것도 아니고 대양의 표면처럼 광대하고 단조롭지도 않다. 인간이 살기에 적절치 않으나 강인하고 교활한 동물들이 간혹 살고, 식물도 끈질기고 이상한 돌연변이종들만 뿌리내리고 있다. 인간의 감성이 적응할 수 없는, 지금까지 적용할 수 없었던 그 무엇이 있다. 여러 해 동안 접한 후에도 낯선 느낌은 그대로 남아있다. 사막은 끝없이 사람을 유혹한다. 사막 어디엔가 엄청난 보물이 숨겨져 있을 것 같은 느낌에 이끌려 탐험에 나서고, 유혹에 빠져 평생 사막을 헤매게 된다. 사막은 신비의 베일을 쓰고 있다.

데스벨리를 떠나면서도 아쉬움이 남았던 것은 이러한 사막의 특질 때문이었던가 보다.

3. 라스베이거스 그리고 장대한 그랜드캐니언

네바다주에 있는 라스베이거스로 향하는 길, 또 설산이 우리를 안내했다. 네바다는 말 뜻 그대로 흰 눈이 덮인 설산이 있어야 제격.

오후 2시를 지나 네바다주로 진입했다.

잿빛의 풍경

네바다주의 대부분은 고원과 산지이다. 넓이는 캘리포니아의 2/3 정도이며 남한의 3

배나 되는데, 인구는 고작 2.8백만 명이다. 강수량 500m 미만이지만, 겨울에는 눈이 많아 스키가 성행한다. 멕시코와의 전쟁 이후 미국령이 되었고, 최대 산업은 관광산업이며, 도박에 대한 세금이 정부기관의 주 수입원이다. 지하자원이 풍부하고 소, 양의 방목지가 많다.

길 떠나 처음 만난 다운타운의 맥도널드에 들려 점심으로 햄버거를 들었다. "Four hamburg, please" 하며 주문할 것을 "Hamburg four" 하여서 못 알아들었는지, 콧대가 세어서인지 예쁘장한 여종업원은 대꾸가 없었다. 해외에선 맥도널드가 미 대사관이라는데 말이다.

다시 라스베이거스로 향하는 길에는 잿빛 산들이 계속 나타나고, Ash Meadow 등 ash가 붙은 지명들이 눈에 자주 띄었다. 잿빛은 네바다주의 색인가 보다.

데스벨리를 떠난 지 2시간 반, 라스베이거스에 도착하여 룩스호텔에 자리를 잡은 후, 뷔페식 호텔 식사를 했다. 간이식 식사에 익숙해져서인지 내 입맛이 그래선지, 호텔 음식은 차에서 먹은 짜장밥보다 맛이 없는 것 같았다. 돈이 아까운 생각이 들 만큼.

라스베이거스의 밤

식사를 마치고 밤거리로 나서기로 했는데, 호텔이 하도 커서 촌놈들이 도시에서 길을 찾듯이 호텔 안에서 헤매다 보니 여섯 명이 모이는데도 한참이나 시간이 걸렸다. 이곳에 오기까지는 한적한 공원으로만 돌다 보니 남북으로 6.8km나 길게 뻗은 번화가인 스트립Strip은 다양한 테마호텔로 눈부시게 휘황찬란했다. 누구는 죄의 도시Sin City라고 좋지 않은 평을 했지만 수많은 사람들이 이곳 생활을 즐기고 있었다. 거리엔 각양각색의 사람들이 넘쳐났다. 멋쟁이, 거지, 한량, 흰둥이, 검둥이 등. 벨라지오호텔로 가는 길은 멀기도 했다, 우리가 헤매기도 했지만 지쳐있어 그런지.

라스베이거스의 황제라 불리며 현재도 활약 중인 윈리조트 회장, 스티브 윈은 벨라지오호텔에서 고가 미술품을 전시하여, 이 호텔뿐 아니라 라스베이거스 전체의 격을 높였다고 한다. 이 호텔 앞에서 벌어지는 분수 쇼는 예전이나 다름없이 진행되고 있었다. 15분마다 쇼가 진행되고 음악과 분수의 형태도 그때그때 틀렸다. 우리는 운집해 있는 사람들을 헤치고 어깨 너머로 분수의 곡예를 보았다.

쇼는 곧 허망하게 끝났고 지친 발걸음으로 호텔로 돌아와서 환타시Fantasy쇼를 보았는데, 환상에 젖어보지도 못하고 1인당 65불의 입장료를 아까워했다. 옛날이나 별로 변하지 않은 쇼. 희멀건 긴 다리를 번쩍 들었다 내렸다 하는. 이날은 늦게 호텔에 돌아와 오랜만에 샤워를 하고 푹신한 침대에서 자는 것으로 만족해야 했다.

다음날 10월 9일 아침, 눈을 떠보니 호텔 밖에 늘어선 황금색으로 물든 야자수는 이국적 분위기를 연출했다. 라스베이거스는 모하비사막 한가운데 세워진 도시임에도 이름 자체는 스페인어로 초원이라는 뜻이다. 1829년 라파엘 리베라가 미국 중부에서 LA로 가는 길을 개척하는 중에 길을 잃고 헤매다 오아시스를 발견했고, 라스베이거스라는 이름을 붙였다.

원주민만 살던 이 오아시스에 한때 모르몬교도들이 정착촌을 세웠으나 인디언의 등쌀에 견디지 못하고 철수하고 말았고, 1905년 유타주의 주도, 솔트레이크시티에서 LA로 이어지는 철도가 놓이자, 이 도시는 번성하기 시작했다.

1931년 주정부는 이곳의 도박을 합법화했는데, 때맞춰 1936년 후버댐이 완성되자 도박장들은 대박이 났다. 라스베이거스가 도박의 천국이 되도록 주춧돌을 놓은 사람은 뉴욕의 마피아였던 벅시 시걸이다. 이곳이 마피아의 소굴이 되자, 60년대에 정부가 마피아를 단속하였고, 미국의 전설적 갑부, 하워드 휴즈가 호텔을 사들여 가족이 함께 즐길 수 있는 휴양시설을 만들고부터 라스베이거스는 건전한 도시가 되었다.

또 이곳은 방위산업과 쉬운 이혼절차로도 이름난 도시이다. 라스베이거스 북쪽 사막에서 50년대부터 40여 년간 핵무기 실험을 하였다. 최근 경기가 침체하자 이곳도 어려워져, 다양한 행사의 유치 등으로 변신을 꾀하고 있으며, 도박장의 승률도 예전 같지 않다고 한다.

유교감과 아침 산책을 나서니 사막의 아침은 청명하고 눈부셨다. 전날은 벨라지오호텔 가는 길 안내를 잘 못 알아들어, MGM 사거리에서 한참을 헤맸었는데 파란 하늘과 선명한 거리의 색깔은 어제의 일들을 말끔히 쓸어버렸다.

데스벨리에서 라스베이거스까지는 189km. 두 시간 반의 거리이다. 엘에이에서 이곳에 오려면 모하비사막을 건너야 하는데, 교통의 요지, 바스토우Barstow를 거친다.

아침 이른 시각이라 거리는 한산했지만 사막의 아침 공기를 마시며 아침운동을 하는 사람들과 여러 번 마주쳤다. 날씬한 미녀도 지나가고, 짧은 머리의 젊은 친구도 지나가고. 사막이라지만 운동하기에 좋은 날씨였다. 번화가 스트립을 한 바퀴 돌고 오니 만다레이 베이Mandalay Bay호텔 바로 옆에는 우리가 하루밤을 보낸 룩소르Luxor호텔이 있고, 그 정면에는 이집트의 스핑크스가 오가는 사람을 감시하고 있었다.

호텔에 돌아와 식당 델리에서 주대감이 합세하여 간단한 조식을 들었는데, 간단한 식사 3인분에 82불, 싼 편은 아니었다. 어제의 피로를 이기지 못하고 아직도 방에서 쉬고 있는 친구들을 위해, 편의점에서 과일 봉지를 몇 개 사서 방마다 돌렸다. 과일 맛은 건조한 지방에서 생산되는 과일이라 그런지 달콤하고 그런대로 괜찮았다.

그리고는 임목사가 차를 수리하는 동안 퇴실수속을 밟았는데, 늘어선 줄이 장난이 아니었다. 한 시간이 훨씬 더 걸렸다. 기다리는 동안 지나가는 사람들, 기다리는 사람들의 표정, 옷차림, 몸매, 그리고 각양각색 사람들의 행동거지를 관찰하는 것도 심심치는 않았다.

차량수리가 끝나고 한인들이 운영하는 식당, 운암정에서 모처럼 뚝배기 음식을 들고, 슈퍼에서 여행 도중 필요한 식품, 술꾼들은 주류를 구매했다. 나는 개인적으로 근육통 파스, 바이오후리즈Biofreeze를 구매했다. 미국이 약값은 싸다고 해서, 동네 한의원에서 팔고 있는 것을 안 사고 일부러 이곳에서 산 것인데, 약값은 그게 그거. 국내산 파스의 서너 배 비쌌지만, 여행 도중 요긴하게 썼다.

라스베이거스를 떠나 그랜드캐니언으로 가는 길에 들린 전망대에서는 블랙캐니언과 모하브 호수가 보였다. 이 호수의 물은 흘러 흘러 미드호Lake Mead로 흐르고 결국에는 후버댐에 갇히게 된다.

블랙캐니언은 콜로라도 주 서부의 로키산맥에서 흘러내리는 콜로라도강의 지류, 거니슨강이 흐르는 협곡이다. 길이는 80km로 그다지 길지는 않지만, 미국에서는 이 협곡만큼 폭이 좁고 양쪽 절벽이 가파른 곳이 없다고 한다. 햇빛이 잘 비치지 않아 블랙캐니언이라는 이름이 붙었다. 이곳에는 마호가니, 폰데로사 소나무, 향나무 등이 자라고 있고, 암벽 등반, 카약, 래프팅 전문가들의 천국이다.

미드호는 1937년 그랜드캐니언을 흐르는 콜로라도강 하류에 건설된 후버댐의 완공으로 태어났으며 그때의 공사감독관 엘우드 미드Elwood Mead에서 이름을 따왔다, 미드호는 캘리포니아와 네바다에 필요한 물을 공급하고 있다.

전망대에서 본 블랙캐니언과 호수

드디어 콜로라도강을 거꾸로 오르는 여행은 시작되었다. 콜로라도는 스페인어로 '붉다'는 뜻. 붉은 계곡을 흐르는 강은 계곡도 붉고, 강물도 붉고. 그 위를 비추는 해도 붉고, 황혼도 붉고.

차는 네바다에서 애리조나로 진입했다.

'카우보이 애리조나 카우보이, 황야를 달려가는 애리조나 카우보이--'

애리조나는 인디언말로 작은 샘이라는 뜻을 가졌다. 스페인어로 건조한 지역이라는 뜻도 있지만. 이곳에 들어서니 풍광이 틀렸다. 작은 나무들이 듬성듬성 자라는 황량한 잿빛 산에서 보기 좋고 아담한 산들이 어우러진 풍광으로 변했다. 이곳 사람들 말로는 산도적에서 건장하고 잘생긴 사나이로 변신했다고 한다. 주의 경계를 지날 때마다 변하는 풍광은 딴 세계로 들어선 느낌을 주었다.

애리조나주는 48번째로 미국의 주가 되었다. 중북부는 네바다와 같이 멕시코와의 전쟁에서 얻은 전리품이고, 남부는 멕시코로부터 구입하였다. 크기는 네바다와 비슷하지만, 인구는 두 배가 넘는다. 네바다보다는 살기 좋다는 이야기다. 주의 대부분이 고원과 평지이며 산림은 27%이다. 관광, 광업, 농 목축업이 주요 산업이다.

나지막한 산과 황금벌판, 어디에선가 인디언의 북소리가 들려올 것 같았다.

'저 멀리 인디언의 북소리 들려오면 고개 넘어 주막집에---' 명국환의 애리조나 카우보이는 외래 정서에 놀아난 노래라고 하지만, 우리가 서부영화를 즐겨볼 때 즐겨 부른 흥이 나는 노래이다. 인디언의 북소리가 서부활극에서 자주 들렸기도 하고.

우연히 인디언 출신 존 헐링John Huling의 산의 숨소리Breath of the Mountain란 인디언 풀룻 연주곡을 들었는데, 북소리, 풀룻 소리 그리고 바람 소리가 묘하게 조화를 이룬 음악이었다. 인디언의 비애가 느껴지기보다는 무언가 신비로운 느낌이 들었다. 특히 인디언의 북소리는 명국환의 애리조나 카우보이의 경쾌함과는 거리가 있는 소리였다.

요즈음의 카우보이들은 인디언들과 마찬가지로 어려운 지경에 빠져 있다고 한다. 아메리카 초기의 역사에서는 적수였던 그들은 마침내 길동무가 되어 서부 신화의 황혼 속으로 사라지고 있다고. 축산업의 기계화, 자동화로 카우보이들은 실직 중이거나, 그 위험에 빠진 지 오래다. 진짜 카우보이는 진짜 인디언들과 마찬가지로 사라져가고 있는 한편, 가짜 카우보이들은 밥상에 꾀는 파리떼처럼 늘고 있다 한다. 커다란 하얀 모자와 몸에 꼭 끼는 바지, 꽃무늬 셔츠, 굽이 높은 부추 차림의 가짜 카우보이, 걸이 미시시피 서쪽 작은 도시들의 거리를 활보하고 있다고.

황금색 애리조나 풍경

애리조나는 인디언들이 가장 많이 사는 곳이다. 인디언이라고 하면 어떤 사람에게는 고상한 인디언 또 어떤 사람에게는 사악한 인디언으로 다가온다. '16세기 유럽의 양심' 이라고 평가받는 라스카사스(1474-1566)는 스페인 출신 신부로, 인디언의 열악한 처우에 분노했던 사람이다. 그는 인디언을 지상낙원에서 암소들처럼 온순하게 살던 꾸밈없는 존재라고 표현했다. 또 헨리 데비드 소로우는 땅에 경계선을 긋거나 나누지 않는 이들의 사고방식을 인디언의 지혜라고 표현했고. 반면에 홀름버그는 인디언을 행위의 주체가 결여된 야만인이라고 표현했고, 밴크로프트는 이들을 게으름의 결과라고 비하했다.

이들의 조상은 빙하기가 끝날 무렵인 13천년 전에 베링해협을 건너왔다고 한다. 그리고 칠레 남부에는 12천 년 전 사람이 살았으며, 칠레에 33천 년 전의 인공물이 있다는 점을 고려하면 신석기 이전에 이들의 조상이 대륙에 도착했다는 것이 정설이다.

인디언들의 눈에 서양인들은 어떻게 보여졌는지를 보는 것 또한 재미있다. 수족 인디언으로 태어나 전통적인 인디언 방식으로 성장한 전사이었으나, 아버지에 의해 백인 사회에 입문하여 의사이며 작가가 된 오히예사가 쓴 자서전, '인디언의 영혼The Soul of Indian'에 나오는 글이다.

> "얼굴 흰 사람들은 노예를 부린다. 하인들을 다른 사람과 구별하기 위해 그들의 몸에 검댕이 칠을 해놓은 것 같다. 그들은 무엇이든 돈으로 환산해 가치를 따지고 끝까지 이익을 추구하며, 자기에게 이익이 되지 않으면 쓸모없는 것이라 여긴다. 그들은 다른 별에서 온 사람임에 틀림 없다. 그들은 전투할 때도 졸병들만 영양 떼처럼 내몰아 전투를 벌인다. 졸병들은 강요에 의해 어쩔 수 없이 싸움터에 나온다. 그래서 우리 인디언들은 그들을 물리치는데 아무 문제가 없다.
>
> 그들은 죽음 앞에서도 진실을 말하는 우리 인디언들과 사뭇 다르다. 얼굴 흰 사람들은 누구보다도 진리에 대해 말하고, 진리가 적혀 있는 책을 늘 가지고 다닌다. 그러나 세상에 그들만큼 진리와 동떨어진 행동을 하는 자들도 없다. 우리에게는 삶이 곧 진리이며 진리가 곧 삶이다. 진리로부터 멀어진 삶은 곧 죽음이다."

글의 내용을 보니, 우리의 행동거지도 영락없는 얼굴 흰 사람들이다.

애리조나 산하에 어둠이 슬슬 밀려왔다. 우리는 7시에 애쉬훠크Ash Fork 근처 개인 캠핑장에 도착하여 자리를 폈다. 이날 자릿세는 50불. 국립은 보통 20-25불이고, 사립은 보통 150불이라니 그리 비싼 편은 아니었다.

새벽의 땅, 뉴잉글랜드 해안에 서구인들이 처음 도착했을 때 이들은 인디언을 중남미의 왜소한 사람들과는 다른 건장하고 영양상태가 좋은 사람들이라고 표현했지만, 인디언은 신비로운 존재이면서 위험한 실재적 적이었다. 이때 신대륙의 지원자들의 지원동기를 보면 재미있다. 원시림과 아름답고 재빠른 인디언 아가씨, 출세해보려는 욕망이 지원동기였다고 하니. 1492년에 콜럼버스가 아메리카에 처음 당도했지만, 1614년이 되어서야 유럽인들은 인디언들에게 직접적인 영향을 주기 시작했고, 1620년 청교도들이 메이플라워호를 타고 마사추세츠에 도착하면서부터 본격적으로 미국의 태동이 시작되었다.

10월 10일, 보기 좋게 노란색으로 물들은 애리조나의 아침이 찾아왔다. 애리조나 인디언들은 아나사지, 호호켐, 모골론 문명을 개발하며 살았는데, 역사는 일만 년으로 본다. 특히 호호켐족은 북아메리카에서 가장 큰 관개시스템을 건설했다고 한다. 아파치, 나바호족은 이곳의 토박이들이 아니라 1540년 스페인들이 오기 바로 전에 애리조나로 이주한 인디언들이다.

아파치족의 치열한 공격으로 스페인 이주자들은 애리조나 남부와 멕시코 북부를 흐르는 산타크루즈강River Santa Cruz 유역에 머물 수밖에 없었다. 1752년이 되어서 비로소 스페인 군사주둔지가 진출했고 진흙에 식물섬유를 이겨 만든 어도비 벽돌로 된 요새를 지었다. 아파치족은 1821년 멕시코가 독립하고, 1846년 미국과 멕시코와의 전쟁이 끝난 후인 1886년에서야 항복을 한 대단한 인디언들이었다.

우리는 역마차나 말을 타는 대신 RV를 타고 뻥 뚫린 애리조나의 하이웨이를 달렸다. 상상의 말채찍을 말아 들고. 드디어 애리조나주의 그랜드캐니언에 도착했다.

라스베이거스에서 447km, 5시간 거리이다. 하이웨이 93번을 타고 남으로 애리조나 킹맨까지 달리고, 다시 40번을 동으로 달려 윌리암스까지, 이곳에서 하이웨이 64번을 타고 북으로 달리면 그랜드캐니언에 도착하게 된다. 길 찾기는 내비를 이용하면 쉬울 것 같지만, 한번 잘못하여 길을 지나치면 수십km 돌 수도 있으므로, 사전에 지도를 보면서 계획을 세우고 꼼꼼히 도로표지판을 살피며 운전해야 한다.

그랜드캐니언

그랜드캐니언은 약 40억 년 이전 형성된 지구의 역사이다. 존 뮤어John Muir는 그랜드캐니언은 사람이 죽은 후에 딴 세상에서나 볼 수 있는 것이며, 그 색상과 규모가 상상을 초월한다고 했다.

망망대해에 바닷물에 밀려온 침전물 등이 사암, 석회암으로 변하고, 해저가 솟으면서 콜로라도고원이 만들어졌고, 또 콜로라도강이 그 표면을 깎고 고원이 잘리는 등 오랜 동안 자연이 만든 결과물이 그랜드캐니언이다. 그랜드캐니언은 445km 미터의 협곡이며 깊이는 1,500m, 아열대부터 한대까지의 기후권을 갖고 있다. 공원 넓이는 요세미티와 비슷하다.

이곳의 사우스 림South Rim과 노우스 림North Rim과의 직선거리는 16km도 안 되지만, 돌아가려면 900km도 넘는다. 그랜드캐니언은 1869년에 포웰John Wesley Powell소령의 탐사로 세상에 알려졌다.

포웰소령은 그의 고전적 탐험기, '콜로라도강과 그 협곡 탐험'에서 "그랜드캐니언은 형태와 색깔과 소리의 아름다움의 극치를 간직하고 있다. 그 형태는 산의 그것을 능가하고 색깔은 석양의 색깔에 뒤지지 않는다. 그리고 태풍에서 뚝뚝 떨어지는 빗방울, 폭포에서 부글부글 솟아오르는 샘에 이르는 온갖 음향을 가지고 있다. 그리고 그랜드캐니언은 한눈에 전모를 볼 수가 없다, 그것은 커튼을 걷어 올리면 볼 수 있는 장관이 아니다. 그 전모를 보려면 몇 달에 걸쳐 미로를 섭렵해야 한다. 이 협곡을 가로지르는 것은 알프스나 히말라야를 넘는 것보다 더 어렵다. 하지만 그럴 힘과 용기와 있다면, 1년간의 수고로 천국 못지않은 비경을 감상할 수 있다."고 했다.

마침 아버츠다람쥐 한 마리가 눈에 띄었다. 공원에는 두 종류의 다람쥐가 있다. 아버츠 Abert's Squirrel다람쥐는 몸의 색이 회색과 갈색이 섞이어 있는 반면, 카이밥다람쥐 Kaibab Squirrel는 갈색 몸통에 꼬리가 희다.

공원을 돌아보자니 낭떠러지로 돌출된 바위 위에서 거꾸로 물구나무서기를 하던 젊은 친구가 전화를 걸고 있었다. 우리도 그곳으로 힘들게 건너가서 차례로 사진을 찍었다. 자연을 사랑했던 영국태생의 미국화가, 토마스 모란Thomas Moran, 1837-1926의 그랜드캐니언 그림을 보면, 당시에는 강물이 풍부했던 모양이다. 모란은 주로 그랜드캐니언과 서부를 주제로 그림을 그렸다.

로키산맥에서 발원한 콜로라도강은 수많은 계곡, 특히 장대한 그랜드캐니언을 침식시켜 온 힘의 대명사인 동시에 미국인들에겐 향수에 젖어 부르는 노래의 주제이다. '콜로라도의 달 밝은 밤은 마음 그리워 저 하늘--', 우리에겐 귀에 익은 노래이며 콜로라도의 달 밝은 밤길을 홀로 걷는 나그네의 쓸쓸함을 잘 표현한 곡이다.

미국인들 사이에 그랜드캐니언은 일생에 꼭 한번은 찾아보아야 하는 경이로운 세상이며, 매년 3백만 명 이상이 찾는 그랜드캐니언은 애리조나주의 큰 수입원이며 보물이다. 이곳에는 기차, 비행기, 버스는 물론 노새, 콜로라도강을 헤치고 나가는 고무보트 등 다양한 교통수단이 준비되어 있다.

이곳에 와서 두 시간의 짧은 일정이었지만 처음으로 트래킹다운 트래킹을 했다. 빛나는천사트레일Bright Angel Trail의 길이는 12km, 위에서 밑바닥까지의 높이는 1,360m나 된다, 내려가는 데만 하루 종일 걸린다. 8백여 년 전 이곳의 터줏대감으로 살았던 하바수파이Havasupai부족이 물을 찾아 강가로 내려간 것이 이 트레일의 유래이다.

그랜드캐니언 트래킹

경사가 만만치 않아 모두 힘들어했다. 올라오는 길목에서 한 무리의 앙케이트 조사자들이 지나가는 사람들을 붙들고, 트래킹을 하는데 얼마의 물이 필요한 지 등을 묻고 있었다. 장난삼아 응했다가, 질문이 얼마나 세밀한지 그리고 무엇보다도 질문의 내용을 알아듣지 못해 얼떨결에 임목사에게 역할을 넘겨버렸다.

길 곳곳에는 나귀 똥이 군데군데 무더기로 쌓여 있었다. 짐을 나를 때나 힘들 때는 나귀의 힘을 빌릴 필요가 있을 것이다. 일전에 중국의 차마고도車馬高道를 갔을 때 나귀 신세를 한번 졌었는데, 힘들어하는 나귀한테 미안했을 뿐 아니라, 나귀를 타는 것도 보통 힘든 일이 아니었다. 엉덩이는 아팠고 몸의 균형을 잡기가 보통 어렵지 않았다.

데저트 뷰를 가는 도중, 진흙 목욕을 하고 있는 한 무리의 순록들을 만났다. 순록은 추운 지방에 사는 동물로 아는데 말이다. 북미에 사는 순록은 캐리부Caribou라 불린다. 일부 주에서는 늑대 때문에 순록 개체 수가 줄어들자, 늑대 소탕 작전을 폈는데 이에 대한 반론도 만만치 않은가 보았다.

데저트뷰에 도착하여 전망대Desert View Watchtower에서 내려다보니, 애리조나 산의 특징을 잘 나타내는 아담한 산이 보였다. 시다산Cedar Mountain이었다. 전망대 안을 들어가니 인디언들의 작품들이 수수하다 못해 화려하기까지 했다.

그랜드캐니언에서 동남쪽으로 100km 정도 가면, 우팟키준국립공원Wupatki National Monument 안에 인디언의 집단거주지가 있다. 또 애리조나 북부에는 몬테주마준공립공원Montezuma Castle National Monument 안에 12세기 시나구아Sinagua 인디언 주거지가 있다.

메마른 콜로라도강

그랜드캐니언의 일정을 마치고 페이지로 향하여 가는 길, 그랜드캐니언을 흘러내리는 콜로라도강은 비록 계속된 가뭄으로 형편없이 메말라 있었지만. 원시의 황색을 보이며 흐르고 있었다. 콜로라도의 본색, 본래의 모양을 보이며.

콜로라도강의 협곡지대는 강에 가까워질수록 더 건조해지고 더 황량해져서 사람 살기가 더 어려워진다고 한다. 일반적으로 사람이 모여드는 도시가 강가에 자리를 잡기 마련인데, 유타주 모압에서 캘리포니아주 니들스까지 1,600km 흐르는 동안 강가에 도시가 하나도 없다. 도시만 없는 것이 아니라 식물도 잘 살 수가 없다. 그 이유는 저지대가 고지대 보다 강우량이 적고, 많은 양의 물이 가파른 협곡을 통해 단시간에 빠른 속도로 바다로 흘러가기 때문이다.

그리고 계곡의 황금색 단층은 너무 눈부셨다. 세상 어느 곳에서 이런 장대한 황금색 홍하의 골짜기를 볼 수 있을까. 이곳의 자연은 황홀하기까지 한데 그 주인들이 사는 모습은 너무 초라했다. 이곳에 있는 기념품 가게를 한 군데 들렸지만, 물건은 초라하고 인사조차 없는 그들에게서 친근감을 느낄 수가 없었다.

일전 친구 아들 결혼식에서 주례를 보는 젊은 목사가 인디언의 아름답고 긴 시구를 읊어주었을 때 하객들과 함께 얼마나 감명 깊게 들었는지 모른다. 자연과 조화롭게 사는 사람들의 마음이 가슴에 와닿아서 그랬을 것이다.

계곡의 황금색 단층

4. 글랜캐니언국립휴양지, 홀스 슈 그리고 앤티롭캐니언

포웰호의 아침

그랜드캐니언을 떠나 2시간 40분을 달려 애리조나의 북쪽 끝에 있는 페이지Page에 도착했다. 216km의 거리이다. 그랜드캐니언에서 64번 도로를 따라 동쪽으로 가면 카메론 Cameron. 여기서 89번 하이웨이를 북쪽으로 달리면 페이지이다.

저녁 늦게 도착하여 피자헛에서 저녁을 들었다. 이렇게 밥을 해 먹을 시간적 여유가 없으면 햄버거, 샌드위치 아니면 닭요리였다.

10월 11일, 페이지의 캠프장 아침은 붉게 타올랐다. 여행을 떠난 지 벌써 8일째가 되었다. 아침 일찍 일어나 텐트 밖을 나서니 포웰Powell호수가 푸른빛을 띠고 아직 어둠 속에 머뭇거리고 있었다. 아무래도 사진을 찍는 사람이 일찍 일어나게 마련이다. 아침 공기도 상쾌할 뿐 아니라 새벽의 여명이 너무 아름다웠다.

호수의 푸른빛에 분홍색의 아침노을이 어우러지니 한 폭의 멋진 풍경화였다. 아침 일찍 일어나는 부지런한 사람들에게 주는 하나님의 선물이랄까. 아침노을이 멋지다는 것은 공기가 오염이 안 된 청정지역이라는 증표. 푸른 물 위에는 배들이 떠 있었다.

캠프장에만 차량이 많은 줄 알았더니, 호숫가에서 밤을 지새운 행락 차량이 생각보다 많았다. 행락 차량하면 좀 어폐가 있는 것 같다. 우리나라처럼 차 속에서 들고 뛰고 하는 놀이문화는 생각도 못 하고 서양 관광객들은 이야기할 때는 조용히 속삭이듯 하며, 술을 들 때도 주위 사람에게 피해를 주는 일은 여간해서 없다.

붉은 아침노을을 배경으로 오른쪽 끝부분에, 굴뚝 세 개가 내뿜는 연기도 거부감 없이 풍경의 일부분으로 녹아들었다. 나바호족이 운영하는 이곳의 유일한 공장의 굴뚝이다.

우리가 텐트를 치는 장소는 항상 옹색하고 볼품이 없었다. 그만큼 캠핑족이 많아 여유 공간이 적은 탓이다. 파란색 텐트에서는 나 혼자 자고, 큰 텐트에서는 호텔리어와 서적계의 원로, 손사장이 잤다. 나머지 다섯 명은 RV 안에서 자고.

포웰 유원지

날이 완전히 밝으니 글랜캐니언국립휴양지Glen Canyon National Recreation Area의 여섯 개 선착장 중의 하나인 와윕마리나 레이크포웰 유원지Wahweap Marina & Lake Powell Resort가 완연한 모습을 드러냈다. 글랜캐니언국립휴양지는 국립공원관리청National Park Service이 관리하는 20개 국립휴양지의 하나. 이곳 역시 수상스포츠의 천국이다.

아침 식사를 마치고 글랜캐니언에 있는 홀스 슈Horse Shoe를 보러 나서니 애리조나 특유의 풍경이 우리의 마음을 편하게 했다. 그 옛날 아파치족들이 평화롭게 뛰놀던 광야이다.

강의 흐름이 말발굽처럼 휘어 나가는 모양이라 이들은 홀스 슈라고 하는 것 같았다. 우리나라 안동 하회마을이나 정선 동강에 가면 볼 수 있는 강의 휘어 돌아가는 모습이다.

차들은 여전히 헤드라이트를 밝게 비추고 지나가고, 나바호족 공장의 세 굴뚝은 친근감 있게 연기를 내뱉고 있었다. 이어 글랜캐니언댐이 그 모습을 드러냈다. 이 댐은 1964년 완성되었는데 애리조나 페이지Page에서 유타 주로 연결되는 89번 하이웨이가 그 위를 지나간다. 글랜캐니언에는 붉은 돌기둥, 아치, 첨탑 등이 수없이 많다. 댐이 생기기 전에는 강물의 유속이 빨라 원시적 흙탕물이었는데, 댐이 생겨 물이 잠기는 바람에 새파란 물로 바뀌었다고 한다.

이 댐으로 포웰Powell호수가 탄생했다. 댐 건설 당시 환경보호주의자들의 반대도 무척 거셌었지만, 1869년 세 개의 나무배를 타고 계곡을 탐험한 남북전쟁 참전용사, 외팔이 존 웨스리 포웰John Wesley Powell의 이름을 따라 호수 이름이 지어졌고, 글랜캐니언국립휴양지도 생겨나서 많은 사람들이 휴식을 취할 수 있게 되었다. 1865년에 남북전쟁이 끝나고 4년 후, 상이용사가 된 포웰이 용감하게 이 거친 계곡에 도전했다니, 대단한 사람이다.

이 호수는 애리조나와 유타의 경계에 걸터앉아 있으며, 미국에서 미드호 다음으로 크고, 나바호인디언자치구 안에 있으며, 그 상류에는 캐니언랜드Canyon Land가 자리 잡고 있다. 또 이 댐은 콜로라도, 와이오밍, 유타, 뉴멕시코를 위한 물 저장시설이며, 애리조나, 네바다, 캘리포니아 등에도 물과 전력을 공급하고 있다. 라스베이거스의 휘황찬란함도 따지고 보면 이 댐 덕분이다.

홀스 슈

드디어 홀스 슈Horse Shoe로 오르는 언덕에 도착했다. 캠핑장에서 이곳까지는 25분, 글랜캐니언댐에서는 10분 남짓 걸렸다. 애견을 데리고 이곳 언덕을 오르는 사람은 마치 집근처로 산보를 나온 모양새였다. 요즈음 관광객들의 발길이 무척 잦아진 이곳, 언덕을 오를 때만 해도 몰랐는데 사람들의 행렬이 길게 이어져 있고, 멀리서 보면 그렇게 깊은 계곡이 있어 보이질 않은 평지였다.

홀스 슈는 강물이 휘돌아가는 모양이 너무나 깊고 커서 한눈에 잘 들어오지를 않는 데다, 아침의 음영이 짙게 깔려 있어서 거대한 홀스 슈를 조그만 사진기로 표현할 수가 없어 아쉬웠다.

홀스 슈의 눈동자

절벽 아래 홀스 슈 강바닥에는 콜로라도의 푸르고 파란 눈동자가 있었다. 바닥 색들의 조화는 말할 수 없이 환상적이었고. 마침 붉고 푸른 강물 가운데로 한 대의 모터 보트가 물살을 가르고 쏜살같이 달렸다. 콜로라도의 눈동자 속으로.

우리나라 정선의 칠족령 아래를 흐르는 동강의 굽이치는 강물과 비교하면, 각기 그 아름다움이 특색이 있다. 동서양의 물 흐름은 규모와 어우러진 주변 풍경, 운치 등에서 달랐다.

우리가 올랐다 내려온 홀스 슈 입구의 단출한 사막의 언덕. 우리나라 같으면 시끌벅적하고, 장사꾼들도 많았을 터인데.

홀스 슈를 떠나 앤티롭캐니언Antelope Canyon 매표소에 도착하니, 나바호Navajo족이 운영하는 차량이 관광객을 싣고, 떼를 지어 들어오고 나가고 있었다. 홀스 슈에서 이곳까지는 30분이면 충분한 거리지만, 이차를 타려면 표를 사고 나서 한참을 기다려야 한다. 독점의 횡포라고도 할 수 있지만, 골짜기의 수용 능력은 한계가 있어 통제가 필요하기도 하겠다.

앤티롭캐니언 수송차량

이곳은 옛날 영양Antelope들이 많이 뛰놀았던 곳인가 보다. 미국민요 'Home on the Range'의 가사가 떠올랐다.

    Oh, give me a home Where the Buffalo roam,
    Where the deer and the antelope play,
    Where seldom is heard a discouraging word.

    들소들이 배회하고 사슴. 영양이 뛰노는 곳, 그리고 용기를 잃게 하는 말들이 들리지 않는 곳.

불과 한 시간 남짓 걸리는 투어인데 1인당 입장료는 40불이었다. 이 가격도 조그만 게시판에 매직펜으로 써놓았다. 운영하는 사람들의 기분에 따라 들쑥날쑥 매일 달라진다고 한다. 그래도 사람들은 몰리니 어쩌란 말이냐.

뜨거운 날씨에 한참을 기다려 순서대로 차를 탔다. 손수건 등으로 입을 막으니, 꼭 사막의 도적 떼 같았다. 일본 사람들을 보면, 준비성이 많아 마스크를 미리 챙겨온 사람들이 많았다. 어디서든지 표가 나는 백성이다.

고압선만 윙윙대는 사막 길을 먼지를 풀풀 날리며 앤티롭캐니언으로 향하는 차 안에서 우리는 낄낄대며 옆의 외국인들과 대화를 나누었다.

앤티롭캐니언 가는 길

현지에 도착하여 가늘고 긴 좁은 붉은색 골짜기를 이삼십 분 지나갔다. 가이드가 재촉하건 말건, 뒷사람들은 밀고 들어오건 말건, 사람들은 정신없이 셔터를 눌러대는데 그 색깔이 여간 곱지를 않았다. 붉은 골짜기에 태양광선이 만드는 요술 같은 색들이다. 요즈음 사진가들에게 각광을 받고 있는 골짜기다. 카메라 렌즈를 단렌즈로 갈아 끼워야겠다고 생각했었는데 깜빡하여, 할 수 없이 줌렌즈로 촬영을 했는데 다행히 그 결과는 나쁘지 않았다. 천만다행이었다.

이 계곡은 2억 년 전 만들어진 모래언덕에 콜로라도강이 만든 작품으로, 애리조나에서 와이오밍에 걸쳐 있는 모래층의 일부분이다. 이곳은 서쪽 페이지Page에 있는 나바호족 땅인데, 우리가 찾은 곳은 낮은 앤티롭캐니언Lower Antelope이다. 높은 앤티롭캐니언 Upper Antelope Canyon은 계단을 타고 아래로 내려가는 골짜기로 전문사진가들이 즐겨 찾는 곳이다. 이 계곡에서 갑자기 내린 폭우로 적지 않은 사람들이 생명을 잃기도 했다. 사진을 찍는 사람들은 빛 관계 때문에 아침 이른 시각이나 늦은 오후 시각에 방문하는 것이 좋겠다.

붉은 계곡, 빛의 조화

사람들은 법석을 피건 말건 도마뱀 한 마리가 강렬한 햇빛을 받으며 바위 위에서 식도락을 즐기고 있었다. 골짜기를 철수할 때는 늦게 도착한 사람들을 위해 온 길로 다시 돌아서서 신속하게 골짜기를 빠져나왔다.

돌아오는 차에서 멋쟁이 호텔리어는 어느새 일본 아줌마 셋과 친구가 되어 약 팔기에 정신이 없었다. 젊어 보이는 그녀들은 놀랍게도 모두 손자를 둔 할머니였다. 미국에 주재하고 있는 남편을 둔 인텔리 여성들이라고. 호텔리어는 호텔신라 임원출신으로 일본 등 외국에 주재한 경험이 있어, 외국어에 능통할 뿐 아니라 다방면에서 달인이다. 호텔업종이 의식주와 관련된 종합서비스업종인지라 만사에 능통하지 않으면, 또 매너가 좋지 않으면 안 되는 직업이기 때문일 것이다.

다시 길을 떠나 카엔타Kayenta에 있는 킹버거에서 점심으로 버거를 들었다. 킹버거집 안에는 2차 대전 당시 통신병으로 큰 공을 세운 나바호족들의 사진 등이 진열되어 있었다. 하와이 패전은 미국의 암호가 일본에게 노출된 탓이라는 것을 인식하여, 나바호족 말을 암호화하여 노출을 피했다고 한다. 식당에는 그때의 기록과 함께 일본 부채 등 당시의 유품, 공예품 등도 함께 전시되어 있었다.

카엔타는 90% 이상이 원주민이며, 인디언의 무당축제, 겨울의 열기구 타기가 유명하다. 많은 기독교 종파의 교회들이 빠짐없이 이곳에 있는 것도 이색적이다. 애리조나와 뉴멕시코의 인디언의 수가 크게 증가하고 있다. 이곳의 인디언 인구 증가율은 백인보다 높다고 한다. 1865년 1만 명이 조금 안 되던 나바호족은 10년 후에 9만 명, 요즈음은 30만 명이 넘는다고 한다. 나바호족 보호구역에 서양 의학이 소개된 결과이다. 이들의 산업이라곤 양, 염소, 말들에 기초한 것이고 보니, 인구증가에 따라 반건조지대의 목초지가 지나친 가축들의 방목으로 황야로 변해가고 있고 오히려 생산성은 감소하고 있다.

또 이들은 살아남기 위해 나바호 보호구역을 떠나 가까운 곳의 빈민가로 이주하여, 빈민가의 노동자, 주유소 종업원, 모텔의 하녀, 복지제도의 수혜자가 될 수밖에 없다. 그리고 대도시에 사는 그들의 친족들처럼 알코올과 마약에서 위안을 찾는 것이 자연스러운 일이다. 기독교와 토착신앙을 융합한 페요테교[1]가 토착 아메리카교회라는 이름으로 인기를 얻고 있다.

경쟁 능력이 없고 언어마저 생소한 인디언들은 점점 깊이 가난 속으로 빠져들고 있다. 낮은 보수, 가정의 붕괴, 질병, 매춘, 알코올 중독, 교육의 결핍, 많은 아이들, 무관심과 사기 저하, 복음주의적 기독교 신앙 등 다양한 형태의 정신병 증상이 만연되고 있다. 이 비참한 빈민들은 절망에 빠져 사회사업가들의 어설픈 보살핌을 받고, 경찰관들의 발길에 채이며 선교사들의 기도의 대상이 되고 있다.

모뉴멘트벨리 가는 도중, 언덕 위의 휘날리는 깃발들이 이색적인 나바호족의 공예품 파는 곳을 들렸다. 친구 하나가 소피가 급해 화장실을 물었더니, 천지가 화장실인데 뭘 물어보냐는 눈치였다. 모뉴멘트벨리 들어서기 전의 도로에는, 나바호족의 신령이 나타날 것 같은 분위기가 물씬 풍기었다.

---

1. 페요테교 : 페요테 선인장을 종교행위에서 사용한다고 한다.

나바호족의 깃발

　앤티롭캐니언에서 모뉴멘트벨리Monument Valley로 가는 데는 3시간 정도 걸렸다. 페이지Page에서 모뉴멘트벨리까지는 225km 거리였다. 98번 도로를 동쪽으로 달려 160번 도로를 만나고, 이 도로를 북쪽으로 가면 카엔타이다. 이곳에서 163번 도로로 유타Utah주로 들어서 달리다 보면 모뉴먼트벨리에 닿게 된다.

　애리조나주의 관광을 마치고 이제부터는 유타주의 관광을 시작하는 셈이다.

5. 나바호족의 한이 서린 모뉴멘트벨리

나바호족자치공원 안에 있는 모뉴멘트벨리Monument Valley에 들어서자 외로운 독메, 벙어리버트Mitten Butte가 눈에 들어왔다. 나바호족 자치구역 안에서는 어떤 종류의 알코올도 허용되지 않는다. 서양인들의 도래에 따라 위스키가 들어왔고, 인디언 사회에 악영향을 주어온 까닭이다. 모뉴멘트벨리의 고도는 1,700m 정도.

공원 입구에 놓여있는 붉은 돌은 잔뜩 웅크리고 있는 나바호족의 자화상 같은 느낌을 주었고, 그리고 공원 사무실 안에 전시된 이들의 모습도 어느 하나 밝고 쾌활한 분위기

전시된 나바호족

는 아니었다. 모뉴멘트벨리는 나바호족자치공원의 일부이다. 자치공원은 애리조나 동북부, 유타남부, 뉴멕시코 서쪽에 걸쳐있고, 넓이는 남한의 2/3에 달한다.

나바호족은 1400년경 캐나다 북부에서 이곳으로 이주한 강인한 인디언이다. 남북전쟁(1861-5) 때 미국군에 의해 이들의 대부대가 붕괴되고, 8천5백 명이 포로가 되어 뉴멕시코의 섬너Sumner요새로 끌려갔던 비운의 부족으로 전락했지만, 1868년 셔먼장군이 이들의 자치권을 인정하고, 비옥한 땅을 준다고 했어도 이들은 황량하기 짝이 없는 이 땅을 고수했었다. 나바호족의 즐겨 부르는 노래에도 이 땅에 대한 애정이 잘 나타나 있다.

'나는 영원히 행복할 것이다. 아무도 나를 방해하지 못할 것이다. 나는 내 앞뒤에, 옆에, 아래위에 그리고 주위의 이 모든 아름다움과 함께 걸어갈 것이다.'라고 부르는 이곳의 아름다움을 찬미하는 노래이다.

영국에서의 첫 이민 102명이 메이플라워호를 타고 온 해가 1620년이니, 1492년 콜럼버스가 대륙을 발견한 후 128년이 되는 해이다. 초기에는 이들과 인디언은 평화를 유지했다고 하나, 남북전쟁이 끝나고 한참 후인, 1890년까지 인디언과의 전쟁은 계속되었다고 본다. 270년간의 전쟁에서 이 땅의 주인 인디언은 땅을 뺏기고 핍박받고 학살을 당했으며, 명목상 보호를 받는 신세로 전락했다. 인디언들은 1800년 이전에 미시시피강 동쪽에서 쫓겨나더니, 그 이후 미국의 영토가 서부로 확대됨에 따라 서양인들과의 전쟁은 서부로 확산되었고, 드디어는 영원한 패배자가 되었다. 미국 정부가 인디언에게 시민권을 인정한 것은 1920년. 일부 인디언들은 "나를 미국 사람으로 만들려고 하지 마시오. 나도 당신들한테 그렇게 강요하지 않을 테니."라고 항의도 했다고 한다.

이민 초기에 탐험대의 일원이었던 아서 바론이 인디언을 표현한 말이 마음에 와닿는다. "인디언은 용모가 매우 준수하고 성격이 유순하며, 유럽인들 못지않게 예절을 갖춘 사람들이다. 그들은 기쁨과 환영의 표시로 머리와 가슴을 치고, 한 형제임을 강조하며, 스스럼없이 애정과 친밀함을 표현함으로써 영국인을 맞이했다." 또한 휘트먼의 시 또한 마음에 와 닿는다. "신대륙 주민들은 초라하기 짝이 없지만, 구대륙 인간들은 기세등등하구나, 잔학무도한 구대륙 인간들아!"

카엔타에서와 마찬가지로 이들의 선조들이 이차대전 때 큰 공을 세웠다고 홍보하고 있지만, 서양인들에게 짓밟힌 그들에게는 공허한 얘기일 것이다. 나바호족은 B. I. A.(Bureau of Indian Affairs, 인디언관리청)의 보살핌을 받고 있다. 어린 인디언들은 학교에 보내지고 미국말을 배우며 기본적인 의료서비스, 복지제도의 혜택을 받고 있고, 그나마 그들의 고향, 보호구역을 가지고 있다. 보호구역은 그들 종족의 공동재산이며, 비록 땅은 메말라 많은 인구를 부양하기엔 턱없이 부족하지만, 나바호족의 굳건한 토대가 되고 있다.

이 땅에는 얼마 안 되는 석유, 우라늄, 석탄, 천연가스 등이 있고 관광에서 나오는 수입도 있다. 이 돈으로 젊은이들에게 장학금을 대주고, 커뮤니티 센터를 짓고, 매년 열리는 나바호 축제의 비용을 충당하며, 축산농가에게 우물도 파줄 수 있다. 그리고 자치기구와 자체 경찰을 운영하고 있다. 자치기구의 최고직은 대통령이다.

워싱턴의 권력 이동이 있을 때마다 정책은 변하고 예산은 들쑥날쑥하지만, 이 기관의 장기목표는 인디언을 동화시키는 것. 이들은 개인의 이익보다 상부상조를 중시하는 전통을 가졌고 자기만 잘 사는 것을 부도덕한 것으로 생각하고 있고, 저소득, 높은 문맹률, 빈약한 주거시설 등 너무나 개선할 것들이 많은데 돈은 절대적으로 부족하다. 그래서 자치구역의 앞날은 험난하다고 하며, 장기적으로 모든 문제들이 해결된다고 하더라도 나바호의 생활방식이 살아남을 가능성은 희박하다고 한다.

온통 붉은 천지에 어둠의 그늘이 길어지자, 나바호족의 성지는 더욱 아름다워지고 신비롭기까지 했다. 성지라고 하지만 불행한 역사의 그늘이 있는 곳. 그들이 사랑하는 황야의 아름다움은 그들의 노래와 같이 온통 사방에 뿌려져 있었다. 그리고 여기저기 황홀경에 빠진 사람들이 넋을 잃고 있고.

어둠이 깔리자 사진가들은 모여들고

사진애호가, 특히 일본사람들이 사진기를 들고 어디선지 쏟아져 나왔다. 나도 그 틈새를 비집고 삼각대를 펴고 한자리를 계속 고수했다.

모뉴멘트밸리의 삼인방

그리고 이들이 썰물처럼 물러가자 나는 외로움에 물들기 시작했다. 계곡에는 나바호족 가이드들이 안내하는 차량투어가 있다. 비포장도로를 먼지 피우며 계곡에 들어가면 옛 인디언들이 거주했던 절벽주택, 현존하는 절벽중턱의 유적 중 가장 규모가 큰 키트씰 Keet Seel 등을 돌아볼 수가 있다.

미국의 유네스코 세계문화유산 중 다섯 개가 인디언이 건설한 유적이다. 유타, 콜로라도, 애리조나, 뉴멕시코가 맞물리는 경계지역Four Corners에는 기원전 12세기부터 시작된 인디언 문명이 있었다. 아나사지Anasazi문명이라고 한다. 아나사지는 나바호족 인디언 말로 옛사람들, 옛 푸에블로Pueblo 사람들이란 뜻이다. 아나사지족은 푸에블로, 호피, 주니족의 선조다. 푸에블로는 인디언들이 집을 짓고 모여 사는 부락 또는 부족의 명칭을 말한다.

아나사지문명의 유적은 뉴멕시코의 차코캐니언Chaco Canyon국립공원과 콜로라도의 메사버드Mesa Verde국립공원 내에 있다. 이 유적들은 모두 유네스코에 등재되었다. 차코캐니언의 대표 유적으로는 아름다운 마을이라는 뜻의 푸에블로 보니토라는 대규모 아파트단지와 폭 10m, 길이 100km의 도로망을 들 수 있다. 푸에블로 보니토는 주거시설 외 종교 집회시설을 갖추었고, 이러한 유적지가 100개를 넘는다고 한다. 기원후 800-1100년 사이에 사용되었던 시설들이다. 메사버드는 기원후 450-1,300년에 아나사지족이 남긴 2,600m 고지의 절벽궁전, 기도시설 등 4천여 개의 유적이 있다. 이들은 미시시피강을 건너가 크리크, 체로키족의 시조가 되었다.

이곳의 캠핑족들

캠핑족들은 황홀한 이곳 풍경 속에서 자리를 잡고, 사진 찍기 등 황혼을 즐기기에 여념이 없었다.

어둠이 짙어지고

이 계곡의 삼인방, 벙어리장갑 한 켤레와 메릭버트Merrick Butte. 벙어리장갑Mitten Butte은 짝짝이이고, 메릭버트는 셜록홈즈의 모자를 닮았다. 버트(Butte)는 작은 언덕이라는 뜻이다. 어둠이 짙어질수록 지평선의 에머랄드빛 부분이 점점 커져갔다. 나바호족의 푸른 신령이 하늘로 오르는 듯하다.

모뉴멘트벨리를 무대로 한 영화는 황야의 무법자My Darling Clementine, 역마차, 포레스트 검프 등 한둘이 아니다. 1946년에 나온 황야의 무법자 주제곡 '나의 사랑 클레멘타인'은 한국전쟁 이후 우리 백성들의 슬픈 감정을 위로했던 노래다. 클레멘타인은 1849년 미국에 황금 러쉬가 일어나 사람들이 금을 찾아 서부로, 서부로 진출했을 당시 한 광부의 딸이었다. 원래의 가사 내용을 대충 정리하면,

동굴에서 골짜기에서 금을 찾아 헤매던 1849년 즈음
한 광부와 그의 딸 클레멘타인이 살았어요.

요정처럼 빛나고 청어 상자로 된 샌들을 신은 클레멘타인은 그만 급류에 빠져,
루비 같은 그녀의 입술만 물 위에 뜬 채로, 수영을 못한 그녀는 생명을 잃고 말았죠.
아버지인 광부는 여위어간 나머지 딸의 뒤를 따랐고요.
교회 묘지 언덕 위에는 클레멘타인의 시신이 비료가 되어 장미가 자라고 있죠.

이제 그녀의 동생과 키스까지 했으니, 그녀는 잊어야겠죠.
꿈속에 바닷물에 젖은 그녀가 보이는군요.
생전에 그녀를 안아주곤 했지만, 이젠 선을 그어야겠네요,

그녀를 사랑했던 한 사내의 노래이다. 영화에서는 주인공 와이어트가 의사 할리데이의 애인이었던 클레멘타인을 좋아했다는 의미에서 이곡을 주제곡으로 선정한 모양이다.

푸른 기운이 하늘을 채우도록 계속 지켜보아야 했는데, 차는 떠난다고 하고, 아쉬움 속에 삼각대를 접었다. 우리는 모뉴멘트계곡 뒤에 텐트를 치고 난 다음, 베이컨을 굽고 인스턴트 육개장을 끓였다. 임목사 덕분에 간단한 식사라도 다양하게 즐길 수 있었다고 할까. 같은 간이식 식사라 해도 자장밥, 우동, 카레밥 등 매끼가 달랐으며, 심지어는 햄버거집을 들려도 킹버거, 피자헛, 캔터키치킨 서브웨이 등 다른 집을 들려 다양한 맛을 즐겼다.

10월 12일, 여행을 떠난 지 열흘 째, 여행 일정의 거의 절반을 소화했다. 캠프장의 아침은 금빛 찬란했다. 나바호족의 이곳에 대한 애착을 이해할 수 있을 것 같았다. 얼마나 아름다웠던 아침이었던지. 전날에는 어둠 속에서 텐트를 치랴, 저녁 지어 먹으랴 주위를 돌아볼 여유가 없었는데, 밝은 아침에 주위를 돌아보니 바위 뒤로는 낯익은 모뉴멘트벨리의 풍경들이 전개되고 있었다.

다시 길을 떠나니, 버트 등 모뉴멘트는 우리를 앞서서 안내했고, 눈 앞에 펼쳐진 역광의 아름다움도 감상할 수 있었다. 어제 보았던 이들의 뒷모습을 한번 다시 쭉 훑어보고는 길을 되돌아 달렸다. 여기서도 광대하고 아름다운 풍경들을 다시 한번 돌아보는 즐거움을 누렸다. 모뉴멘트밸리의 입장료는 4인까지 1인당 20불, 추가 1인당 6불. RV는 50불 이상이고 캠핑장은 20불 이상이다. 인디언 관할구역의 요금은 국립공원지역보다는 좀 비싼 편이었다.

도로는 공사 중이었는데, 한쪽 도로의 통행을 막고는 아스팔트를 한 층 더 깔고 있었다. 우리는 공사장의 선도차량을 앞세우고 신나게 달렸다. 뒤창에 'FALLOW ME'란 표시를 붙인 선도차는 반대편에 도착하자, 그쪽에서 대기하고 있던 차량을 다시 이끌고 되돌아가는 식으로 차량을 안내했다. 기다릴 때는 좀 답답했지만 친절한 공사장의 안내는 호감을 갖게 했다.

공사장 선도차량

뻥 뚫린 내리막길

도로가 한가함을 틈타 한 무리의 동구 젊은이들이 도로를 넘나들며, 또 사진도 촬영하며 여행을 즐기고 있었다. 우리도 잠깐 내려 시원한 공기도 들이마시고 주변의 아름다움을 감상했다. 뻥 뚫린 내리막길, 이런 풍경은 미국 서부 아니면 어디서 맛볼 수 있을까. 알고 보니 이 길이 코미디 영화 '포레스트 검프'에서 나온 길이다. 젊은이들이 이곳에서 뛰어다닌 데는 다 이유가 있었다. 지능은 떨어지지만 열심히 사는, 그리고 제니를 끝까지 사랑하는 포레스트 검프를 젊은이들이 좋아하지 않을 수 없겠다. 월남전을 전후로 해서 그때의 시대상時代相을 반영했다는 영화이기도 한데, 월남전에 참여했었던 우리 세대와도 무관하지 않다.

미 대륙에 처음 길을 만든 것은 들소 떼들이었다. 이 길은 인디언의 통로가 되었으며, 유럽 상인들이 드나들게 되었고, 사람들이 모여 사는 도시가 태어나자, 포장도로가 되었다. 이어 철도가 놓였다. 이와 더불어 인디언 부락, 교역 시장은 요새가 되었고 서양인들이 사는 타운, 나아가 도시로 변모했다.

운전은 주로 임목사가 했지만, 중간중간에 손사장과 유교감이 했다. 우리 모두 사전에 경찰서에서 국제면허증을 발급받았지만, 선뜻 나서기가 겁이 났다. 사고라도 나면 친구들한테 피해를 줄 수 있고. 그래서 운전 베테랑인 손사장과 유교감이 나섰다. 하지만 미국 도로에서는 베테랑에게도 그리 쉬운 것만은 아닌 것 같았다. 역시 몰아본 경험이 중요하다.

캠핑차의 주방

운전석 위에는 두 사람이 잘 수 있는 공간이 있다. 유교감이 자다가 두 번 떨어진 경험이 있는 곳. 차의 꽁무니에 있는 2인용 침실에는 하동사나이가 취침 중이었다. 약을 잃어버려 못 먹는 데다 입이 짧아, 여행 중 애로사항이 제일 많았을 것이다.

차의 오른쪽, 문 뒷부분에는 주대감이 명상 중이다. 탁자를 접고 의자를 펴면 한 사람이 충분히 잘 수가 있다. 응접실의 반대편, 주방이 있고, 오른쪽에 소파가 있다. 이곳에서도 한사람이 잘 수 있는 충분한 공간이 된다. 주방의 왼쪽에는 옷장이 있고, 그 왼편, 뒤쪽에는 화장실이 있다. 화장실에는 여행용 큰 가방을 쌓아놓아 야간에 주로 소변 용도로만 활용되었고, 틈이 날 때마다 물로 이곳을 청소해야 했다.

RV는 이동주택인 셈이다. 우리나라도 미국과 같이 이런 레저용 차량이 늘어나고 있다. 물론 생계를 위한 것도 조금은 있겠지만. 미국에는 이러한 차량을 위한 휴게소, 주차장 등이 잘 구비되어 있다. 이곳에서 차량에 있는 굵은 고무관을 꺼내 수도와 전기, 가스를 연결시켜 사용하며, 사용요금에는 지대도 포함이 되어 있다고 한다. 또 주위에 슈퍼, 식당 등 관련 시설이 잘 구비되어 있어 생활에 불편이 없다. 차량값이 좀 비싼 것이 흠이지만.

미국에서는 기술자, 건축가, 회계사 심지어는 의사들까지 RV나 트레일러를 많이 이용한다. 오지의 주택이나 바람이 스며드는 창고 같은 집보다는 훨씬 나으며, 집에 대한 걱정거리 없이 언제라도 떠날 수 있으니까 말이다. 농가에서도 애들이 결혼하면 증축을 한다든가 새집을 마련하는 것보다 이러한 차량을 구입하는 것이 더 경제적일 수 있을 뿐 아니라 세대 간의 갈등도 줄일 수 있다고 한다.

애리조나, 페이지Page로 다시 돌아오는 길, 글랜캐니언 국립휴양지 한 쉼터에서 한 쌍의 여행객이 오후의 여유를 갖고 있었다. 붉은 세계 속의 적막강산. 푸른 콜로라도강 건너편에 눈에 익은 나바호족의 굴뚝 세 개를 다시 볼 수 있었다.

나바호족 자치공원 내 애리조나 북부에는 아나사지족의 후예이며, 푸에블로 인디언의 일족인 호피족이 살고 있다. 아나사지족은 유럽인들이 오기 전에 가장 발전된 인디언의 문명을 일구었다. 나바호족과는 다르게 이곳의 터줏대감이었던 호피족은 자기들 땅에 대한 권리를 포기하지 않고 나바호족과 토지반환 소송을 하고 있다고 한다.

이들은 인디언의 사상과 전통을 지켜오고 있는 마지막 부족으로, 1936년 정부기관 Tribal Council을 수립하였다. 이들 정부는 미국 정부를 인정하지 않는 유일한 나라라고 주장하며 보호구역이라는 것 자체를 부정하고 있다. 호피족은 이러저러한 사유로 미국의 경제적 지원도 받지 못하고 있는데, 언어는 쇼쇼니어를 사용하고 있다. 호피족은 건강한 삶과 화목한 삶을 추구하는데 이들이 추는 뱀 춤에는 비와 농작물과 삶에 대한 기원이 담겨있다고 한다. 이들에겐 가족이 둘이 있다고 여긴다. 가족과 자연이 그것이다. 그만큼 자연을 중시한다는 얘기이다. 또 그들에게는 규율이 두 가지가 있다. 서로에게 상처를 주지 말라는 것과 만물을 이해하고 노력하라는 것이 그것이다. 이들에게는 문자가 없지만, 전승과 예언이 구전 또는 암벽화로 전해 내려오고 있다.

시퍼런 호수 위로 보트 하나가 물살을 헤치며 달리고 있었다.

호피족의 유산은 영혼이라고 한다. 어디나 갈 수 있고 떠돌아다니며 항상 변하고 속박에서 벗어난 영혼이 그것이다. 이들은 인류의 역사를 다섯 가지 시대로 구분한다. 불, 얼음, 물의 시대는 이미 지났으며 현재는 네 번째 시대인데 인간은 이미 잘못된 길로 들어섰고 문명은 파멸을 향해 달리고 있다고 생각한다. 붉은 별 카치나가 출현하면 다섯 번째 시대로 들어서는데 정화의 날이 시작된다는 것이다. 이들의 세계관, 의학지식, 예술, 장인 기술, 영적 수행 등은 전문가들도 인정하고 있다고 한다.

글랜캐니언 국립휴양지를 다시 지나며

선사시대의 유난히 붉은 돌들이 우리의 눈을 끌었다. 우리는 카납Kanab에 있는 서브웨이Subway에 들려 점심으로 샌드위치를 들었다. 미국의 햄버거집을 하나하나 섭렵하는 셈이다. 그리고 자이온Zion을 향하여 달렸다.

모뉴멘트벨리에서 163번 도로를 남으로 달리다, 카엔타에서 160번 도로를 만나 남서쪽으로 달린 다음, 98번 도로를 타고 페이지에 도착했다. 이곳에서 89번 도로를 서쪽으로 달리다, 카납에 들려 점심을 들고, 다시 89번 도로를 달려 카멜Carmel에서 9번 도로 서쪽으로 조금 달리면, 자이온 국립공원Zion National Park이다. 모두 5시간 걸렸다.

6. 버진강과 어울린 자이언국립공원

자이언공원의 동쪽입구 입성

드디어 미국 5대 국립공원의 하나인 자이언 국립공원Zion National Park을 동쪽 입구를 통해 입성했다. 여행이 무르익었는지 대원들의 얼굴이 통통하고, 웃음까지 띠고 여유만만이었다. 공원 입구에 들어서자 약간 붉은빛을 띠는 바둑판 바위Checkboard Mesa와 상봉했다.

미국이 서부로 영토를 확장하는 성장기에, 모르몬교도들도 국토 확장에 상당히 기여했다.

예수그리스도후기성도교회라고 불리는 모르몬교는 1830년, 죠셉 스미스(Joseph Smith, 1805-1844)에 의해 기독교 교회의 권위와 조직을 회복하겠다는 것을 목표로 창건되었다.

그는 신에게 신권을 받았다고 주장하고 모르몬경을 펴내며 종교공동체를 세워 교세를 확장하려 했으나 기존 교회와 갈등을 빚었고, 미주리에서 오하이오 그리고 일리노이로 쫓겨 다니다 살해되고 말았다.

험한 절벽과 흰색, 황색 등의 화성암들이 우리에게 닥아 왔고, 쨍한 날씨에 여러 색깔을 가진 산들은 우리의 눈을 눈부시게 할만큼 인상적이었다. 홀스 슈, 글랜캐니언, 앤티롭캐니언, 모뉴멘트벨리 등이 붉은색 일변도였는데.

공원의 화성암

    모르몬교도들은 브리검 영Brigham Young을 후계자로 삼아 3천 대의 포장마차를 타고, 1847년 로키산맥 너머 지금의 유타주에 신천지를 개척하며 교세를 확장했다. 그 결과 브리검 영은 유타주의 초대 지사를 지내기도 했다. 그는 27명의 아내와 결혼하여 56명의 자녀를 두었던 것으로 알려져 있다. 험한 로키산맥을 넘어 자유의 땅으로 넘어가는 과정에서 많은 사람이 죽었으며, 모르몬교가 일부다처제를 인정한 것도 이 여정에서 많은 남자들이 죽었기 때문이란 해석도 있다.

    멕시코의 영토였던 유타주는 1896년 미국의 주로 정식 편입되었고, 요즈음도 유타주 주민의 60%가 모르몬 교인이라고 한다. 유타 주가 연방에 가입할 수 없게 되자, 1890년에 교단에서 말이 많았던 일부다처제를 인정치 않게 되었으며, 2011년 현재 모르몬교는 교도 6백만 명으로 네 번째로 큰 교파가 되어 있다.

    우리는 돌을 하늘로 던지면 쨍하고 깨질 것 같은 푸른 하늘과 황금색 산을 배경으로 기념촬영을 한 번 더 했다. 여행 중 시종 맑은 하늘 아래서 여행할 수 있었던 것은 행운이라면 행운.

그랜드써클

자이언은 사람들이 감히 넘볼 수 없는 자연의 성역이다. 이곳은 유타주의 서남쪽 끝이며, 네바다, 애리조나, 유타가 삼각형을 이루고 있는 곳에 있다. 또 콜로라도고원Colorado Plateau의 서쪽 끝으로 쉽게 접근을 할 수가 있다.

황색 도로

황금색의 주위 환경 때문에 도로도 황색으로 물들었는지, 환경에 어울리게 도로를 만들었는지 모르겠지만 내려다보는 도로는 환상적이었다.

자이온은 모르몬교도에게 약속된 땅이라고 할까. 모르몬교도에 의해 알려지기 시작했는데, 산의 형세가 성당, 타워와 같다고 자이온Zion으로 불려지기 시작했다. 자이온은 미국식 발음이다. 시온Zion은 예루살렘의 옛 명칭이며 하나님의 도성이라는 상징적 용어로 쓰인다.

에이브러햄 피크(2,101m), 이삭 피크(2,081m), 모로니산(1,734m) 등 세 산이 보였다. 자이온에는 야곱, 에이브러햄, 이삭 등 성경에 나오는 이름들이 많이 등장한다. 바위의 흰색, 주황색, 노란색 등의 화려한 빛깔은 퇴적된 모래의 질, 성분에 따라 달라진다. 이 멋진 풍경을 동양화로 그린다면 제대로 맛이 날 것 같지 않다. 미국의 풍경화는 역시 서양화로 그려야 할 것 같은 생각이다.

토마스 모란의 그림

토마스 모란Thomas Moran의 그림이 자이온의 절경을 잘 표현했다. 몽유도원도같이 꿈에나 보는 환상적인 세계 같고, 햇빛이 비치는 곳과 안 비치는 곳과의 대조가 잘 이루어진 것 같다. 보자마자 마음에 쏙 들어온다.

자이언은 모르몬교도들이 신의 성전이라고 한 것과 같이 신성한 기운이 도는 것 같았다. 공원을 생성된 역사로 보면 그랜드, 자이언, 브라이스 순이다. 그랜드캐니언 정상부의 지질층이 자이언의 맨 밑의 층과 같고, 자이언의 최상층이 브라이스캐니언의 최하층과 같다고 한다. 자이언은 6천만 년 전 바다 밑 퇴적 수성암이 융기한 것이다.

자이언과 브라이스캐니언을 비교할 때, 자이언은 남성적, 브라이스캐니언은 여성적이라고 표현한다. 생성된 역사로 보아도 자이언이 연상일 뿐 아니라 남성일 것이다. 아담의 갈비로 이브를 빚었다 하니까.

공원의 동쪽으로 들어와 자이언의 카멜 하이웨이를 타고, 터널을 통해 고객센타Visitor Center에 도착한 우리는 센타 주위를 한 바퀴 둘러보았다. 그리고 공원의 버스를 타고, 버스의 종점인 시나와바 템플Temple of Sinawava에서 내렸다. 템플로 가는 도중 버스 천장의 창을 통해 보이는 풍경 또한 환상적이었다. 버스기사는 위핑록Weeping Rock이 이러고 저러고 하며 설명을 해댔지만, 만원 버스에서 서서 가는 나에겐 창밖 풍경을 잘 보이지 않았고 그저 지나가는 바람소리와 마찬가지였다.

자이언을 흐르는 버진강

자이언이 인기가 있는 것은 남성적인 산세와 산의 다양한 빛깔 때문이기도 하지만, 버진강Virgin River을 따라가는 트레일 때문이다. 다른 계곡의 강들은 보면 아찔한 절벽 밑으로 흐르지만, 버진강은 공원의 평지로 흐른다. 버진강은 모하비Mojave 사막을 거쳐 미드호에서 콜로라도강과 합쳐진다.

　우리는 시나와바템플에서 강을 따라서 정말 평평하고 편한 오솔길을 한 시간쯤 걸었다. 도중에 긴 트래킹을 끝내고 돌아오는 사람들을 만났는데, 온통 옷이 젖어 있었지만 지친 기색은 없고 신이 나 있었다. 그들이 얼마나 부러웠는지 모른다. 버진강을 따라 걷는 물길 트래킹은 미국에서 톱 텐Top Ten 안에 드는 만큼 잘 알려져 있고 또 인기가 있다.

　트래킹을 끝내고 다시 버스를 타고 원점 회귀하였을 때는 이미 주위는 어둑어둑해져 있었고, 우리는 정말 재수 좋게도 캠핑장의 마지막 남은 한 자리를 차지할 수 있었다. 우리의 자리는 B53C였고 그곳에 텐트를 친 후 어둠 속에서 고기를 구웠다. 다행히 이곳 화장실도 숙소에서 그리 멀지는 않았다.

자이언의 아침

　10월 13일 자이언의 아침, 아침햇살에 물든 황금빛 산을 감상하며 캠핑장을 한 바퀴 도는 도중, 아침을 달리는 키 큰 여인을 만났는데 카메라로 잡기에는 역부족이었다. 자연의 적막감Wild Calm 그리고 음악 같은 물소리Music of Waters. 공원관리국이 자이온을 표현한 말이지만, 두 마디로 공원의 아름다움을 잘 표현한 것 같다. 이 적막강산에 사슴이 먹을 것을 찾아 여기 기웃 저기 기웃하였는데, 카메라를 들이대면 어느새 튀는지 도무지 찍을 수가 없었다.

자이언을 떠날 때도 터널을 지나, 온 길을 뒤돌아 나왔다. 터널 길이는 1.8km. 터널 안에는 창문을 뚫어놓아 차 안에서 밖의 풍경을 볼 수가 있다. 터널을 오가는 차량이 10분씩 교대로 통과하는 일방통행이었는데, 터널 앞을 지키는 여직원이 마지막으로 통과하는 차량에 통과 패스 판을 주면, 반대편에 있는 직원에게 전달하고, 그러면 반대편 차량이 통과하는 식으로 차량이 안전하게 통과할 수 있도록 하고 있었다. 터널 통과비로 차량 입장료 30불 외에 별도로 15불을 지불했다.

가파른 언덕길을 쉴 사이 없이 오르고 내리고 하자니, 차량 엔진이 쉽게 열을 받는 것은 당연한 일이었다. 차가 열을 식히는 동안, 우리는 차에서 내려 암벽을 타고 오르는 험한 트레일을 잠깐 동안이나마 맛보고 오기도 했다.

7. 고원지대의 홍보석 만화경, 브라이스캐니언

브라이스캐니언으로 향하는 길, 창밖을 보니 저 멀리 우리가 올라야 할 길이 보였다. 그 길 위를 자동차 두 대가 오르고 있었고, 장대한 자연 속에서 하얀 길들은 조화를 이루고 있었다.

오랜만에 보는 차분한 동네

오랜만에 거리에는 가을을 느낄 수 있는 풍경이 나타났다. 고국에는 가을이 한참 익어

갈 터인데. 사람이란 어쩔 수 없는가 보다. 오감과 기억 속에 남겨져 있는 것과 같은 것을 보고 느끼면 금방 마음이 안정되고 편안해진다.

유타의 목장이 지나갔다. 유타는 인디언 말로 '산에 사는 사람'이란 뜻이다. 유타는 미국의 45번째 주. 면적은 네바다의 3/4이고 남북한과 비슷하지만, 인구는 네바다와 비슷하여 삼백 만 명이 좀 안 된다. 멕시코에서 미국영토가 된 후, 서부로 쫓긴 인디언과 미국군과의 전투가 가장 치열했던 주의 하나이다.

우리는 레드캐니언에 들어섰다. 이곳은 브라이스캐니언 국립공원Bryce Canyon National Park의 관문이라고 할까? 이곳에서 14km를 더 가면 브라이스캐니언이다. 레드캐니언은 군인으로 치면 사라져 가는 노병이라 할 수 있겠다. 브라이스캐니언도 세월이 가면 레드캐니언처럼 퇴색이 되고 모양도 점차 뭉그러질 것이다. 사람들이 그냥 지나가자니 섭섭하기도 해서 사진 한 장 찍고서 지나가는 곳이지만, 이곳은 딕시국유림Dixie National Forest의 일부이다.

이 산림지대는 남 유타에 260km 길게 걸쳐 있고, 그 면적은 8천 ㎢에 달하며, 이들 산림은 브라이스캐니언 국립공원을 감싸 안고 있다. 높이는 850m에서 3,451m. 여름에는 서늘하고 겨울은 추운 지대로, 크로스칸트리 스키, 승마, 트래킹 등의 스포츠로 이름이 나 있는 곳이다. 자이온을 흐르는 버진강은 딕시국유림에 있는 나바호저수지에서 발원하여, 네바다 남부로 흐르고, 이어 미드호로 흘러든다.

레드캐니언

우리의 패스화인더는 라스베이거스에서 조금 손을 본 이후에는 말썽 없이 잘 달려주고 있었다. 우리는 레드캐니언의 터널 근처에서 잠시 내려 사라져가는 노병, 레드캐니언의 언덕을 오르는 등 늙은 캐니언의 모습을 우리의 기억 속에 남겨두었다.

그리고 다시 출발하여 브라이스캐니언Bryce Canyon National Park 입구에서 기념촬영을 하면서 그림자를 길게 늘어뜨리며 노병의 여유를 부렸다. 공원은 동서로는 좁고, 남북으로 길쭉하다. 브라이스캐니언의 넓이는 145㎢, 자이온공원의 1/4정도의 크기로 아담한 편이다. 공원의 길이는 34km이며 50년 간격으로 30cm씩 뒤로 후퇴한다고 한다.

죽은 나무를 앞에 두고

브라이스캐니언은 400개가 넘는 미국 국립공원에 하나이며, 자이언보다는 여성적이라는 사전지식을 갖고 방문했을 뿐, 큰 기대를 하지 않았었는데, 그게 아니었다. 앞에는 죽은 나무와 산 나무가 한 그루씩 좌우에 벌쳐있었고 파란 하늘을 뒤의 배경으로 한 첫 풍경부터 마음에 쏙 들어왔다. 죽어서도 나무는 산 나무의 친구가 되어줄 수 있으니 얼마나 행복할까. 브라이스는 콜로라도 고원지대의 만화경이며, 가장 공기가 좋은 공원, 밤에는 유난히 별이 반짝이는 곳이다. 이곳도 인근 공원들과 마찬가지로 바닷속 암석이 솟은 후, 물의 힘에 의해 아름답게 조각된 곳이다.

우리는 자이언에서 9번 도로로 나와 동쪽으로 간 후, 캬멜Carmel에서 89번 도로를 북쪽으로 향하다가, 햇취Hatch를 지나고 12번 도로를 동쪽으로 달려 레드캐니언을 지난 후 브라이스캐니언 북쪽에 도착했다. 자이언에서 130km, 두 시간이 안 걸렸다.

더 없이 파란 하늘로 뻗쳐 있는 고사목은 운치를 더하여 주었다. 수명이 긴 나무들은 죽어서도 한동안 제 역할을 다한다. 이 좋은 날에 한 친구는 골치 아픈 일이 있는지 머리를 기우뚱하고 이마에 손을 대고 있었다. 너무 공기가 맑아 골치 아픈 것인가? 수 없는 첨탑을 가진 반원형 극장은 화려한 바위로 둘러싸인 성전이다.

누구 말마따나 중국 시안에 있는 진시왕릉의 병마용 같기도 했다. 이 붉은 첨탑들은 대자연이 오랜 세월 동안 만들어 놓은 조각들이지만, 시안의 병마용을 빚기 위해선 수많은 평민들의 고통이 따랐을 것이다. 미국사람들은 자연으로부터 큰 선물을 받은 것이다. 자연의 선물이 아니고 인디언으로부터 노획한 것이긴 하지만. 동서양의 조각들을 다 모아 놓은 만물상의 절경과 규모에, 우리들은 자연에 대한 경외심을 갖고 머리를 숙일 수밖에 없었다.

평화로운 브라이스마을

계곡 아래 황금색 언덕들 너머에는 초록색이 곁들어진 아름답고 평화스러운 마을이 자리하고 있었다. 우측에는 조그만 저수지가 있고. 1850년 18세 청년 브라이스Ebenezer Bryce는 모르몬교로 개종한 후, 유타주에 있는 이곳으로 이주하여 메리Mary와 결혼도 하고 올망졸망 열두 명의 자녀를 두었다. 그는 앞장서서 교회도 짓는 등 마을을 가꾸는 데 큰 역할을 했고, 사람들은 그의 공을 기려 이 계곡을 브라이스캐니언이라 불렀다.

모르몬교도들에 의하면, 기원전 600년경 이스라엘의 한 무리가 아메리카로 이주할 때, 이를 이끈 선지자가 모르몬이라고 해서 이들은 종파의 이름을 모르몬교라고 했다고 한다. 다른 기독교인들로부터 이단적인 교리를 가졌다고 비난을 받고 있지만, 이들은 보존할 만한 생활양식을 이룩했다. 놀라운 용기와 특출한 인내심으로 서부에서 가장 거칠고 어려운 지형에 정착했다는 사실만으로 본받을 만하다. 이들은 어려운 환경에서 공동체가 합심해서 문제점을 해결했다. 이들은 개별적으로 농장이나 목장을 세우는 대신, 함께 살 수 있는 조그맣고 아름다운 마을을 세우고 그 한복판에 교회를 세웠다. 다시 말하면 활기찬 공동생활을 하며 부의 편차가 심하지 않은 일사불란하고 자족적인 공동체를 구축했다. 에드워드 애비도 이들을 격찬했지만, 독실한 신도 레슬리 맥키의 아내로부터 애비의 영혼을 자기 영혼에 붙들어 맸다고 하는 말에, 늙은 그녀와 함께 이삼십 년 빨리 죽는 것이 아니냐며 고개를 절레절레 흔들었었다.

　이랬든 저랬든 유타의 자이언, 브라이스캐니언 모두 개척 당시 모르몬교도들이 발견하고 가꾸고 한 공이 지대하다. 기독교인들은 이들이 일부다처제를 이루고 있는 이단이라고 그들을 쫓아냈지만, 이들은 서부를 개척하며 생활을 꾸려나가는데 엄청난 시련을 겪었을 것이다.

　우리는 운 좋게도 우리가 걸었던 길 중 가장 예쁘고 편했던 황색의 보석 길, 햇숍트레일Hat Shop Trail을 걷게 되었다. 입구에는 애완동물은 데려오지 말라고 쓰여 있는 예쁜 팻말이 꽂혀 있었다.

후드스

우리가 가는 길에는 여러 모양의 주홍색 또는 황갈색의 바위 봉우리 또는 이상한 돌기둥, 영어로는 후두스Hoodoos를 볼 수 있었다. 후두스Hoodoos는 불길한 사람들, 재수 없는 사람들이란 뜻인데, 트레일 이름을 햇 숍으로 한 것으로 보아, 후드를 모자로 본 것 같다. 인디언 전설에 의하면 장난꾸러기 코요테신이 행실이 나쁜 사람들을 모두 이런 바위로 만들었다고 한다. 옛날에는 나쁜 사람들이었는지 모르겠지만, 어떻게 보면 친근감이 가는 후두스이다.

이런 후두스들이 나열해 보초를 서고 있는 가운데 동굴을 통과하자니, 동화의 나라에 온 것 같기도 했고, 천국의 문을 통과하는 것 같기도 했다. 동굴은 음양이 교차하는 지점이었고, 동굴을 통과하는 우리 마음에는 만감이 교차했다. 햇빛에 의한 빛깔의 조화가 특히 신비로웠다. 특히 햇빛의 반사로 진해지거나 투명해진 주홍색 바위 색깔은 흉내 낼 수 없는 고운 색이었다.

홍보석 세상

투명해 보이는 밝은 홍보석의 세상, 누군가는 브라이스캐니언의 이러한 형상을 살구빛 속살이라고 표현했다. 밝은 주홍색과 엷은 자주색의 바위들은 바위의 딱딱한 속성에서 초탈해버린 부드러움 그 자체라고 할까. 제행무상諸行無常이 딱 맞는 표현이었다. 우주의 만물은 항상 돌고 변하여서, 하나하나의 모습이 같은 것이 하나 없었고, 그 아름다움도 갖가지였다. 언덕 아래쪽에서는 두 친구들이 브라이스의 아름다움에 대해 토로하고 있는 듯싶었고, 왼쪽의 붉은 기둥에는 무거운 짐을 진 한 쌍이 조각된 모양이다. 여인은 임신하였는지 배가 불룩했고.

부처와 나한상

홍보석으로 만든 부처와 나한들에게 둘러싸인 우리 모두는 할 말을 잃고 있었다. 특히 왼쪽 위의 부처님의 조그만 얼굴은 고통으로 일그러진 것도 같고, 희열에 싸인 것 같기도 하고. 부처님의 품 안은 무척 커서 중생들을 다 받아들일 것도 같았다. 말간 살구빛 속살에는 실핏줄이 보이는 듯하며, 후두스들은 쑥덕공론 중인 것 같고. 아마 속살이 다 들어나 있는 세상은 거짓이 없는 세상일 것이다.

언덕배기를 쳐다보니, 손사장은 덥석 입이 내려 닫히면 어떻게 하려고 악어의 큰 입 한가운데에서 겁도 없이 만세를 부르고 있었다. 정말 만족한다는 뜻이겠지. 이날 이 황홀한 계곡을 꿈을 꾸듯 누비고 다녔든 사람들은 우리뿐이었다니, 호젓한 것은 둘째로 치고 정말 행운아들이었다.

지나가는 길, 쓰러져 있는 커다란 고목에서는 귀엽고 가냘픈 싹이 돋아 나오고 있었고, 그중에는 고목의 싹도 있는 것 같았다. 나무들의 생명은 얼마나 끈질기고 강인한가. 우리의 노구에도 이러한 생명의 싹이 돋아날 수 있다면 얼마나 좋을까. 고목들을 포함, 이것저것 찍기에 정신이 없었다.

이 공원의 높이 2,100m 안 되는 곳에 시다(Cedar, 유타 Juniper)나무가 자라고 있고, 2,400m 이내에는 폰데로사 소나무가, 그리고 2,700m 이내에는 더글러스 전나무가 자라고 있다. 그러니까 전나무가 소나무보다는 훨씬 높은 곳에서 자란다는 얘기다. 폰데로사 소나무는 수명이 보통 800년 정도 되며 높이는 60m 정도까지 큰다.

레인보우포인트에서 본 계곡

우리는 보다 높은 레인보우포인트(2,778m)로 자리를 옮겨 광활한 계곡을 내려다보았다. 맨 밑에서 큰 무리를 지으며 자라고 있는 나무는 시다나무일 것이다. 인디언들은 시다나무의 열매로 염주를 만드는 등, 시다나무를 많은 공예품의 원료로 사용하고 있다. 브라이스계곡의 풍경은 근경이나 원경이나 아무리 보아도 싫증이 나지 않았다. 그저 바라만 보아도 좋고 행복을 느낄 수 있는 묘약이랄까.

레인보우포인트를 떠나 내려오는 길, 2009년에 발생했던 화재의 현장이 그대로 남아 있었다. 번갯불에서 옮겨붙은 산불은 산림 1,926ha를 한 달 넘게 태우고, 하늘에서 내린 비로 자연스럽게 진화되었다고 한다. 이들은 우리처럼 애써서 진화하지 않는다. 자연의 순리대로 놓아두는 것이다. 산불이 나면 번식을 하는 나무도 있는데, 메타세콰이아 열매는 섭씨 200도 이상이 되어야 열매가 솔방울에서 튀어져 나와 발아를 한다고 한다.

8. 태양이 머무는 곳, 아치스

　브라이스캐니언에서 다음 목적지 아치스 국립공원Arches National Park까지는 430km, 5시간이 소요되었지만, 산길이라기보다는 평탄한 길이었다. 브라이스에서 아치스로 가려면, 12번 도로를 북쪽으로 160m 달리다, 토리Torrey에서 24번 도로로 갈아타고 동쪽으로 80km 간 다음, 95번 도로 교차점에서 동북쪽으로 70번 고속도로가 나올 때까지 24번 도로를 90km 정도 계속 달린다. 그리고 70번 고속도로를 동쪽으로 50km 가다가 191번 도로를 만나, 남쪽으로 50km 정도 내려가면 된다.

버짓모텔이 있는 동네

가는 길에는 목장의 소 떼도 보이고, 나무들에 둘러싼 유타의 전형적인 농가와 초지도 보였다. 초지에 둥그런 줄이 난 것은 스프링클러가 낸 자국들이었다. 농가 옆에는 보통 나무 몇 그루가 서 있다. 그늘과 나무가 불어주는 바람이 필요할 테니. 우리는 날이 어두워질 때까지 달려, 그린강Green River지역의 모텔에 자리를 폈고, 저녁은 근처에 있는 KFC에서 닭요리를 들었다. 오랜만에 느긋하게 샤워도 했고.

아침에 일어나 버짓Budget모텔 주위를 한 바퀴 돌아보니, 거리 한 모퉁이 어디선가 총잡이가 튀어나올 것 같았다. 모텔의 간판 밑에는 '아침은 공짜Free Breakfast'라는 작은 간판도 달려 있었다. 그래서 모텔 이름이 버짓인 모양이다. 예산을 절감할 수 있다고. 여행 중에 아침 식사가 제공되었던 유일한 모텔이었다. 오랜만에 샤워를 할 수 있어 좋았지만, 카우보이모자를 쓴 사장님은 꽤 잔소리가 많았다. 말라비틀어진 빵에 버터와 잼을 바르고, 우유 한 잔에 콘후레이크를 타서 먹었는데, 한 숟가락으로 여기저기 쑤시지 말고 음식 그릇 옆에 있는 숟가락들을 각기 사용하라고 잔소리하더니, 몇 번이나 잔소리해도 못 알아듣는다고 고개를 설레설레 흔들었다.

아치스를 향해 출발하니 그린강이 자주 스쳐 갔다. 그린강은 1,175km나 되며, 와이오밍주 윈드리버산맥에서 발원하여 유타주 남동부에 있는 캐니언랜즈에서 콜로라도강의 본류와 합류한다. 그린강은 본류와 함께 콜로라도강의 2대 원류를 구성하는 길고 긴 강이다.

10월 14일 아치스 국립공원에 진입했다. 유타주 모압Moab에는 아치스, 캐니언랜즈가 있고, 이 작은 도시는 지프로 암벽타기, 산악 오토바이, MTB, 콜로라도강 급류타기 등 어드벤처 스포츠의 메카이다. 모압 역시 모르몬의 도시이며, 따라서 이곳에서는 독한 술은 팔지 않는다.

아치스는 3억 년 전 바다가 융기해서 밑에 있던 모래바닥이 올라 온 사암층이다. 1억 년 넘게 침식된 사암 아치들이 즐비하다. 이 아치들은 광활한 공원에 여기저기 흩어져 있어 이들을 찾아보려면 상당한 시간이 걸린다. 공원의 면적은 브라이스캐니언의 두 배가 넘지만, 자이온의 절반 정도인 309㎢이다. 콜로라도 대 고원 위에 놓여있다.

모래바닥의 소금 성분이 바위를 부식시켜 연어빛깔, 담황색을 띠고 있고 여름에는 40도까지 오르지만 겨울은 영하 10도 안팎이다. 일만 년 전부터 이곳에 인류가 거주하기 시작했다고 한다. 어떤 바위에는 복잡한 사연이 쓰이어 있는 것 같았다. 시인이며 자연주의자였던 헨리 소로아는 돌로 된 최고의 작품은 구리나 철로 된 도구에 의한 것이 아니라, 시간의 너그러운 용인에 의한 것이라고 했는데, 딱 맞는 말이다.

뉴욕 고층 건물을 연상시키는 파크 애비뉴 포인트Park Avenue Point와 멀리 라살산맥이 보이는 코트하우스타워뷰포인트Court House Tower Viewpoint를 두루 둘러보았는데, 균형을 이룬 바위Balanced Rock는 왠지 균형이 맞아 보이지 않고 불안해 보였다.

파크 애비뉴 포인트

마침 근처 바위에서는 젊은이들이 아슬아슬하게 바위를 타고 있어 관광객의 시선을 집중시키고 있었다. 이어 윈도우트레일을 걷기 시작하여 10분 정도 언덕길을 올라서, 도자기 창문Pothole을 아래에서 바로 위로 쳐다보았더니 아름다운 황금색 아치의 속살이 눈부셨다. 크기도 어마어마했지만. 자연의 풍화작용은 대단하다. 올라온 바다 밑의 사암층에서 저 큰 아치만을 남겨놓았으니.

에드워드 애비는 '많은 사람들은 절대자가 손으로 빚은 조각, 또는 모래를 머금은 바람에 의해 빚어진 조각품이라고 믿고 싶어하지만, 아치들은 빗물이나 녹은 눈, 서리, 얼음 등이 쐐기와 같은 작용을 하고 거기에 중력이 힘을 보태어 만들어졌고 앞으로도 계속 만들어질 것이다.'라고 했다.

록클라이밍하는 젊은이들

도자기창문

항아리를 옆으로 누인 모양의 도자기 창문Pothole은 왼쪽 바위의 주황색과 하늘의 파란색과 조화를 이루고 있었고, 도자기 속에서 친구는 양손을 번쩍 올려 환호의 몸짓을

창문이 두 개 있는 아치

보였다. 사진에서는 타인을 들여다보는 창문과 내 모양을 비춰보는 거울이 중요하다는데, 도자기는 눈이 시리도록 파란 창문이었다. 아치의 오른쪽 기둥은 마치 골리앗의 팔뚝과 같이 근육이 울퉁불퉁 튀어나왔다. 아니 골리앗의 오른쪽 다리이지. 사람은 더욱 왜소해 보였고.

터릿(Turret, 작은 탑, 망루의 뜻)아치로 가는 길에는 물개 한 마리가 웅크리고 있었고, 터릿Turret아치는 보는 각도에 따라 창문의 개수도 모양도 틀렸다.

창문이 두 개 있는 아치는 흉측했고, 앞에는 죽은 시다Cedar나무가 뒹굴고 있었다. 북쪽 창과 남쪽 창North Window & South Window 두 개다. 이중 아치Double Arches의 모양도 볼만했다. 아치스의 하늘은 어쩌면 그렇게 파란지.

여행 중 내내 맑은 날씨는 우리를 도와주었고, 우리가 국립공원을 주로 방문해서인지 모르지만, 미국은 공해와는 거리가 있는, 복 받은 나라였다. 중국의 영향으로 파란 하늘을 보기 힘든 우리나라, 옛날의 우리 가을하늘도 저랬는데. 지구가 반대로 회전한다면 중국에서 날아오는 황사와 공해물질 대신에 태평양의 바닷바람이 불어올 터인데.

차로 되돌아가는 길 숲속에는 솜꼬리토끼 한 마리가 숨어 있었다. 토끼는 시다Cedar나무의 열매나 잎을 먹는지, 이들 나무가 번식하는데 큰 공로자로 되어 있다. 겁을 먹고 있는 토끼는 감정을 갖고 있을까? 동물들은 감정을 갖고 있지 않다고 생각하는 것은 모슬렘이 여자에게는 영혼이 없다는 것만큼이나 잘못된 생각이다. 코요테가 달을 보고 울부짖는 것은 무슨 이유 때문일까? 우리에게 어떤 말을 하려고 하는 것 같은 돌고래의 행동은 어떻게 설명할 수 있을까? 그러면 단세포동물이 진화해서 인간이 되었다는 말은 어떻게 생각해야 할까? 에드워드 애비의 생각이지만, 내 생각도 같다.

차 속에서 간단한 식사를 한 후, 우리는 공원의 북쪽에 있는 악마의 정원 Devil's Garden에서 시작하는 3시간짜리 트래킹에 나섰다. 에드워드 애비같이 지팡이를 짚고 물병에 물을 가득 채우고 출발했다. 아치스공원하면 에드워드 애비(Edward Abbey, 1927-1989)를 얘기하지 않을 수 없다. 그는 신문기자, 사회

에드워드 애비의 모습

복지사, 바텐더, 작가, 애리조나대 교수, 환경운동가 등 다양한 경력을 가진 아나키스트(무정부주의자)였다.

대자연을 일터로 삶의 터전으로 살다, 자연을 사랑하는 병에 빠진 사나이, 애비. 그는 아치스를 '발가벗은 나를 맡길 낙원'이라 표현했으며, 이곳 어디에 묻혀 있다고 한다. 묘비에는 '노 코멘트No Comment'라고 써 달라고 했고, 관 대신 침낭에 싸서 코요테가 시신을 훼손하지 못하도록 바위의 틈에 묻어달라고 한 괴짜 사나이였다. 그는 선비와는 거리가 있는 에너지 충만형인 사람으로 주위에 항상 여자들이 많았으며 에코타지의 정신적인 보루였다. 에코타지(Ecotage)는 환경오염을 유발하는 회사나 주택가 등을 상대로 벌이는 환경보호단체들의 파괴행위, 환경오염을 유발하거나 가속시키는 시설물 등을 상대로 벌이는 환경보호단체의 파괴행위를 총칭하는 개념이다. 그는 항상 총기도 소지하고 다녔으며, 성차별적 발언도 서슴없이 내쏟았다. 그의 대표적 저서는 '사막의 은둔자'이다. 서부의 헨리 소로우로 불리는 그는 '태양이 머무는 곳, 아치스'에서 아치스공원의 레인저(지킴이)로서 경험한 것들을 바탕으로 자연의 아름다움을 서술했고, 반문명자로서의 분노에 찬 절규를 쏟아냈다.

랜즈케이프 아치

출발한 지 얼마 안 되어 마주친, 아치스공원에서 규모가 제일 큰 랜즈케이프 아치 Landscape Arch는 길이가 88.4m로 세계에서 두 번째로 긴 자연 아치이다. 자연에 의해 만들어졌다가 자연에 의해 부식되어 가면서, 아치 일부분이 떨어져 나갔다. 우리는 마지막 피치를 올려 바위 위에 난 좁은 길을 올라, 평평한 바위 위에 올라섰다.

에드워드 애비는 "그곳에 서서 그 괴상하고 기이한 이국적인 바위, 구름, 하늘과 공간의 장엄한 경관을 바라보노라니 우스꽝스러운 욕심과 소유욕이 나를 사로잡는 것을 느꼈다. 나는 그 모든 것을 알고 소유하고 싶었다. 또한 한 남자가 아름다운 여인을 욕망하듯이 그 모든 경치를 깊고, 완벽하고, 친밀하게 포옹하고 싶었다. 정신 나간 소망일까? 어쩌면 그렇지 않을지도 모른다. 적어도 나와 소유권을 다툴 사람이나 그 무엇도 없을 테니까 말이다."라고 했다. 그는 "형이상학은 개에게나 던져 주어라."라고 말했듯이 자연을 아니 자연의 일부인 여인을 포옹하고 싶었던 모양이다.

우리는 멋진 풍경의 일부가 되어 노란 고양이Yellow Cat라는 이름의 드넓은 광야를 보며, '역시 잘 왔다'하면서 심호흡을 하기도 했다. 그리고 악마의 정원 건너편에 있는 라살La Sal산맥에게 윙크를 던지기도 하였다. 항시 눈이 덮여 있는 라살은 콜로라도와 유타의 경계에 위치해 있다. 이곳을 여행하다 보면, 라살은 항상 여행자를 뒤쫓아 온다. 라살산맥은 이곳에서 남동쪽으로 32km 떨어져 있으며, 높이 3,600-3,900m의 산들로 이루어져 있다.

드디어 오늘 트래킹의 목적지인 더블 오Double O에 도착하여, 위쪽에 있는 커다란 원에 오르려고 했지만, 위험하기도 하고 포기할 수밖에 없었다.

에드워드 애비는 1956년 봄부터 아치스와 인연을 맺었다. 그는 공원 본부에서 살면서 근무한 것이 아니라 그곳에서 공원 안으로 32km 들어가 있는 1인용 초소와 정부 소유의 주택형 트레일러에서 삶을 꾸려나갔다. 그때의 미국은 지금과 비교할 때 놀기 좋고 유쾌하고 양지바른 땅이었다. 토종 야생동물의 서식지였고, 원시의 오지였으며 원초적 공간과 정적, 깨끗한 공기가 그대로 보존된 지역이었다. 그러나 얼마 안 되어 변화와 발전이 아치스 국립공원에도 찾아와, 공원의 자연

더블 오 아치

을 가만 놔두지 않고 그 희생물로 만들었다. 그는 아치스에서의 경험과 그가 쓴 일기를 바탕으로, 1968년 1월 '태양이 머무는 곳, 아치스(원제목:Desert Solitaire)'를 출판하였다. Solitaire는 반지에 박혀진 보석을 말한다.

악마들과 라살산맥

돌아오는 길, 칸막이 아치Partition Arch에 들려, 아치를 통해 이쪽에서 저쪽 세상을 들여다보았다. 한쪽 세상 끝에는 악마의 정원의 악마들이 눈 덮인 라살산맥을 쳐다보고 있었다, '설산이 아름답구나, 저곳에 언제나 가볼까.'하며. 음영이 짙어지니 악마의 정원은 더욱 아름다워졌다.

아치스공원 관광을 마치고 모압Moab 시내에 나가보니 생각보다 도시는 훨씬 크고 번화했다. 큰 마켓 두 곳을 들려 소고기, 과일 등을 쇼핑했다. 식료품값, 특히 고기값은 정말 저렴했다. 그리고는 모압의 개인 캠프장, 강변의 오아시스Riverside Oasis에 텐트를 치고, 고기를 굽는 등 오랜만에 푸짐한 저녁을 들었다. 모압에서 구입한 소고기의 맛은 흔한 말로 둘이 먹다가 하나가 죽어도 모를 만큼 훌륭했다.

10월 15일 아침, 일찍 일어나 캠프장 언덕에 오르니 강이 유유히 흐르고 있었고, 아침 햇살에 붉어진 산은 강물에 그 몸체를 드리우고 있었다. 맑은 아침 공기로 충만하고 섬세한 아침 빛이 비추는 아름다운 산하를 즐길 수 있는 행복감, 건강하니 누릴 수 있는 것이다. 패스화인더 옆에는 부모를 따라 캠핑을 온 어린이 서너 명이 자전거를 타고 언덕을 오르내리다, 싫증이 나면 잔디 위에서 축구도 하고 즐겁게 놀고 있었다. 집에 있으면 일어날 시간도 안 되었을 텐데. 주차장에 있는 차량 하나를 보니, 차 뒤에 자전거 두 대가 야무지게 묶여 있었다. 자동차의 후면 창에는 해골도 붙여져 있었고. 주인은 보나 마나 야무진 친구일 것이다.

불타는 용광로

아침 식사 후 아치스로 다시 돌아가니, 큰 광장에는 붉은 석탑들의 아침 모임이 열리고 있었다. 불타는 용광로Fiery Furnace이다. 아침 나들이 나선 한 여인은 주변 산세에 압도당한 듯 멍하니 서 있었고. 멀리 밋밋하게 이어진 산맥이 있고, 메사[1]가 중첩되어 있었다. 저들이 책 절벽Book Cliff, 강도들의 둥지Robbers' Roost인지 모르겠다. 사막에서는 다른 곳처럼 생명체들이 붐비지 않고 띄엄띄엄 흩어져 있기 때문에 풀, 나무 모두 넉넉한 공간을 확보하고 있다. 그래서 살아있는 유기체들은 에드워드 애비의 말처럼 생명이 없는 모래와 황량한 바위들을 배경으로 대담하고, 용감하고, 생기 있게 자신을 드러내고 있었다. 또 한 여인은 용광로의 열기가 얼마나 뜨거웠는지 걸음아 나 살려라 하며 자리를 피해 달아나고 있었다. 불타는 용광로Fiery Furnace는 석탑이 촘촘히 밀집된 곳으로, 위치로 보아서는 아치스공원의 한 가운데이다.

우리는 1800년대 말, 남북전쟁 상이용사 죤 웨슬리 월후가 살았던 목장Wolfe Ranch에서 델리킷 아치Delicate Arch로 가는 트레킹을 시작했다. 2시간 정도 걸리는 좋은 코스이다.

모리슨 언덕으로 명명된 붉은 큰 바위 언덕에는 많은 사람들이 개미처럼 오르고 있었다.

---

1. 메사: 솟아 있는 넓고 평평한 바위.

길의 진행 방향으로 군데군데 작은 돌들을 탑 모양으로 쌓아놓아 가는 길을 쉽게 알 수 있게 해놓았다. 공원 직원들이 했다기보다는 동양의 불교신자들이 해놓은 것은 아닌지. 자연 앞에서는 인간은 정말 왜소하다. 이런 느낌을 가질 때면 사람들은 자연에 대한 경외감을 가질 테고, 선한 마음을 갖겠지.

모리슨 언덕을 넘고

델리킷 아치

낭떠러지 바위길을 가면 시원한 바람이 우리의 마음을 부드럽게 적셨다. 가족을 따라나선 서양 어린이들은 바위 비탈을 겁도 없이 오르락내리락 했다. 우리들 부모 같으면 나무라기 쉬울 텐데. 서양인들은 자유롭게 놓아두는 편이었다. 사실 어린이들의 몸은 유연하고, 순발력이 어른보다 나으니까.

150m 높이의 절벽 가장자리에 차려진 원형극장을 지나, 목적지 델리킷 아치Delicate Arch에 도착하니 온통 주변이 황금색으로 눈부신 세상이었다. 아치스의 최고 명물. 델리킷아치의 거대한 두 다리는 벌써 긴 그림자를 늘어뜨리고 있었다.

이 아치는 아치스공원의 간판스타이다. 자연은 오랜 시간 공을 들여서 사암을 멋지게 조각해 놓았다. 델리킷 아치와 같은 아름답고 환상적인 자연물은 바위, 햇빛, 바람, 황야나 마찬가지로 우리에게 '저 밖의' 우리의 세계보다 훨씬 오래되고 더 크고 더 심오한 다른 세상, 인간의 작은 세계를 둘러싸고 떠받쳐 주는 세상이 있다는 것을 상기시켜 주는 능력을 가지고 있다. 우리는 잠시 동안 어린아이처럼 경이로움의 세계를 보며, 우리의 여행이야말로 신기하고 대담한 모험이라는 것을 깨닫게 된다. 에드워드 애비가 델리킷 아치를 극찬한 말이다.

이곳에서 사진을 찍으려고 사람들은 오른쪽에서 긴 줄을 만들고 있었다. 아치의 폭은 15m, 높이는 20m. 아치를 통해서 드라이 메사의 가장자리가 보이고, 그 너머로는 라살 La Sal산맥의 봉우리들이 보인다. 거인 같은 바위의 오른쪽에는 가족들이 옹기종기 모여 있고.

낭떠러지 바위길

붉고 큰 바위에는 인디언들이 남겨놓은 그림도 남아 있다. 또한 이곳에는 수백 수천 년 전 누군가가 쪼아내어 날카롭게 날을 세운 돌조각들, 아나사지족 인디언들이 만든 돌 연장이 발견된다고 한다. 드물게는 온전한 화살촉이나 '아파치의 눈물'이란 별명을 가진 반투명의 흑요석으로 만든 도구들도 눈에 뜨인 적도 있고, 협곡지대에는 석화된 나무들도 흔하다고 한다. 나무의 모양, 결 등이 세세하게 보전된 돌은 무지개가 박힌 사막의 보석, 귀하고 비싼 보물이다. 이런 것들을 발견하면 사람들의 눈빛이 변한다고 한다.

암벽에 남겨진 그림은 돌을 쪼아 새긴 암각화petrograph와 물감을 사용해 그린 암벽화 pictograph가 있다. 그림들은 새와 뱀, 사슴 등의 짐승, 인간, 반 인간, 초인의 형상, 그리고 추상적이거나 상징적인 도형으로 이루어져 있다.

인디언들의 흔적

이 암각화와 암벽화들은 오랜 시간에 걸친 서로 다른 문화의 소산이다. 사진의 그림에는 말을 탄 사람이 그려져 있는데, 남서아메리카에 스페인들이 도착하고 난 이후의 그림일 것이다. 왜냐하면 아메리카에는 말이 없었으니까. 하여튼 이 그림들은 에드워드 애비의 말마따나 세계 최초의 언어로 우리에게 이야기하는 소리 없는 목소리이다. 아치스의 인디언들은 700년 전에 이곳을 떠났다고 한다.

갈 때 사람들이 뱀처럼 길게 늘어섰던 길은 돌아올 때는 한가했다. 많은 사람들이 더위를 피하려고 일찍 올라왔다 가서인지.

우리의 집, 패스화인더Pathfinder는 우리를 이곳저곳으로 데려다주고 잠자리가 되어줄 뿐 아니라, 때로는 우리에게 시원한 쉼터를 제공해주었다. 우리는 아치스를 뒤로 하고 또 길을 떠났다.

아치스 국립공원의 입장료는 차량당 25불, 개인 입장은 10불이고 캠핑장은 25불에서 100불 사이이다. 이곳의 캠핑장 사용료는 물이 귀해서 그런지 좀 비싼 편이다.

국립공원 개발에 대하여 에드워드 애비는 상당한 불만을 토로했다. 1916년 설립된 공원관리청National Park Service은 '공원을 미래 세대들이 즐길 수 있도록 보전하면서 일반 시민들이 이용하도록 하는 것'을 목적으로 하고 있다. 그러나 공원관리청은 산업적 관광의 압력에 밀려, 국립공원의 오지까지도 도로를 포장하여 많은 사람들이 쉽게 찾아와 즐길 수 있도록 하고 있다. 그 결과 자연은 훼손되고 있으며 관광객들은 공원의 진짜 보물들을 발견할 수도 없고 즐길 수도 없게 되었다.

패스화인더의 그늘

이에 대한 대안으로 그는 더 이상 자동차를 공원에 끌어들여서는 안 된다고 주장한다. 큰 주차장까지는 자동차로 오되, 다음부터는 자전거, 승마, 도보로 공원을 즐겨야 하며, 하이킹, 탐험, 오지 배낭여행 등을 장려하자는 것이다. 따라서 더 이상의 공원과 관련된 도로 건설도 그만두자는 얘기다.

그리고 공원관리자들을 사무실에서 끌어내서 일을 시키자는 것이다. 그들로 하여금 현장을 누비며 도시인들을 안전하게 안내하고 공원 내에서 위기에 처했을 때의 탈출관리법을 인지시키는 등 공원 내의 리더로 육성하자고 제안했다. 이에 따른 비용은 도로 건설 등에서 절약되는 비용으로 충당하자고 첨언했다.

이러한 내용들은 우리나라에도 해당되는 것으로 국립공원, 산림청의 휴양림 등에서 생각해볼 사안이라는 생각이 든다.

아치스의 에드워드 애비(1927-89)와 요세미티의 존 무어(1838-1914)를 비교해보는 것도 의미가 있겠다. 두 사람 모두 헨리 데이비드 소로우(1817-1862)와 함께 거론되는 자연주의자, 환경운동가이며, 이들이 살았던 시기가 90년 정도의 차가 있기는 하지만, 각기 아치스와 요세미티에서 보낸 여름을 주제로, 자연의 아름다움과 그곳의 동식물에 대해 애정을 가지고 글을 썼다. 무어는 인디언을 싫어하고, 천렵을 가증스러워한 반면, 애비는 인디언과의 생활과 천렵을 즐겼다. 그만큼 무어는 순수파라고 한다면 애비는 자신이 말한 것처럼 괴팍한 본능의 소유자이고, 자연운동의 방법에 있어 적극적인 에코타지 선도자였다. 무어는 시에라클럽을 결성하여 죽을 때까지 회장직을 맡으며 환경운동을 펴나간 반면, 애비는 다양한 사회생활을 거친 전문 작가로 볼 수 있겠다.

관련 작품들을 읽어보아도 무어의 '나의 첫여름'은 잔잔한 글인 반면, 애비의 '태양이 머무는 곳, 아치스'는 그의 개성이 톡톡 튀는 글이며 독자들의 흥미를 끄는 글이다. 아치스 레인저로서의 일상적인 생활 외에, 콜로라도강을 보트로 탐험한 경험, 캐니언랜즈 메이즈지역 탐사, 하바수파이, 투쿠니키바츠 등 야영 등에 관한 글들이 실려 있다.

그러나 애비는 친절한 공원지킴이는 아니었다. 바보 같은 선글라스를 벗어 버려라, 빌어먹을 카메라를 내던져버려라, 브래지어를 벗어버리고 쭈글쭈글해진 그 젖통에 햇볕을 쬐라, 어린애들을 답답한 관 속 같은 자동차에서 내보내라는 등 그의 머리 속에는 항상 이러한 말들로 들끓고 있었다.

"코카콜라 어디서 팔지요?"하면
"물 한잔 마시겠습니까?"하고,
"도로는 도대체 언제 포장하지요?"하면
"제가 이곳을 떠나기 전날 할 겁니다."하고,
"여길 어떻게 빠져나가죠?"하면
"방금 도착하지 않았습니까? 오신 길로 나가야 합니다."하고.

9. 원시의 골짜기, 캐니언랜즈 국립공원과 콜로라도 준공립공원

　말없이 운전하는 임목사, 장거리 운전에 연상의 식구들 식사 챙기랴 보통일은 아닐 게다. 그는 여행을 하면서도 벌여놓은 일 때문에 정신이 없었다. '교회에 대한 이슬람의 도전과 교회의 대책'이란 세미나를 진행 중이었다. 종교 관련 신문 방송의 일만도 벅찰 터인데.

　아치스공원을 빠져나올 때, 일전에 이 공원에서 불법체류자의 결혼식 주례를 맡았던 일은 정말 잊지 못할 일이라고 회고했다. 그때는 공원에 왔던 관광객들이 하객이 되어주었다고. 그리고 처음 미국에 왔을 때는 정말 어려웠다고 했다. 부인이 둘째 아이를 임신했을 때 중절을 하려고 했었지만, 병원비를 마련하기가 어려워서 하는 수 없이 낳고 말았더니, 다행히 아이는 잘 커주었다고.

　RV 패스화인더 응접세트에서 담소하는 친구들을 보니 수염이 제법 자랐다. 예상외로 많은 사람들이 수염을 기르면 자신들의 모습이 어떻게 변할까, 남성미가 좀 돋보이지 않을까 하는 생각들을 갖고 있는가 보다. 세 사람은 모처럼 그 기회를 맞아 시도를 하고 있지만, 마나님들이 산 도적으로 변한 친구들을 좋아할지 그것은 모르는 일이다.

　이날이 10월 15일이니, 여행을 시작한 지 열하루가 되었다. 그림자가 길어지기 시작할 즈음 캐니언랜즈 국립공원Canyonlands National Park에 입성했다. 아치스 국립공원에서 191번 도로를 남쪽으로 가다가, 우측으로 돌아 들어가면 바로 캐니언랜즈이다. 아치스에서 30분 거리, 42km 떨어져 있다. 입구를 지났는데도 공원의 길은 강원도 길 못지않게 돌고 돌았다.

　그랜드 뷰 포인트Grand View Point에서 보는 캐니언랜즈의 전경은 광활하고 장엄하기까지 했다. 그랜드캐니언은 두 번째 방문이어선지 큰 감흥은 없었는데, 캐니언랜즈는 가식 없는 원시의 자연이랄까 앞에 펼쳐진 드넓은 광야는 보는 이의 가슴을 시원하게 했다. 전망대의 높이는 1,850m.

캐니언랜즈 전경

콜로라도주 북부의 로키산맥에서 발원한 콜로라도강과 와이오밍주 서부 윈드리버산맥에서 발원한 그린강이 오른쪽 위에서 합류한다. 좌측에는 라살산맥La Sal Mountain, 가운데는 아바호산맥Abajo Mountains이 멀리 보였다. 하얀 사암으로 된 가장자리White Rim Sandstone가 둘레를 이루고 있어 사람들이 다닐 수 있는 길White Rim Road이 있고, 자연의 침식작용에 의해 움푹 파진 분지(큰 웅덩이)가 모뉴먼트 베이신Monument Basin이다.

오른쪽 중간 흰 부분이 옛날 우라늄을 실어 나르던 길이다. 콜로라도강과 주변에는 은, 금, 아연, 납 등의 광산들이 산재했었는데, 상업적 가치가 있는 것으로 입증된 암석은 카노타이트이었다. 녹황색의 광석인 카노타이트는 라돈가스, 바나듐, 우라늄을 함유한 광석이다. 냉전으로 수요가 높아지자, 탐사작업은 이곳에 집중되었다. 떼돈이 왔다 갔다 했고 이것과 관련된 일화도 많았다고 한다. 그러나 대부분의 부富는 채광이 아니라 광산권과 광산회사의 주식을 매매하는 데서 나왔다고 한다.

유타주 동남부에 있는 이 공원은 유타주에서 제일 큰 공원으로 천하일품의 경치를 자랑하지만, 여름은 덥고 겨울에는 추운 황무지 중의 황무지이다. 길 만들기가 쉽지 않고, 식수 공급이 어려워서 자연 그대로의 상태를 보여준다. 넓이는 1,366㎢, 서울의 두 배가 넘는다. 강들이 조각한 환상적인 수많은 계곡과 산들, 그사이에는 황량함 만 떠돌았다. 자아의 정체성을 찾으려는 사람은 이곳에서 헤르만 헤세의 황야의 이리가 되어보면 어떨까 모르겠다.

자연 그대로의 캐니언랜즈

    오른쪽에는 콜로라도강이 왼쪽에는 그린강이 흐른다. 지도의 밑 부분에서 그린강은 콜로라도에게 자기 이름을 내어주고 숨어버린다. 공원은 세 지역으로 나뉘는데 Y자형의 위가 하늘의 섬Island in the Sky, 바른쪽이 뾰족한 봉우리들The Needles, 왼쪽이 미로Maze 이다. 세 지역을 모두 구경하려면 몇백 km를 달려야 하고, 메이즈(미로, 迷路)지역은 이름 그대로 미국에서 가장 위험한 하이킹 코스의 하나이다. 물론 도로포장도 안 되어 있고. 남쪽 입구 가까이에 그랜드 뷰 포인트가 있다.

    수직으로 된 절벽들 어디엔가 인디언들의 집이 있고, 인디언들이 괴성을 치며 말을 타고 달려 나올 것 같았다. 사람들이 이곳에 직선과 곡선을 그어 놓았다. 그러나 이곳의 그린강과 콜로라도강을 건너는 도로라던가, 캐니언 구역 간을 연결하는 도로가 없다. 붉은 세상 너머 왼쪽에는 라살산맥이 조그마하게 자태를 보이고 있었고.

캐니언랜즈의 길들

콜로라도강 주위에는 남북전쟁에서 오른팔을 잃은 외팔이 포웰John Wesley Powell소령의 발자취가 안 미치는 곳이 없다. 그는 1869년 나무보트를 타고 그린강에서 시작하여

외팔이 포웰

캐니언랜즈, 글랜캐니언을 흘러 그랜드캐니언까지 무려 3개월 동안 탐험을 하였다. 여행 도중 하도 고생이 극심해, 탐험대 일부가 탐험을 포기하고 돌아가는 길에 인디언에게 쫓겨 몰살당하는 일도 있었다. 포웰은 진정한 모험과 탐험의 세계를 열었고, 에드워드 애비 등 많은 사람들의 정신적 스승이 되었다.

고도 1,800m의 그린강 전망대Green River Overlook에서 내려다보니, 그린강과 그가 과거에 만들었던 발자취가 깊게 남겨져 있다. 지금은 오랜 가뭄으로 나약해 보였지만. 뒤쪽 가운데 봉우리가 에커버트Ekker Butte, 그 왼쪽 희미하게 보이는 봉우리가 이라테라이버트Elaterite Butte. 오른쪽 산등성이의 끝부분에는 클레오파트라Cleopatra의 의자가 있다는데, 그녀가 앉았던 자리에 앉아보고 싶었다.

그린강이 메이즈Maze지역으로 흐르는 것을 보니, 그린강이 콜로라도강보다는 더 와일드할 것 같은 생각이 들었다, 강의 길이로 보면 콜로라도강은 그린강의 1.3배인 2,330km나 되며, 그랜드캐니언을 지나 캘리포니아만에 다다른다. 세계 4대 강의 하나인 미시시피강의 6,210km의 4/10도 안 되지만.

캐니언랜즈는 태고의 흔적이 그대로 남은 곳이다. 이곳에는 기원전 12세기부터 서부

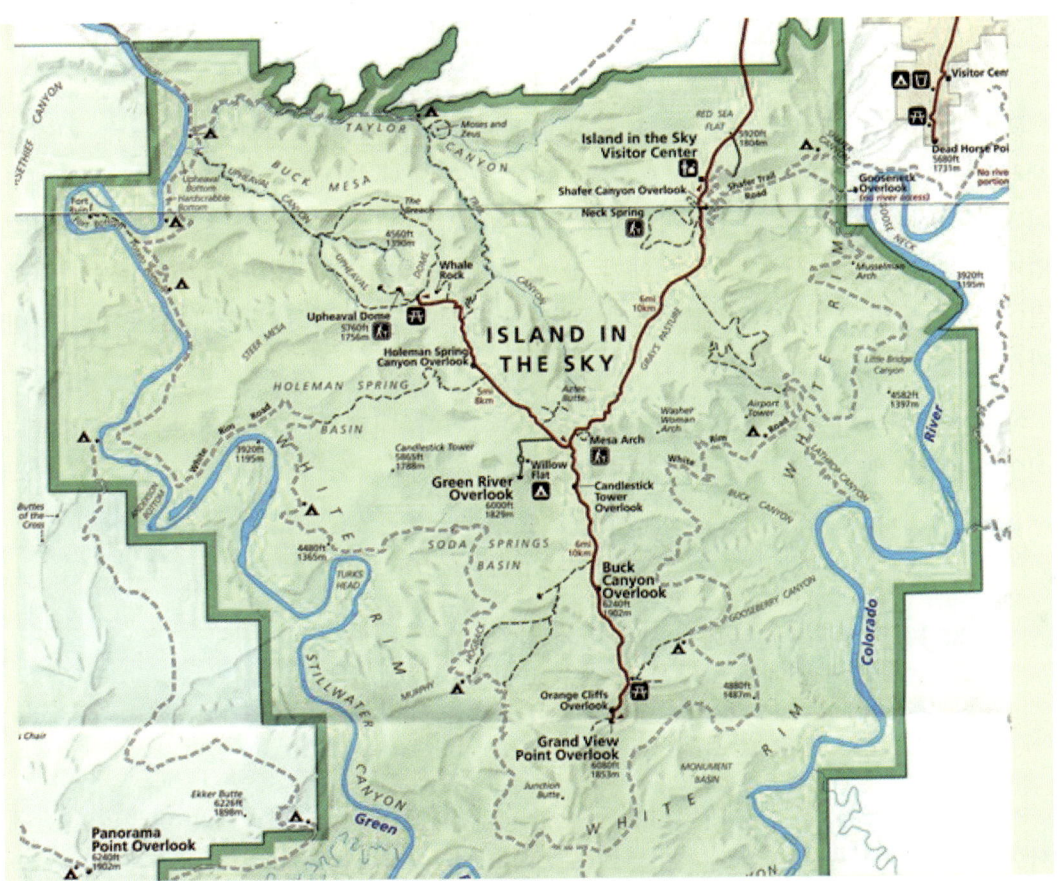

캐니언랜즈

에 살았던 아나사지Anasazi족의 후손들인 프에브로인의 손자국Handprints이 남아있다고 한다. 이곳은 서부 국립공원의 종합선물세트라 할까.

이곳을 떠나 다음 목적지 콜로라도 준국립공원Colorado National Monument으로 가는 길, 황혼이 붉게 타올랐다. 준국립공원National Monument은 미국 국립공원관리청National Park Service에서 관리하는 공원으로, 국립공원National Park보다는 한 단계 낮은 등급의 공원이다.

우리는 유타와 콜로라도 경계에 있는 레스트 에리어Rest Area, 콜로라도 웰컴센타에 도착하여, 이곳에서 하루 유하기로 했다. 정부는 고속도로상에 차량이 쉬어갈 수 있는 곳을 만들어 차들이 하룻밤 쉬어갈 수 있게 했다. 미국 내륙수송의 큰 축을 담당하고 있는 화물차량들이 많이 이용한다. 방범시설, 화장실 등이 잘 구비되어있고, 경찰들이 순찰을 돌고있다.

우리는 요번 여행에서 처음으로 일곱 명 전원이 차 안에서 자게 되었다. 차숙車宿인 셈이다. 나이들 먹어 대부분 코를 심하게 골았고, 나처럼 자다가 화장실을 자주 가는 사람은 여러 사람에게 불편을 주게 되었다. 텐트 안에서 자면 없을 문제들. 밤이 깊어질수록 차량의 수는 늘어났지만, 아침이면 언제들 다 떠나버렸는지 공간이 텅 비어있어 허전한 느낌이 드는 것은 어쩔 수 없었다.

우리 어머니는 여자 형제만 열두 분이셨다. 외할아버지는 한의사이셨다는데, 정력은 세셨는지 모르겠지만, 재주는 없으셨던 것 같다. 끝에서 두 번째 이모님은 대학교 때까지 영어사전만 끼고 사셨는데, 미국에 오셔 큰 트럭을 모셨다. 보수는 좋은 것으로 알고 있지만, 이모님의 성격을 보아 이해가 잘 안 되는 부분이다. 하지만 일본사람과 결혼해 잘 사셨다. 슬하에 아이들은 없었으나 두 분의 금슬이 너무 좋았다 하고, 이모님이 돌아가시자 바로 이모부님도 돌아가셨다.

아침에 일어나니 웰컴센터 안은 완연히 가을이었다. 비록 시 한 구절 볼 수 없는 센터이었지만, 잘 가꾸어진 풍경 자체가 멋진 시 한편이었다.

알랭 드 보통은 '여행의 기술' 중에서 이런 말을 했다.

> 우리가 휴게소나 모텔에서 시를 발견한다면,
> 불안전함과 불편에도 불구하고, 이런 고립된 장소에서는
> 일반적인 세상의 이기적 편안함이나 습관 또는 제약과는 다른
> 어떤 것을 느낄 수 있다.

이곳 안에는 월남 참전을 기념하는 공간이 있다. 어떻게 보면 월남전은 미국의 입장에서 망신살이 뻗친 일이었는데-- 이들의 국기 사랑은 알아줄 만하다.

월남 참전 기념관의 헬리콥터

10월 16일 오전, 우리는 콜로라도주에 있는 콜로라도 내셔날모뉴먼트에 안착했다.

이곳은 아치스공원에서 80km 동쪽에 위치해 있다. 유타 주 솔트레이크시티와 콜로라도 주 덴버를 연결하는 70번 후리웨이를 타고 후루이타Fruita주변 19번 출구나 28번 출구를 빠져나오면 이곳에 도착할 수 있다. 캐니언랜즈에서 2시간 거리, 178km이다.

공원에서 내려다보면, 가느다란 콜로라도강의 줄기가 보였다. 상류는 상류인가 보다, 물줄기가 가는 것을 보니. 절벽 아래로는 이곳과 연결되어있는 잘 포장된 길이 보였다. 이곳의 도로도 주위의 색깔에 동화가 되었는지 붉게 물들었다. 설명을 안 들어도 이 도로를 건설하는 데 얼마나 힘이 들었고, 적지 않은 인명 피해가 있었다는 것을 미루어 짐작할 수가 있었다. 도로에 갑자기 나타난 산양도 우리를 즐겁게 했고. 선한 눈동자

절벽 아래는 강이 흐르고

를 보면 그도 깜짝 놀랐을 것이다. 산양들은 바위투성이 깊은 산에 살며, 번식시기를 빼고는 암수가 따로 무리를 지어 산다는데, 무리를 이탈한 놈인가 보았다.

이곳 공원의 한 가운데, 대표 명물인 인디펜던트 모뉴멘트가 서 있다. 이곳을 처음으로 등반했던 유명 인사는 존 오토John Otto였다. 이곳 풍광에 반했던 그는 1907년부터 이곳이 국립공원이 지정되도록 꾸준히 노력했으며, 그 결과 콜로라도 내셔날모뉴멘트가 탄생되었다. 1911년, 그는 이곳에서 그림을 그리던 뉴햄프셔 출신의 베아드리체와 사랑에 빠져 결혼하던 날, 인디펜던트 모뉴멘트에 올라 성조기를 꽂았다. 그러나 안타깝게도 그녀

인디펜던트 모뉴멘트

고사목이 있는 풍경

는 두 달 만에 이곳을 떠났고, 그의 순애보는 그침이 없이 이어졌지만, 그녀는 냉정하게 거들떠보지를 않았다. 그는 더 이상 견디지 못하고, 1930년 이곳의 공원지기를 은퇴하고는 이곳을 떠났다고 한다. 베아드리체라는 이름은 자고로 사나이 가슴을 울리는가 보다.

결혼식 날 성조기를 꽂았다고 하니, 결혼기념일이면 집 앞에 태극기를 게양하여 주위의 찬사를 받는다는 선배 한 분이 생각나 공연히 웃음이 나온다. 그러나 마나 모뉴멘트들은 그의 애달픈 순애보를 아는지 모르는지. 고사목이 있는 풍경은 그림자마저 길게 늘어뜨려져 쓸쓸하고 황량한 분위기를 연출했다. 존 오토의 마음이 이곳에 떠도는지.

한쪽에는 난장이 집 같기도 하고 인디언 집 같아 보이는 붉은 기둥들이 있는데, 코크 오븐스Coke Ovens라 불려진다. 햇빛이 드니 꼭 코크스를 태워 오븐을 덥히는 화덕 같다. 우리는 아티스츠 포인트Artists Point로 이동하여 절경을 둘러보았다. 이곳이 베아트리체가 그림을 그렸던 곳일 게다. 아마 다양한 바위들의 색, 그 색과 조화된 풍경이 아름다워 그렇게 부르는 것 같기도 하고. 건너편은 이집트 분위기였고, 왼쪽 상단에는 미라가 누워있는 관처럼 생긴 바위가 있다. 이곳은 박쥐의 집단서식처라고 한다.

우리는 관광을 마치고 큰 뱀 길Serpents Trail 트래킹에 나섰다. 1950년대까지 사람들이 애용했던 몹시 길고 꼬부라진 길Crookedest Road이다. 이 길 위에서 경치를 즐기는 사람, 건각을 자랑하며 뛰는 육체파 여자 등 여러 사람을 만났다. 길의 아래편은 아름답고 평

코크 오븐스

화로운 후루이타Fruita마을, 보면 볼수록 살고 싶은 마음이 드는 마을이었다. 후루이타는 기후가 좋아 과수원이 많고, 산악자전거, 트래킹 등 아웃도어의 천국이라고 한다.

 공원을 빠져나오는 길, 주위의 바위들 모양과 잿빛의 느낌이 좋았다. 허지만 기막히게 좋은 공원들만 보아온지라, 이곳을 둘러보는 데는 너무 소홀하지 않았나 하는 느낌도 들었다. 이제 웬만하면 보는 것들이 모두 시시해 보이고 마음도 덤덤해졌다. 콜로라도 모뉴먼트의 입장료는 차량당 10불, 도보 입장은 5불이고 캠핑하는 데는 하루에 10불로 좀 헐한 편이었다. 준공립공원이라 국립공원과는 차별화된 것 같다.

 여태까지 보아온 대로 건조한 사막지대 풍경이 많았다. 그 넓은 대지가 개발되지 않고 그대로 있는 것을 보고, 미국은 잠재력이 대단하다는 생각도 했다. 네바다, 애리조나, 유타를 합쳐보아도, 남한의 8배 넓이에 인구는 겨우 천이백만 명, 인구밀도를 보면 1k㎡에 15명(미국 평균 34명)으로 우리나라 513명의 1/34이다.

 에드워드 애비는 사막은 물이 부족한 것이 아니라 아주 적당하게 있을 뿐이라고 했다. 물과 바위와 모래가 적당하게 유지됨으로 식물과 동물, 집과 마을, 도시의 간격이 충분하게 유지된다. 그럼으로써 건조한 사막이 미국의 다른 지역과 아주 다른 곳이 될 수 있다. 이곳에 도시를 세우지 않는 한 물이 부족하지 않으므로 이곳은 도시가 있어서는 안 될 것이라고 주장했다. 사막의 웅덩이에는 많은 동식물이 사는데, 포유동물 간에 물을 두고 다툼이 없다고 한다. 사슴, 스라소니, 코요테, 여우, 토끼, 큰뿔양, 야생마 등 찾는 순서가 있고 이들 간에 휴전이 잘 지켜지고 있고, 그들은 물을 마시러 오는 것이지 죽이거나 죽임을 당하기 위해서 오는 것이 아니라고 한다. 미국과 같이 큰 나라에서는 애비 같은 자연주의자들의 주장이 잘 먹히고 있는 것 같은 느낌이다. 이러한 서부가 없다면, 산업화에서 도피처를 구하는 수많은 사람들은 어디에서 잠시나마 안식을 구하겠냐는 생각도 들고.

10. 콜로라도강의 발원지, 로키산맥국립공원

콜로라도 모뉴먼트를 벗어나니, 이제야 겨우 사막을 벗어난 기분. 수채화 같은 풍경들이 차창을 스쳤다. 우리가 마지막 방문할 국립공원, 로키산맥국립공원Rocky Mountain National Park을 향하여 달렸다. 우리의 여행도 13일째, 절반을 넘어섰다.

미국의 역사적 성숙기는 남북전쟁이 끝나고부터 1900년까지라 할 수 있다. 성숙기가 시작되는 시점은 독립 이후 90년 정도 되는 시기이다. 1865년 전쟁이 끝나자 링컨대통령은 피살되었고 미국은 극도의 혼란기로 빠져들었다. 북군의 총사령관이었던 그랜트장군(Ulysses Simpson Grant, 1822-1885)이 1869년 대통령이 되어 8년간 나라를 이끌어 갔으나, 무능한 대통령으로 낙인이 찍혔다. 뇌물, 권모술수, 부패와 무질서가 횡횡하던 시대였다. 우리나라의 경우 해방, 독립된 지 70년이 지난 요즈음과 비슷하다 할까.

1873-76년 경제파산을 겪은 미국은 슬기롭게 위기를 극복하고, 풍부한 자원과 유럽으로부터 유입된 우수한 노동력에 더하여 에디슨 등의 우수한 발명가들의 공헌에 힘입어, 미국의 공업생산은 전 유럽을 능가하게 되었다. 이 시기에 록펠러, 카네기, 모건 등 대재벌이 태어났으나, 농민, 노동자의 불만이 가득한 시기였고, 어쨌든 미국은 세계 최대 강국으로 성장했다. 월트 휘트먼은 '민주주의 전망Democratic Vistas'이라는 수필에서 19세기 말의 미국의 고삐 풀린 물질시대의 부富와 산업에 대해 맹렬한 비판을 가했었다.

우리는 그랑 융티온Grand Junction 쪽 후루이타에서 70번 후리웨이를 타고 달리다, 아이다호 스프링즈Idaho Springs마을을 지나, 40번 도로로 바꿔 타고 북쪽으로 향하여 최고점 3,450m를 찍었다. 그리고는 비탈을 내리 달리다 그랜비Granby마을에서 34번 도로로 죽 가면 로키산맥국립공원이다. 콜로라도 모뉴먼트에서 6시간 거리, 거리는 475km.

사막지대를 벗어나

콜로라도 모뉴먼트를 떠난 지 네 시간, 본격적으로 산림들이 이어졌고 이제까지와는 다른 풍경들이 나타났다. 벌써 겨울의 냄새를 풍기며 자작나무 숲이 파란 하늘과 어울리

고지대 마을

고 있었다. 이어서 고지대 침엽수림 군락이 나타나고 로키산맥의 준령들이 자태를 나타내기 시작했고, 더불어 높은 산악지대의 특징들이 나타났다.

이어 우리는 그랜비Granby타운에 들어섰다. 그랜비는 고도 2,380m에 위치해 있고, 국유림에 둘러싸여 기막힌 경치를 자랑한다. 그리고 서부 특유의 사람을 환대하는 기질을 가진 사람들이 사는 산골 마을이다. 주위에 그림자산Shadow Mountain, 그랜비호수 그리고 그랑레이크Grand Lake가 있다. 그랜비는 스포츠의 천국이다. 하이킹, 골프, 산악자전거, 보트타기, 래프팅, 승마, 사냥 등을 즐길 수 있으며, 겨울에는 다운힐 스키Down Hill Ski, 크로스칸트리 스키Cross Country Ski, 얼음낚시, 개썰매 등을 즐길 수 있다. 주택가에는 소들이 풀을 뜯고 있었는데, 소 떼 뒤의 건물들은 소들의 아파트가 아닐까 하는 착각이 들었고. 주택가에 있으면 이들의 냄새가 심할 텐데 말이다. 고지대 마을은 차분하면서 확 트여 있었고, 우리나라 스키촌과 같이 숙박시설, 스키용품점 등이 줄지어 있었다.

늦가을의 냄새가 나는 산길

이어 늦가을 냄새가 풍기는 산길을 달렸는데, 그랑레이크 등 프랑스 냄새가 나는 지명들이 보이니, 초기에 프랑스인들이 정착했나 보다. 단풍이 져가는 큰키나무 뒤에는 큰키 침엽수림, 다음에는 작은 키의 침엽수들이 높은 곳까지 진출해 있었고, 맨 위는 툰드라지대이다.

호텔리어가 찍은 로키의 밤

　공원은 설립 100주년을 자축하고 있었다. 공원 입구에서 찍은 사진 속에는 완연히 여행에 지쳐버려 몸조차 가누기 힘들어 보이는 노인네 여섯이 있었다. 기후도 초겨울로 바뀌고 여행도 13일째로 들어섰으니 지칠 때도 되었다. 그나마 안락한 여행도 아니었고. 캠프장에 자리를 잡고 식수시설을 찾아 인근에 있는 공원사무실을 찾았더니, 직원들은 이미 퇴근한 후였고 9월 말부터 단수한다는 공지가 붙어 있었다. 9월부터 겨울이라니. 인근의 화장실에 들렸다가 패스화인더로 가는 지름길을 익혀두려니, 겨울바람이 어둠 속을 뚫고 쌩쌩 울며 지나갔다.

　로키산맥은 캐나다, 미국, 멕시코를 잇는 대륙의 등뼈이다. 산맥의 중간부문을 떼어 공원화했는데 넓이는 캐니언랜즈국립공원과 비슷하다. 고도는 2,300m에서 4,345m(Longs Peak)이다. 3천 미터가 넘는 봉우리가 98개나 있다. 관광객은 연 3백만 명이 넘고, 콜로라도주 수도인 덴버에서 100km 서북쪽에 위치한다. 이곳도 20억 년 전에는 바다 밑이었다. 15억 년 전 바닥이 솟아서 로키산맥의 토대가 이루어졌고, 이곳에서는 4천만 년 전의 빙하의 잔재를 볼 수가 있다.

　우리는 서둘러 무인 판매기로 장작을 구해 와서 불을 지폈다. 추위 속에서 몸은 오그라들었고, 몸을 녹이려고 불 주위에 모여들었다. 이번 여행에서 처음 해보는 캠프 화이어. 그동안 그럴 여유가 없었다. 새빨간 숯불을 만들어 고기를 구우니, 주대감이 만면에 웃음을 지었다. 이날 텐트 속에서 밤을 지낸 사람은 손사장과 호텔리어. 호텔리어는 그 추운 밤에 손을 호호 불어가며 삼각대도 없이 별을 멋지게 찍었다.

　로키산맥과 인연이 깊은 동물학자이며 작가, 그리고 화가였던 사람이 있다. 어니스트

톰슨 시튼(Earnest Thomson Seton, 1860-1946)이 그이다. 어려서 대자연에 깊은 관심을 가지고 박물학자가 되려고 했으나, 화가가 되길 원한 아버지의 뜻에 따라 화가가 되었다. 화가로서의 가난한 생활 중에서도 로키산맥에 들어가, 야영생활을 하며 야생동물 관찰에 힘을 써 동물기를 씀으로 세계적인 학자가 되었다.

샌드힐의 수사슴

시튼의 동물이야기 중 샌드힐의 수사슴을 보면, 한겨울 깊은 산 속에서 벌어지는 쫓기는 사슴과 쫓는 사냥꾼의 박진감 넘치는 이야기가 펼쳐진다. 사냥꾼 얀은 눈 속에서 잠을 청하지만, 개처럼 되었으면 하는 생각뿐이었다. 개처럼 얼굴에 털이 나고 털북숭이 꼬리가 있어 얼음장 같은 손과 발을 감쌀 수 있다면 얼마나 좋을까 하는 생각을 할 정도로 숲에서 보내는 밤은 진저리나게 추웠다. 겨울의 정령이 눈 위로 다가오고, 하늘의 별도 쩍쩍 갈라지는 것 같았고, 나무며 땅이 모두 혹독한 추위에 산산조각이 나고 있었다.

오랜 추격 끝에 그와 사슴이 얼굴을 마주했을 때, 멋진 사슴은 이미 탈진 상태에 있었지만, 사슴은 조금도 움찔하지 않고 그 커다란 귀와 슬픔이 가득차고 진실된 눈으로 얀을 바라보았다. "쏴, 쏴, 지금이라고! 바로 이 순간을 위해 그렇게 고생한 거잖아," 하는 내면의 목소리가 들려왔다 사라져 갔다. 서로의 눈을 바라보는 동안 얀은 갑작스러운 심경의 변화를 느끼고 녀석의 생명을 빼앗을 자신이 없어졌다. "네 그윽한 눈으로 나를 바라봐 준다면, 그래서 오늘 같은 느낌을 받을 수 있다면, 야수 같은 마음을 내 가슴 속에서 모조리 몰아낼 수 있을 거야. 그리고 나면 마음의 창이 조금이나마 열리고, 현자들이 갈구하던 진리를 조금이나마 깨달을 수 있을 거야. 나는 부처의 가르침을 깨달았어. 다시는 너를 만날 수 없겠지. 안녕!"하고 얀은 사슴과 결별을 고했다.

10월 17일, 아침에 눈을 떠보니, 침엽수림 위로 예쁜 분홍색 구름 띠들이 광휘를 발휘하고 있었다. 사막지대와는 전연 다른 풍경이었다. 아, 자연의 신비로움이여. 기온은 물론 영하로 한참 내려갔고. 날씨가 하도 추우니 아침부터 불을 지필 수밖에. 아마 아침에 캠프 화이어를 해본 사람도 드물 것이다.

아침 햇볕이 들자 로키산맥의 품 안은 따뜻해져 왔다.

어디서 슬림 휘트맨(Slim Whitman, 1924-2013)의 달콤한 목소리가 들려오는 듯했다.

로키산맥에 봄이 오면 When it's springtime in the Rockies,
나는 그대 품에 돌아가리 I am coming back to you --

그러나 봄은 멀기만 했고. 10월 중순부터 5월 하순까지 우리가 가는 길, 트레일 릿지 로드Trail Ridge Road는 폐쇄된다. 이 길은 높이가 3,350m 이상이나 되고 길이는 18km이다. 여름이 없는 산Never Summer Mountains 앞에서 주대감이 포즈를 취했다. 여름이 없는 산은 공원의 북서쪽 경계에 있는 로키산맥의 7개 산줄기를 말한다. 로키산맥국립공원은 여름철에 특히 인기가 있어, 그때는 캠핑장이 항상 만원이라고 한다. 여름이 없어 여름에 인기가 있는 산이라고? 멀리 보니 푸드르Poudre호수 한쪽에서 오리 세 마리가 잔물결을 일으키며 물살을 가르고 있었다. 예술가가 따로 없었다.

문 닫힌 방문자센터

드디어 높이 3,695m에 위치하는 썰렁한 알파인 방문자센터에 도착했다. 센타 지붕의 위로는 흰 구름이 멋진 유희를 벌이고 있었다. 센터는 문이 굳게 닫혔고, 폐쇄CLOSED FOR SEASON라고 쓴 팻말이 썰렁하게 걸려 있었고. 센터의 이곳저곳에는 눈이 왔을 때 적설량을 알 수 있는 긴 장대들만 멀대처럼 뻗쳐 있었는데, 눈이 오면 지붕이 안 보이는 수가 다반사일 것이다.

센터 뒤의 작은 산

우리는 강원도의 민둥산을 오르는 기분으로 센터의 뒷동산을 올랐다. 입에서는 입김을 내면서 적막하고 차디찬 공기를 헤치며 여유 있게 걸음을 옮겼다. 적막강산이란 이런 것을 말하는 것일 게다. 위는 수목이 없는 툰드라지대, 이를 보호하자는 팻말이 꽂혀 있었다. 툰드라지대 밑은 아한대성 수목이 자란다.

툰드라는 북극지대 툰드라와 이곳과 같은 고산지대 툰드라가 있다. 이곳에는 이끼, 작은 초본류 식물, 키 작은 관목 등의 식물이 자란다. 가문비, 전나무의 교목 한계선이기도 하고. 툰드라는 '나무가 없는 언덕'이란 뜻의 핀란드어에서 왔다. 여름에는 시원하고 겨울에는 온화하다고 하지만 얼기와 녹기를 교대하는 토양층이 대부분.

어이 추워!

일행 중에서는 일착으로 12 천 ft(3,659m) 정상을 훔쳤다. 콧등이 얼마나 시려 왔는지 모른다. 밑을 내려다보니 우리가 타고 온 패스화인더 그리고 승용차 두 대가 호젓하게 센터를 지키고 있었고, 부드러운 능선들 위로는 따뜻한 햇볕이 비추고 있어 로키산맥은 평화로운 아침을 맞이하고 있었다. 내려가는 길, 승용차 두 대는 언제 떠났는지 안 보이고 하동에서 온 겨울 나그네가 무척이나 외로워 보였다. 주차장의 패스화인더나 사나이나 무척이나 외로움을 타는 것 같았다. 센터의 아래 곳곳은 단단하게 결빙되어 있었고.

로키의 풍경

우리는 다시 트레일 릿지 로드Trail Ridge Road를 달리며, 곳곳이 흰 눈 쌓인 바위투성이 로키산맥 풍경을 감상하였다. 고산지대는 5월이 봄이라는데, 11월부터 4월까지는 기나긴 겨울밤이 이어지는 곳이다. 이곳의 자연은 혹독한 여섯 달 동안 자신의 기쁨을 아껴두었다가, 마침내 자신이 빚을 졌다는 것을 받아들이고, 모든 것을 한꺼번에 갚는다고 한다. 잃어버린 여섯 달 동안 자라나야 할 온갖 꽃들이 한 번에 빛을 뿜어내어 그동안 밀린 기쁨을 보상한다고. 그리고 봄이 되면, 로키산맥의 동쪽에서 부는 건조하고 따뜻한 바람 치누크Chinook는 봄의 소나기와 겨울의 눈을 몰고 온다고 한다. 그 바람은 이 넓은 고지대에 풀을 자라게 하고, 그 풀은 모든 살아있는 것들을 자라게 한다고 한다.

드디어는 3,700m의 최고지점을 통과하여, 우리는 양지바른 곳에 차를 세우고는 거인 같은 그림자를 늘어트리며, 로키산맥의 채색화를 들여다보았다. 한쪽에는 빽빽한 침엽수림이 들어서 있었다. 멀리는 설산을, 가까이는 햇빛에 붉어진 구릉을 둘러보다가, 10월 중순이면 통제되는 길을 무사히 통과할 수 있음에 무한한 감사를 드렸다. 그리고 내리막길을 달려 에스테스파크Estes Park쪽 입구 쪽으로 나서니, 우리는 어느새 겨울에서 다시 노란 가을 속으로 와있었다.

툰드라지대와 경계를 이루는 침엽수림

마침 주말이라 입구에는 공원으로 들어오려는 차량 행렬이 끝이 없이 줄을 잇고 있었다. 로키산맥Rocky Mountains은 우리에겐 행운의 산맥Lucky Mountains이었다.

눈이 내리지 않아 통행에 지장이 없었고, 긴 차량 행렬에 지친 일도 없었으니까.

미국인들의 참을성 있는 줄서기, 공직자들의 내려다보는 위압적 자세에 대해서 임목사와 이야기를 나누었다. 지금은 조금 나아진 우리의 질서 의식과 일제 경찰에서 민주경찰로 강등된 경찰들의 요즈음 처지를 보면, 일방적으로 어느 것이 옳은 것인지 판단하는 것은 오류가 있다고 의견을 모았다. 서양 사회, 지금의 안정된 미국 사회의 원류는 귀족주의이다. 농민 노동자 계급은 항상 줄 서는 것이 습관이 되어 있고, 상류사회, 자본가에게 순응해온

끝없는 차량 행렬

것이 사실이 아니겠냐고. 흑백의 갈등, 돈 있는 자의 편이 되는 경찰, 상하의원의 귀족화 등 등. 너무 부정적인 것들만 생각했는지 모르겠다.

존 스타인벡(John Steinbeck, 1902-1968)의 '찰리와 함께한 여행'을 보면, 그는 정부에 대해 상당히 부정적인 생각을 갖고 있었다.

> '정부는 사람을 너무도 미미하고 천한 존재로 만들어서,
> 자존심을 도로 찾으려면 무엇인가 애를 써야만 한다.'

존 스타인벡은 찰리라는 애견을 데리고, 1960년 9월에 시작하여 4개월간 30여 개 주를 돌아 16 천 km 이상의 자동차여행을 했다. 자기가 기억하고 있는 미국과 현재의 미국은 갭이 있으니, 직접 나서서 미국 사람, 그들이 사용하는 언어 그리고 자연을 알아내려고 한 여행이었는데, 무엇을 알아냈는지 잘 모르겠다고 했다. 20일 정도 짧게 여행하는 우리의 경우, 이렇다 저렇다 하는 것은 언어도단이겠지.

로키국립공원의 지도를 보면, 우리는 좌측 최 하단에 있는 그랑레이크Grand Lake쪽으로 입장하여, 34번 도로를 타고 가다가, 트래일 리지 로드Trail Ridge Road를 통과하여 다시 34번 도로로 해서 우측 상단에 있는 에스테스파크Estes Park쪽으로 빠졌다. 콜로라도 강의 발원지Trail Head는 좌측 상단의 34번 도로상에 위치한다. 우리는 그냥 모르고 지나쳐버린 셈. 미국 사람들은 우리처럼 한강의 발원지가 어디냐 하고 크게 신경을 쓰지는 않는 모양이다.

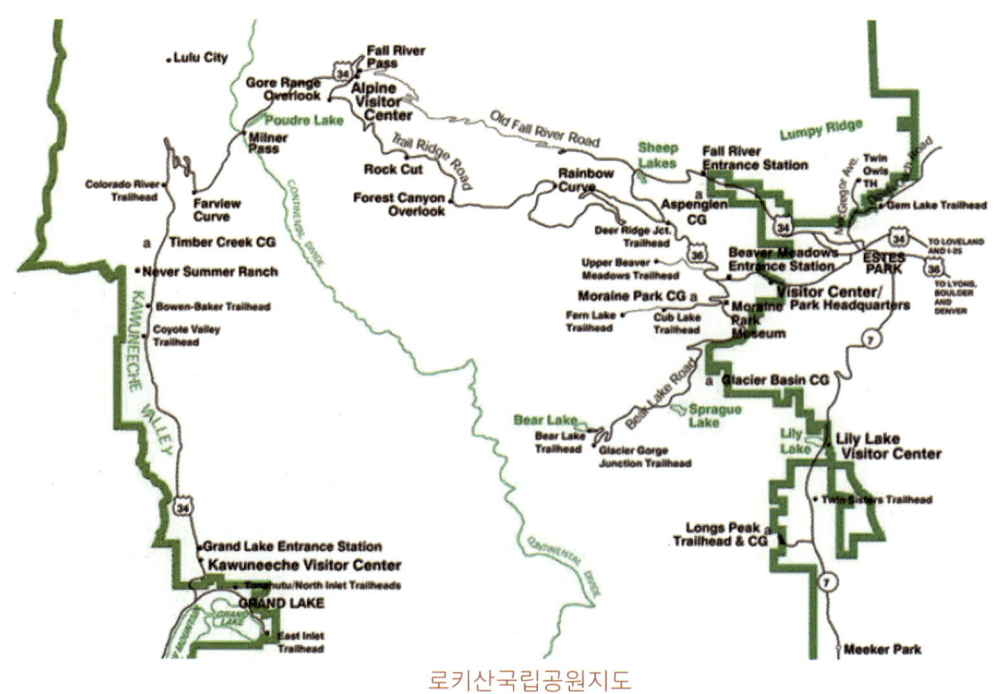

로키산국립공원지도

11. 나이야 가라 외치며 나이아가라로
-미국 동부로 2,531km를 계속 달리는 일정-

  국립공원 순례를 마치고, 나이아가라까지의 횡단의 길을 나섰다. 대충 LA에서 콜로라도주까지 우리가 온 거리의 두 배를 계속 달려야 할 터인데, 걱정이 앞섰다. 길거리 풍경을 보면 콜로라도주는 이웃 네브라스카주에 비해 황무지가 많아 보였다.

  이제까지의 여행을 간단하게 정리해보면, 우리가 들린 공원마다 각기 특색이 있고 좋았지만, 데스벨리, 브라이스캐니언, 캐니언랜즈가 특히 마음에 들었다. 멋진 사막의 색깔, 우아한 계곡의 손짓, 광활한 원시의 땅으로 요약할 수 있는데, 그곳들을 더 걷고 더 느껴보고 싶어진다. 자이언의 버진강 트래킹도 해보고 싶고.

  그리고 Canyon, Valley 모두 우리말로는 골짜기이지만 둘의 차이를 요번 여행을 통해 알 수 있을 것 같다. Canyon은 천 길 낭떠러지, Valley는 아담한 마을이 자리를 잡고 있는 완만하고 정감 있는 계곡이라 표현하면 될까? 나에겐 Valley라는 단어가 감성적으로 다가온다. 중학교 때인가 애창했던 노래 'Down in the Valley'가 생각이 난다. 미츠밀러 합창단의 바람 소리 같은 노래가 마음을 은은히 적셔온다.

**깊은 계곡에서 바람이 전해주는 소식을
귀를 기울이고 들어보세요.**

**장미꽃이 태양을 사랑하듯
제비꽃이 이슬을 사모하듯
내가 그대를 사랑하고 있음을
하늘의 천사도 알고 있어요.**

내게 편지를 써서

버밍험 교도소로 보내주세요.
그대가 편지를 쓰는 모습 볼 수 있도록
높은 성을 쌓고 있어요.

아마 이 가사를 지은 사람은 교도소에 복역하고 있는 죄수였던 것 같다. 그녀도 그를 그렇게 열렬히 사랑했는지 모르지만 누구를 사랑한다는 것은 정말 좋은 일이다. 얼마 전 타계한 친구의 동생은 뇌출혈로 입원했었다. 마침 같은 병실에는 예쁘장한 약사 아줌마가 입원해 있어, 그녀를 졸졸 따라다녔던 모양이었다. 덕분에 걸음도 걸을 수 있는 등 한동안 상태가 좋아졌었다고 한다. 누구를 사랑한다는 것은 상대방의 의사와는 관계없이 아름다운 일이다.

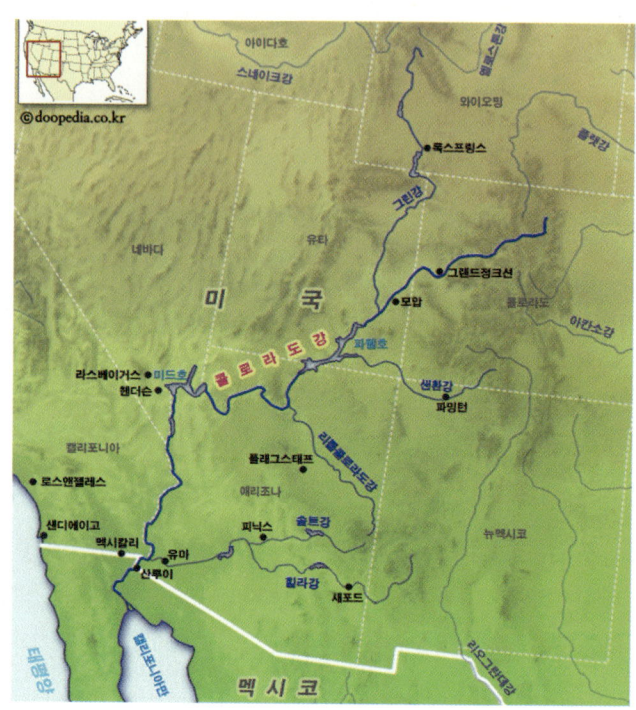
콜로라도강

이제까지의 여행을 다른 의미에서 보면, 우리가 캘리포니아만부터 여행을 시작하지는 않았지만, 콜로라도강을 거슬러 오르는 여행이라 할 수 있다. '흐르는 강물을 거슬러 오르는 연어들처럼'이란 노래의 내용도 와닿는다.

걸어 걸어 걸어가다 보면
뜨겁게 날 위해 부서진 햇살을 보겠지
걸어 걸어 걸어가다 보면
어느 날 그 모든 일을 감사해 하겠지

우리가 지나온 길의 햇살은 얼마나 눈부셨으며, 하늘은 얼마나 푸르고 심오했던가. 지도를 보면 그린강, 샌환San Juan강, 리틀 콜로라도강이 합쳐지는 콜로라도강은 콜로라도주 로키산맥에서 발원하여 유타, 애리조나, 네바다, 캘리포니아를 거쳐 캘리포니아만까지 2,330km를 흘러간다. 그리고 로키산맥은 동서의 분수령이 되어, 서로 흐르면 콜로라도강으로, 동으로 흐르면 옐로스톤강, 플랫강, 아칸소강으로 흘러 미시시피강으로 이어진다.

콜로라도주의 동쪽은 대평원Great Plains으로, 끝없는 평원에는 너른 들이 끝없이 이어진다. 콜로라도주의 넓이는 유타의 1.2배, 한국의 2.7배나 된다. 인구는 유타의 1.9배인 5.4백만 명이다. 이곳을 지나는 로키산맥은 대륙의 분수계를 이룬다. 지하자원이 풍부하고 공업이 주산업이며, 육류 낙농 관계 식품 가공도 활발하다. 농축산업 규모도 적지 않으며, 관광업 또한 활발하고.

강을 따라 초원은 끝이 없이 이어졌다. 여행 중 미국이 더없이 부러웠던 것은 끝없이 넓은 땅덩어리다. 그리고 어느 주를 가더라도 공업과 농업이 잘 어울려 있다는 것이다. 질 좋은 식품을 값싸게 공급할 수 있다는 것은 일단 잘사는 나라의 요건이기도 하지만, 여러 점에서 상공업을 뒷받침해줄 수 있는 여건이 되기도 한다. 또 농업지대가 있음으로 좋은 자연환경도 유지할 수도 있고. 물론 농업의 문제는 공업에 비해 구조적으로 불리한 점이 많은 산업이라는 점이 있기는 하지만.

지나는 길의 목장

윌리엄 히트문이 쓴 여행기, '시골길로 가는 미국 여행, 블루 하이웨이'에서 어느 촌부는 지미 카터 대통령은 흙에서 태어난 사람이라는 걸 당당히 보여줌으로 대통령이 되었다고 했다. 미국인들에겐 땅은 옹골참, 착함, 희망을 뜻한다고 한다. 초기부터 미국 역사에서 땅은 빼놓을 수 없는 존재라는 것은 말할 필요가 없다. 옛날 미국 지도책에는 한가한 시골 도로는 푸른색으로 표시되어 있었다. 서양인과 인디언의 피를 받은 히트문 Heat-Moon은 직장을 잃은 후, 1978년 봄부터 미국 전국 일주 여행을 시작했다. 히트문은 수족 인디언 말로 '7월의 달'을 상징한다. 그는 블루 하이웨이, 말하자면 우리나라 옛날 국도를 따라 전국의 변방을 한 바퀴 도는 여행을 했다. 시골의 촌부, 옛 전쟁격전지의 사람들, 흑인 차별이 심한 남부지방의 흑백인, 수도원의 신부 등 다양한 사람들을 만나 펼치는 대화의 내용이 흥미진진하다. 미국인의 피와 역사 속에는 먼 곳을 향해 떠나는 탐험가의 기질이 있다며, 한편으로는 여행 자체를 즐기며, 또 한편으로는 인생의 답을 찾아 그는 돌아다녔다.

황금벌판 한편에 검은 소들이 보였다. 초지와 목장은 끝없는 미국 풍경의 하나이다. 미국의 암소 아홉 마리 중 한 마리는 맥도널드 햄버거 점에서 생을 마친다는 기사가 있었다는데 그만큼 햄버거가 식생활에 자리를 잡았다는 얘기다. 여행 당시 미국의 소 시세가 하락세라 덩달아 우리나라 한우 농가들이 걱정이 많았다고 했다. 아무리 우리나라 한우고기가 맛이 있다지만, 이렇게 대량으로 생산된 소고기와 경쟁이 되겠냐는 것이다. 실제 여행 중 값싸고 맛있는 미국 소고기를 많이 먹기도 했다.

타이어 교체

로키산맥국립공원을 출발하여 4시간, 네브라스카주에 진입하였다. 앞으로 갈 길이 구만리인데, 그만 타이어가 펑크가 났다. 타이어가 두 개씩 붙어 있는 큰 차라 다행이기는 했지만, 달릴 때는 차체가 불안하고 심하게 흔들렸다. 인근 조그만 읍의 수리점을 찾았지만, 운이 없게도 주말이라(10월 17일) 문이 닫혀 있었다. 물어물어 고속도로상에 있는 큰 휴게소의 타이어점을 찾았다. 점포는 커다란데 타이어를 교체하는 모양새는 영 답답했다. 우리나라 같으면 바로 해치웠을 터인데. 미국에서 차량고장이 나면 히스패닉이 운영하는 수리점을 찾는 것이 제일 낫다고 한다. 교포들은 고치기는 잘 하지만 바가지가 세다고 하고.

장거리 여행에선 역시 차량고장이 제일 큰 문제이다. 타이어를 바꾸는 동안 인근에 있는 트럭운전사 휴게소를 찾았더니, 샤워장, 티비시청방 등 각종 시설이 잘 되어 있었고, 쉬고 있는 트럭 기사들은 미식축구 구경에 정신이 없었다. 이날은 네브라스카Nebraska휴게소Rest Area에서 하룻밤 신세를 졌다.

네브라스카는 빌 게이츠에 이어 세계 두 번째 부자, 워런 버핏의 고향이다. 그는 뉴욕 월스트리트를 외면한 채 이곳 오마하를 떠나지 않고 있다 한다. 그만큼 이곳 사람들은 자존심이 강한 반면, 순박하고 소박한 사람들로 정평이 나 있다. 네브라스카주는 콜로라도주 동부와 마찬가지로 미국 대평원Great Plains 위에 있다. 네브라스카는 원주민 말로 플랫 강(Flat River, 평탄한 강)을 뜻한다. 대평원지대라 역시 농축업이 번창하고 있고, 관련된 식품가공업, 농기계업 등이 강하다. 그런 만큼 우리 남북한과 비슷한 면적에 인구는 2백만이 안 된다.

미국지도

패스화인더에는 미국지도가 붙어있어, 틈이 날 때마다 보곤 하지만, 주의 이름도 그렇고 위치도 그렇고 쉽게 머리에 들어오질 않았다. 미국의 동서를 가르는 간단하고 명백한 구분법 중 하나는 미네소타, 아이오와, 미주리, 아칸소, 루이지애나 주가 연결되는 왼쪽 경계선을 기준으로 하는 것이다. 우리는 동서 분기점 네브라스카와 아이오와 경계선 가까이에 와있었다.

우리가 거쳐 온 곳들을 다시 한번 더 복습해보자면, 히트문의 말대로 진정한 서부는 동부와는 판이하게 다르다. 위대하고 충만하며 영향력이 크며 대단히 장엄하다. 원인은 바로 땅 때문이다. 광활한 대지는 도로와 도시, 집들과 농장, 사회, 정치, 경제 그리고 사고방식까지 갈라놓았다. 경계선을 중심으로 서부는 확연히 눈에 띄는데, 특히 대지가 텅 비어 보일 때면 더욱 그러하고, 그때의 텅 빈 대지는 외로운 유배지처럼 인간 세상과 아무런 인연이 없는 듯싶다. 그토록 광활한 벌판에 서면 인간은 자신이 참으로 왜소하고 우주란 실로 광대하다는 걸 느끼게 된다. 그리고 무한한 공간은 자아를 돌아보게 한다. 광활한 대지는 인간을 하찮게 보이게도 하지만, 하찮은 미물이라도 쉽게 눈에 띄게 한다. 여행객이 쾌속 질주를 한다고 해도 이곳을 벗어나기가 힘들다.

10월 18일, 8시쯤 되어 아이오와Iowa주에 들어서니 풍경이 달라졌다. 평지에서 완만한 구릉지대로 들어섰다. 사진 속에는 80번 도로는 인터스테이트INTERSTATE도로라는 표지판이 보인다. 미국의 도로는 인터스테이트, 하이웨이Highway, 지방도로로 구분된다. 인터스테이트는 국가가 관리하는 고속도로이고, 하이웨이는 주가 관리한다. 인터스테이트는 대체로 도로가 널찍하고 중앙분리대 대신 잔디밭 등이 조성되어 있다.

아이젠하워 대통령시대(1953-61)에 고속도로가 구상되었고, 1950년대에는 하이웨이가 고작이었다. 아이젠하워는 2차 대전 참전 당시 독일 아우토반을 보고 이를 부러워했으며, 대통령이 되자 1956년에 고속도로법을 제정하여, 68 천km의 인터스테이트 건설에 초석을 놓았다. 이 도로의 건설에 40년이 걸렸다고 한다.

아이오와Iowa란 말은 이곳에 살던 이오와즈Ioways 인디언족의 말로 '졸린 사람들'이라는 뜻. 이런 완만하고 부드러운 구릉지대를 운전하며 통과하려면 사람들은 무척 졸릴 것 같은 생각이 들었다. 너무나 평화로워서.

아이오와주의 면적은 남한의 1.5배이나, 요번 여행에서 인디아나주를 빼고는 가장 작은 주이다. 그렇지만 인구는 3.1백만으로 이웃 네브라스카주의 1.6배. 콘 벨트의 목축지대로 유색인종이 적은 주의 하나이다. 아이오와는 1803년 프랑스로부터 사들인 땅이며, 대평원Great Plains의 중앙에 위치한다. 동쪽에는 미시시피강의 본류와, 서쪽에는 미시시피강의 지류인 미주리강에 접해 있다.

아이오와주 사람들은 소박하다고 정평이 나 있고, 그래서 달걀, 돼지고기, 이곳 사람들의 인심이 주를 대표하는 상품이라고 한다. 그러나 선거 때가 되면 미 대통령을 만드는 곳으로 떠들썩하다. 민주 공화 양당의 경선이 시작되는 곳이라 이곳에서 승리를 하면 기선을 잡을 수 있어 그렇다는데, 기선을 잡는 것이 인간사에서 중요하기는 중요한 모양이다. 선거인단 538명 중 아이오와주의 비중은 1% 정도가 되는 6명에 불과한데 말이다. 이곳 사람들은 졸린 사람들이 아니라, 눈동자가 또릿또릿하고 선거에는 달인이 된 사람들이다.

중간의 휴게소에 있는 러브스Love's 체인점에서 점심으로 막대기 샌드위치를 먹었다. 우리는 로키산맥공원에서 36번 도로로 빠져나와 76번 도로를 타다가, 네브라스카에서 80번 도로를 갈아타고 오하이오주에 있는 이리호수를 만날 때까지 계속 직진했다.

계속된 캠핑차 여행은 지루한 감이 없지는 않았지만, 책을 보기에는 눈이 너무 늙었고, 카드놀이 하기엔 이국의 정취를 느낄 기회를 잃어버리고, 진퇴양난이었다. 블루 하이웨이Blue Highway를 지은 히트문은 고속도로는 끝이 보이지 않지만 지루한 곳은 어디에도 없다고 말했다. 또 지루함은 여행자의 한정된 인식 능력과 깊게 탐색하지 못하는 무능력에서 비롯한다고 했다. 그리고 보면 우리는 여행자의 자질이 부족하다는 말이다.

계획단계부터 횡단 여행이란 목표가 좀 무리가 아닌가 싶었다. 여행 일자를 늘려 느긋하게 여행하는 것도 한 방법이었고. 디트로이트에서 친구를 만나 주변 구경을 하다가, 바로 디트로이트에서 예약된 비행기를 타고 귀국하는 방법도 있었지만, 대륙을 횡단하겠다는 친구들 의견을 따르기로 했었다.

차는 일리노이주에 들어섰다. 이제부터 뉴욕주에 이르기까지 북쪽으로는 오대호가 자리 잡고 있다. 일리노이 북동부 미시간호 연안에 있는 시카고는 뉴욕, 로스앤젤레스에 이어 미국에서 세 번째 큰 도시이다.

오대호는 서에서 동으로 슈피리어Superior, 미시간Michigan, 휴런Huron, 이리Erie 그리고 온타리오Ontario호가 놓여 있다. 수면 면적이 남북한의 대략 2.5배로 세계에서 가장 큰 담수호이다. 슈피리어, 미시간의 물은 휴런으로 흐르고 이물은 이리, 나이아가라, 온타리오를 거쳐 세인트루이스 강에 이르며 종국에는 대서양에 다다른다. 오대호는 10억 년 전 형태를 갖추었는데 오클라호마 화산 폭발로 고지대 분지를 이룬 것이 슈피리어호이며 대륙빙하가 전진 후퇴하며 호수가 생겨났다.

슈피리어호는 이름과 같이 나머지 호수를 합친 것보다 더 큰 호수이며, 미시간호는 세계 담수호 중 가장 큰 모래언덕을 자랑하고 있다. 휴런호는 3만 개가 넘는 섬을 갖고 있고, 이리호는 수온이 높아 생물학적 생산성이 가장 높으며, 온타리오호는 가장 작으며 낮은 곳에 위치한다.

이들의 자연환경은 너무 다양해 소택지, 바위, 평원 및 초원, 삼림, 습지와 늪 등으로 구성되어 있어 풍부한 어종과 다양한 야생동물이 살고 있고, 휴양 천국이라 할 만큼 많은 사람들이 찾고 있다. 오대호 인근은 지하자원, 농산물이 풍부하고 디트로이트의 자동차산업 등 상공업이 발전되어 있는 데다, 휴양산업, 어업 등도 활성화되어 있고 세인트 로렌스 운하 등 교통체계도 잘 구비되어있어 호수 주위에 3천만 명이 넘는 인구가 상주한다.

대통령의 고향

4시 반이 지나, 로날드 레이건 대통령의 고향이며 버락 오바마의 정치적 기반이 되는 주, 일리노이 에 진입했다. 도로에는 로날드 레이건 대통령의 고향으로 가려면 56번 출구로 나가라는 주홍색 표시판이 있었다. 미국 곳곳에 지역 또는 나라를 위해 힘쓴 인사들을 기리는 모습들이 부럽기 짝이 없다. 우리는 그 사람이 일궈놓은 성과보다는 지역, 속해 있는 그룹, 또는 개인의 관점에서 헐뜯기만 하는데 말이다. 일리노이는 이곳에 살았던 인디언 부족 Illini족의 프랑스식 표기. Illini는 남성이라는 뜻이다. 이들은 이로쿼이족에 의해 1680년 몰살을 당했다.

일리노이 남서부 세인트루이스의 위성도시 카호키아의 미시시피 강가에는 유네스코 세계문화유산에 등록된 흙 피라미드 유적지, 카호키아 언덕Cahokia Mounds이 있다. 이들 흙 언덕은 80개나 되며, 가장 큰 몽크스 마운드Monks Mound는 밑바닥이 291m에 236m, 높이가 30m나 되는 이집트 피라미드와 맞먹는 크기의 언덕이다. 12-13세기 이곳에 살던 인디언의 정치, 종교 중심지로 멕시코 이북에서 가장 큰 원주민 거주지이었다.

미국의 번성했던 인디언 거주지들은 15세기에 거대한 제국을 일구었던 페루의 잉카제국, 마야문명을 계승한 멕시코 중부의 아즈텍 제국의 경우와 마찬가지로 서양인들과의 싸움보다는 서양인들이 지니고 온 천연두 등의 전염병에 의해 파괴되어 유령도시화 되었다고 한다. 서양인들의 무분별한 버팔로 사냥에 의한 인디언들의 식량부족도 하나의 원인이 되었다 하고.

일리노이주는 시카고를 중심으로 한 공업과 콘벨트 지역을 중심으로 한 농업이 잘 어우러진 곳이다. 넓이는 이웃 아이오와주와 비슷하지만, 인구는 아이오와의 4배인 13 백만 명. 전국으로 보면 다섯 번째, 중서부에선 1위로 인구가 많은 주이다.

지나가는 길에 월마트를 들러 맥주를 사다가 우습지도 않은 촌극을 벌렸다. 맥주 한 박스 값을 계산하던 친구들이 지나가던 나를 불러 여권을 제시해 달라고 했다. 친구들은 모두 여권을 임목사한테 맡긴 터이고, 나이 지긋한 할머니 종업원이 미성년인지를 확인하는 절차로 여권을 보여 달라고 한 모양이었다. 우리가 할머니한테는 무척이나 젊게 보였나 보다. 우리에게 50대 여인들도 젊은 여인으로 다가오듯이.

곡창지대를 지나고

할머니에게 내 여권을 보여주었더니, 맥주를 사서 남을 주는 것도 안 되는 것 아니냐고 이웃 종업원에게 동의를 구했다. 하기야 맥주를 사서 현장에서 바로 미성년에게 주면 안 되겠지. 옥신각신하다 해결은 했지만, 미국에서 원칙은 원칙이니까. 그러니 공무의 경우는 얼마나 답답할까 이해가 갔다. 존스타인벡이 정부에 대해 말한 것도 지나친 것이 아닐 것이다. 이곳 월마트에선 능력이 떨어지는 사람들을 돕는 차원에서 이들을 고용한다고 하니 다소 불편했던 마음이 풀어졌다.

10월 18일은 인디아나주에 들어서서 고속도로 휴게소에서 휴식을 취했다. 트럭운전사들은 자기네들 주위와는 떨어져 사는 사람들로서 그네들만의 특수한 언어를 사용한다고 한다. 동료끼리는 친절하고 조력을 아끼지 않는 것도 특색이고. 이들은 열렬한 라디오 청취자이기도 해서 뉴스, 정치판 이야기에는 훤한 편이다. 또 사색思索을 할 여유가 많아 생각은 과거의 시간에서 미래까지를 수시로 왕래한다. 단 사색은 사색에 그치고 말지만. 그러나 이들은 망망대해를 떠다니는 선원들처럼 휴게소 이외 그들이 다니는 곳과는 별로 접촉이 없다. 그러니 이곳저곳을 다니더라도 여행의 맛을 제대로 느낄 수 없다는 것이다.

윌리엄 히트문은 여행 중 여간해서는 트럭 휴게소로 들어가지 않았다. 트럭 운전자들은 공공연히 '고속도로의 개자식들'하며 위선적으로 말을 하고, 재생타이어가 시속 70마일에 갈기갈기 찢어졌다는 말 등을 하기도 한다고 한다. 또 그들은 커피와 칠레 고추로 잠을 떨치려고 하고 간밤에 '계집 생각'으로 눈이 충혈되어 있기도 하며 뭇사람들의 영웅이 되어보려고 우스운 짓거리를 하기도 한단다. 이러한 운전사들을 그가 싫어했던 까닭이다.

인디아나주도 통과하는 구간이 짧았다. 인디아나는 일리노이와 마찬가지로 미시간 호수와 접해 있다. 통상 고속도로highway에서의 최저속도는 45마일(72km)이며 최고속도는 80마일(128km)이다. 서부 쪽은 별도로 내는 통행료가 없으나, 인디아나, 뉴저지부터 요금이 징수된다. 도로가에는 유난히도 많은 갈대가 휘날려 가을의 색을 내보이고 있었다.

인디아나라는 말은 인디언 땅이라는 뜻. 이곳에 살았던 선사시대의 주민들은 미시시피강 유역과 마찬가지로 흙 피라미드를 쌓은 사람들, 다시 말하면 마운드 빌더스Mound Builders이었다. 이곳의 원주민은 대부분 마이애미족이었으나, 동쪽 인디언들이 서양인과의 싸움에서 밀려 이들을 밀어냈고 결국 이들도 서쪽으로 밀려 나갔다.

인디아나주는 요번 여행 중 면적이 가장 작은 주이다. 면적은 남한보다 조금 적으나, 인구는 아이오와주의 2배가 조금 넘는 6.6백만 명. 아이오와주의 면적은 인디아나의 1.5배이다. 동부 미시간호의 남쪽에 위치하여 교통이 발달한데다, 석탄, 석유, 석회석이 풍부하여 공업화가 상당히 진전되었기 때문이다. 한편 이곳의 땅은 산지가 없는 평탄한 지역이라 전형적 콘벨트 지역이고, 따라서 목축업도 번성하고 있다. 이웃 주와 마찬가지로 이곳도 프랑스인들이 모피교역을 목적으로 처음 진출하였으나, 뒤를 이어 들어온 영국과 분쟁이 일어났으며, 그 결과 프랑스가 패퇴한 이후 영국령이 되었다.

어떻게 보면 우리는 인디언이 서양인들에게 밀려 쫓겼던 길을 역행하고 있는 셈이다. 도로의 풍경이 붉은 단풍으로 바뀌었고, 우리도 그때 서야 가을의 무드로 젖어들었다.

미국 하이웨이 위를 달리려면 더 한 층의 정력, 통제력, 주의력, 족력(발의 힘)이 요구된다.

앞과 뒤 그리고 옆으로 화물선 크기의 트럭이 쌩쌩 지나가면 온몸이 움츠러들며, 백미러, 사이드미러 특히 교통표지를 주의 있게 보면서 가노라면 어깨, 목의 근육은 굳어지고, 엑셀레이터를 밟는 발은 쥐가 나기 쉽다. 그러니 초행자에게는 연도의 풍경을 볼 여유가 있을 수가 없고.

그랜트 대통령의 고향, 오하이오Ohio주에 진입했다. 고향 사람들은 이곳 출신인 그를 자랑스러워할까? 아마 북군의 총사령관으로의 그를 기억하겠지만, 부패한 정권의 대통령으로서의 그는 잊어버리고 싶어 할 것이다. 뉴욕 리버사이드 공원에는 그의 기념관이 있고 어마어마하게 큰 돔 아래 그랜트 부부가 안치되어 있다. 이곳의 이름은 그랜트장군 기념관General Grant Memorial이다. 미국사람들은 그의 대통령시절 잘못한 점은 생각하지 않고 장군으로서 그를 기리고 있다. 그에 반해 우리는 독재자로서의 이대통령, 박대통령을 부각시키고, 그들의 공은 인정치 않고 있는데 말이다.

도로 연변에는 오하이오의 아름다운 강, 마우미 강Maumee River이 흐르고 있었다. 이 강은 오하이오와 인디아나 사이를 흐르는 강으로 이리호로 흘러들어 간다. 오하이오는 이로쿠아족의 말로 크다는 뜻이다. 그들 말대로라면 마우미강은 오하이오강이라고 해야 할 것 같다. 엄청나게 수량이 많은 큰 강이었다.

이리호의 아래쪽에 위치한 오하이오주는 풍부한 자원과 이리호로 연결되는 수송시설 덕분에 미국 초기에 가장 공업이 발달했던 곳이다. 더불어 주의 2/3가 농경지로 농축업도 활발하다. 면적은 남한의 1.1배이지만, 인구는 중서부에서 1위인 일리노이보다 조금 못 미치는 11.6 백만이지만 인구밀도는 훨씬 높다.

아이오와, 일리노이, 인디애나, 오하이오주는 미국의 농업 핵심지역이라 할 만큼 강우량, 토질 조건이 좋은 지역이다. 또 한편으로 인디애나, 오하이오, 펜실베이니아, 뉴욕, 매사추세츠 등의 동부지역은 제조업 핵심지역이다. 양쪽이 겹쳐지는 인디애나, 오하이오는 복 받은 지역이라고 할까.

멋진 오하이오의 하늘

미시간주의 디트로이트로 빠지는 길 안내판이 나왔다. 저 길로 바로 빠지면 우리가 귀향할 비행기가 뜨는 곳이다. 그렇지만 횡단을 마치고 뉴욕에서 다시 돌아와야 할 곳이다. 80번 도로를 조금 더 가면 클리브랜드로 빠지는 출구가 있다. 클리브랜드는 오대호의 주요 항구이며, 오하이오주 최대의 상공업도시이다. 오하이오가 일찍이 공업이 발달한 지역인지라, 이곳 사람들은 개방적이고 외향적이다. 최근에도 이 지역의 눈부신 발전은 계속되고 있다고 한다.

'나이야, 저리 가라' 외치면서 나이아가라폭포까지 가는 길은 사람을 지치게 하는 길이었다. 타고 먹고 타고 먹고 자고, 반복되는 3박 4일의 일정은 시원한 맥주 한 모금 없이 갈 수 없는 길이었다. 그렇지만 마실 수 없는 두 사람 중의 하나. 클리브랜드를 지나니 차량은 이상하리만큼 소강상태가 되고 길은 전형적인 시골 동네의 길. 한적하고 평화롭고. 클리브랜드가 얼마나 크며 중요한 도시인 줄 알 것 같았다.

오하이오의 하늘은 양 떼로 가득 차 있었다. 평화로운 풍경 속에서 자연을 좋아하고 자연에 동화된 인디언의 시 둘을 음미해보았다.

> 내 무덤에서 울지 마오.
> 나는 거기에 없소.
> 나는 거기에 잠들지 않았다오.
>
> 나는 불어대는 천 갈래의 바람이요.
> 나는 하얀 눈 위에 흩뿌려진 금강석 반짝임이오.
> 나는 무르익은 곡식을 비추는 햇살이오.
> 나는 조용히 내리는 가을비요.
> 당신이 아침 고요 속에 눈을 뜰 때,
> 허공에 포물선을 그리며 가볍게 날아오르는 새요.
> 밤하늘에 빛나는 부드러운 별빛이오.
>
> 내 무덤에서 울지 마오.
> 나는 거기에 없소.
> 나는 죽지 않았다오.

나는 천 갈래의 바람

> 그대가 태어났을 때
> 그대는 울었고 세상은 기뻐했다.
>
> 그대가 죽어
> 위대한 영에게로 갔을 때,
>
> 세상은 울고
> 그대는 기뻐할 수 있는 삶을 살라.

'라코다족'의 기도..

When you were born
You cried and the world rejoiced.

Live your life
So that when you pass on the Great Spirit,
The world will cry
And you will rejoice..

　아메리카에서 전 세계로 유행병처럼 퍼져나간 담배에 관한 인디언 전설이 있다. 옛날 마음씨는 고우나 얼굴이 곱지 않은 인디언 소녀가 살았는데, 부모에게조차 따돌림을 당하자 자살을 하고 말았다. 죽기 전에, '다음 생애엔 모든 남자와 키스하고 싶어요.' 하고 마지막 말을 남겼다. 그녀의 소원이 이루어져 그녀가 죽은 자리에 풀 한 포기 돋아났는데 그것이 담배라는 인디언 전설이다. 요즈음 그녀는 동성애도 마다 않는 지, 많은 여인들도 담배를 피우고 있다.

먹구름이 몰려오고

　눈 깜짝할 사이에 양떼구름은 먹구름이 되어 몰려갔다. 오하이오의 바람은 세기로 유명이 났다. 북쪽에는 이리호, 동쪽에는 애팔래치아산맥이 자리하고 있어. 트럭이 넘어갈 정도의 강풍이 분다고 한다.

날씨가 거칠어야 좋은 재목과 인물이 나온다는데, 그래서 미국과는 달리 온화한 기후를 보이는 우리나라에는 인물이 없나 보다.

이어서 노란색의 가을 풍경화가 펼쳐졌다. 세계는 대륙이동설에 의하면 지구에는 하나의 대륙인 판게아Pan Gaia가 있었는데 어느 시기에 각기 떨어져 나가 아메리카, 호주가 되었다. 이에 따라 멀리 떨어진 유라시아대륙과 아메리카대륙의 생태계는 달라질 수밖에 없었다.

콜럼버스는 판게아가 갈라진 틈을 접합시켰다고 한다. 아마존의 고무나무, 안데스의 감자, 고추, 토마토, 담배 등이 대륙으로, 아프리카 원산의 바나나, 커피, 중동의 사과 등이 아메리카로 번져 나갔다. 이때 꼭 좋은 작물만 교환이 된 것은 아니었다. 1930년대 미국은 토양의 훼손을 막기 위해 일본으로부터 칡을 도입했는데 칡은 도리어 들녘을 잠식시켜 두통거리를 만들고 말았다. 서양인의 아메리카 진출과 함께 말도 아메리카에 자연스럽게 퍼졌고, 이어 바퀴가 달린 운송 수단도 도입이 되었다. 쥐도 청교도들이 타고 들어온 배를 통해 들어왔다고 한다.

1492년 이후, 과부가 한번 성에 눈뜨면 통제력을 잃듯이 아메리카대륙은 생태적 재앙을 맞았다. 인간에 의한 학살을 논외로 한다고 쳐도, 천연두 등 전염병으로 인디언들이 떼죽음을 당했고, 이에 따라 그들이 일구었던 환경농업도 파괴되었다. 그들은 안정적이고 융통성 있으며 재생력을 가진 농업을 해왔었다. 그들은 버팔로를 사냥할 때도 필요한 만큼만 사냥하는 지혜를 갖고 있었고 자연의 순리를 거스르는 일은 하지 않았다. 아마존 삼림에서도 인디언들의 화전을 통한 농법으로 인해 적절한 토양관리가 이루어졌다는 것이 정설이다.

오하이오에 들어선 지 5시간 20분, 우리는 펜실베니아주로 들어섰다. 이곳에 온 것을 환영한다는 표지판에는 독립의 주STATE OF INDEPENDENCE라는 문구가 들어 있다. 1776년 펜실베니아의 최대도시 필라델피아에서 미국의 독립이 선언되었고, 이어 이곳에서 영국과의 독립전쟁이 발발했었다. 1790년부터 1800년까지 필라델피아는 뉴욕에 이어 미국의 수도였다. 또 링컨의 그 유명한 연설이 있었던 곳도 이 주 최남단에 있는 게티스버그이다.

게티스버그 전투는 미국 남북전쟁(1861-5) 당시 가장 치열했던 전투였다. 남북전쟁의 원인은 근본적으로 남과 북의 경제구조의 차이에서 일어난 갈등에서 비롯되었다. 4년 동안의 내전에서 당시 인구의 3%인 103만 명의 사상자가 발생했다. 전투가 치열했던 까닭은 돌격전 같은 나폴레옹식 전술이 주였기 때문이라고 하며, 이 전쟁에서 처음으로 참호가 등장했는데, 이 참호 전술은 1차 세계대전으로 전파되었다고도 한다. 62만 명이 죽었다고 하는 이 전쟁에서는 관을 짤 목재가 부족하여 교회에 있는 의자들도 동원되었다 한다.

격전 끝에 패한 남부가 연방으로 복귀하는 데 10여 년이 걸렸다고 하니 아직도 그 잔재가 남과 북 사이에 은연중에 지역성으로 남아 있을 것이다. 히트문의 여행기 중에 그가 남부를 지날 때 기록을 보면, 흑백인 그리고 남인 북인 간의 갈등이 잘 묘사되어 있다.

펜실베니아는 구릉성 지형이며 주의 한가운데로 아팔라치아산맥이 달리고 있다. 지하자원이 풍부하여 일찍이 중공업이 발달해왔으며, 농축업도 같이 활발하다. 면적은 오하이오와 비슷하여 남한의 1.2배이고, 인구는 12.8 백만 명으로 오하이오보다 앞섰고, 인구 순위도 한 단계 앞선 전국 6위이다.

우리가 여행한 주를 뒤돌아보면, 콜로라도 네브라스카까지의 서부는 스페인이, 아이오와 일리노이 인디애나 오하이오는 프랑스가 선점했던 지역이다. 펜실베니아는 좀 복잡해서 스웨덴, 화란, 영국 순으로 주인이 바뀌었다.

펜실베니아에 들어서자 곧 왼쪽에 5대호 중 네 번째로 큰 호수, 이리호Lake Erie의 푸른 수평선이 끝없이 나타났다. 저녁 모뉴멘트벨리의 지평선 위로 나타나는 푸른색 같기도 했다. 이곳에도 인디언들의 신비한 혼령이 나타나는 것인지 모르겠다. 디트로이트강이 북서부에서 이 호수로 유입되고, 호수의 북동부 쪽으로 나이아가라강으로 유출되어 온타리오호로 흐른다. 미국과 캐나다의 국경이 이리호 가운데로 지나며 연안 일대는 별장, 남쪽에는 사과 포도 등의 과수원이 많이 분포되어 있다.

단속 중인 경찰차

여행 중 처음으로 도로에서 교통위반 차량을 적발하는 경찰차를 보았다. 경찰들은 위성으로 차량을 감시하고 있어, 위법 차량이 있으면 틀림없이 나타난다고 한다.

뉴욕주에 들어섰을 땐 이미 어두워졌고 홀리데이Holiday모텔에서 오랜만에 휴식을 취했다. 널찍하게 자리를 잡은 조용한 숙소였다. 3박 4일의 차로 달리기만 하는 여행이 거의 끝나간다고 생각하니 마음이 가벼워졌고. 뉴욕주의 도로는 참 예뻤다. 중앙분리대에 나무들을 잘 가꾸어 놓은 덕분일 것이다. 주 경계 지역을 통과할 때마다 분위기가 바뀌는 것을 느낄 수 있다는 것이 얼마나 신기한지. 외부로 나타나는 모양을 보고 그렇게 느끼니, 주마다 특성이 얼마나 다를까를 미루어 짐작할 수 있을 것 같았다.

멀리 이리호가 보이고

미국의 동북부에 있는 뉴욕주는 대서양 해안에서 오대호까지 걸쳐 있으며, 전반적으로 낮은 산과 구릉이 대부분이다. 온타리오 이리호 연안과 허드슨강 연안에 좁고 긴 평야가 전개된다. 인구는 전국 4위로 20 백만 명 가까이 되나, 면적은 아이오와보다 조금 적고, 남한의 1.4배이다. 공업생산이 1위이고 근교농업도 잘 발달되었으며, 상업은 물론 문화의 중심지로 미국에서 가장 중요한 주이다. 처음에는 네덜란드 식민지였으나 1664년 영국이 점령하게 되었으며 독립전쟁과 남북전쟁을 거치며 미국의 중심지가 되었다.

1901년 공정한 정치가이며 강하고 부드러운 외교를 펼쳤던 시어도어 루즈벨트가 대통령이 되었다. 이때부터 세계의 최강국으로 미국의 시대는 시작되었다. 초기에는 중립을 취해야 한다는 먼로주의의 영향으로 유럽 등 세계문제에 대하여는 방관자의 입장이었으나, 1차 세계대전 말, 1917년 독일에 대한 선전포고를 한 이후 미국은 적극적으로 국제분쟁에 개입하기 시작했다. 그 결과 세계 2차 대전, 한국전쟁을 거치며 뉴욕 주를 중심으로 국방 관련 산업은 활황을 맞았고 뉴욕은 경제의 중심지가 되었다.

미국이 여러 번의 위기를 극복하고 강국이 된 것은 위대한 평화의 법, 미국의 헌법 때문이라고 말하여진다. 이 법에는 만민이 평등하다는 것에서 출발하는데, 이 정신이 아메리카 문화를 형성시켰고, 미국 민주사회의 바탕이 되었다. 이 평등의 정신은 1789년 프랑스혁명에도 영향을 주었다 한다. 이 평등사상은 인디언 문화에서 왔다고도 한다. 인디언은 무엇보다 자신을 귀하게 여기고, 주요 사항은 부족민의 결정에 따랐다. 미국 동부에서 가장 진보적이었던 호데노쇼니 인디안 연맹은 유럽인들이 이로쿼이 연맹이라고 부른다. 평등사상은 이들로부터 배운 것이라 한다. 이들은 기원전 1,000년 경부터 이곳에 살아왔는데 세네카, 카유카, 오논다, 오네이다, 모호크, 투스카로라족이 그들이다.

미국은 고속도로에서 도시로 들어가는 진입로를 잘 해놓음으로 방문객이 도시에 대한 첫인상을 좋게 갖도록 세심한 노력을 기울이고 있다. 버팔로Buffalo로 진입하는 도로 또한 말끔하게 잘 정비되어 있다. 옛날 이곳에는 인디언들과 버팔로들이 자유롭게 뛰놀던 곳이었을 것이다. 여기 사람들은 쓸모없는 닭 날개 부분을 소금에 절였다 장작불에 구어서는 매운 소스에 찍어 먹거나 블루치즈 드레싱을 하여 먹었다. 이것이 버팔로윙의 원조이다. 들소에 날개가 달린 것이 아니고.

과거 인디언들, 특히 북아메리카 평원에 널리 퍼져 살았던 수족은 버팔로를 잡아 말려 가루를 만들었고, 이것에 골수 기름, 야생딸기를 섞어 소가죽 가방에 보관하여 먹었다. 이를 페미컨이라고 하며 저장성도 좋고 영양가는 신선한 고기의 열 배나 된다고 한다. 이들은 들소 가죽으로 천막, 침구, 가죽신, 정강이받이, 방패, 배, 물통, 그릇 등을 만들었으며, 뿔과 뼈는 큰 못, 송곳, 칼, 도끼, 숟가락 등으로 이용하였다. 특히 갈비뼈, 턱뼈로

도시의 찰랑거리는 물

는 아이들의 썰매를 만들었다. 들소의 발굽은 접착제로 사용했고, 심지어 들소의 영혼까지도 제사와 종교의식에 사용했다. 그러한 만큼 평원을 누빈 인디언 종족들은 들소 사냥터 확보를 위해 싸움을 하였으며, 버팔로를 흉내 내기도 하고 말을 걸기도 하였다. 심지어는 신성한 버팔로를 위해 죽거나 죽임을 당하기도 했다.

호수의 찰랑찰랑한 물이 보이고 나이아가라 주변의 건물이 보이기 시작했다. 드디어 로키산맥국립공원에서 나이아가라폭포까지 2,531km, 3박 4일의 자동차여행에서 해방되었다. 공원 입구에서 폼을 잡았지만 키는 왜소해진 것 같았고, 팔을 들 힘도 없었다.

이곳에 나들이 나온 유대인 대가족 일행과 마주쳤다. 2015년 여름 강원도 평창에서 칩거하면서 홍익희씨가 저술한 '세 종교인 이야기'를 재미있게 읽은 적이 있다. 저자는 이슬람교, 기독교, 유대교 사이의 역사적 관계와 갈등이 깊어진 내력을 잘 얘기해주고 있다. 세 종교 모두 아브라함 자손들에 의해 만들어진 종교이나, 지금에서는 모시는 신들이 다르다. 유대교에서는 예수를 단지 선지자의 하나로 여길 뿐이며, 십자가나 사람의 형상 같은 것들을 숭배하지 않고, 사람들끼리의 절 같은 것은 절대 하지 않는다. 돼지, 갑각류, 지느러미나 비늘 없는 생선, 조개류 등은 유대인의 금기 음식이다.

요번 여행에서는 친구가 사는 동네가 유대인 동네였고, 친구네 집을 방문하였더니 마침 TV에서는 유대인을 교화시키고 있는 한국인 목사의 설교가 진행되고 있었다. 또 뉴욕에서 만난 이종사촌 동생은 유대인 며느리를 얻었다고 했다. 대단한 민족이지만 불가사의하고 우리에겐 친근감이 가지 않는 사람들이다.

미국의 유대인은 인구로는 2%, 6백여만 명이 되지만 그중 백만 명이 뉴욕에 살고 있다. 재미 한국인이 225만 명이니, 교포의 2.7배 정도이다. 그렇지만 그들의 힘은 막강하다. 아인슈타인, 우디 앨런, 스티븐 스틸버그, 빌 게이츠, 워린 버핏, 헨리 키신저 등 기라성 같은 사람들이 즐비하다. 50대 기업 중 17개가 유대인이 설립했고 아이비리그 교수진의 40%가 유대인이며, 미국의 파워 엘리트 100인 중 절반, 고위 공직자의 15%가 유대인이라고 한다. 참고로 말하면 유대인의 총인구는 16 백만 명이고 그중 이스라엘 국민은 6백만 명이다. 세계 강국을 좌지우지하는 소수 민족과 종교 갈등, 날뛰는 IS 등은 무관치 않다.

나로서는 두 번째 보는 북미 제일의 나이아가라폭포. 어릴 때 보았던 학교 운동장을 어른이 되어서 다시 보는 느낌이었다. 아주 커보이지는 않고, 이랬었나 하는 느낌이 들었다. 고트Goat섬의 단풍이 한창이었다. 이 섬 때문에 강은 두 줄기로 나누어져 건너편 캐나다 쪽의 홀스슈Horse Shoe폭포는 높이 53m, 너비 790m이고, 국경이 이 폭포의 중앙을 통과한다. 강물의 90% 이상이 이 폭포로 흐른다. 미국 쪽은 높이 25m, 폭 320m이다. 해마다 벼랑이 0.7에서 1.1m씩 후퇴한다고 한다.

나이아가라

강물 위로 무지개가 떴다. 나이가라폭포는 온타리오호수로 흘러가며, 나이아가라에서 발전되는 전기는 뉴욕에 공급된다. 일전에 이 발전소의 고장으로 뉴욕이 암흑세상으로 돌변했었는데, 흑인의 세상이 되어 무법천지였다고 한다.

건너편 캐나다 쪽은 건물이 많이 들어선 반면, 미국 쪽은 49개 자연유산지역National

캐나다쪽 나이아가라

Heritage Area의 하나로 지정되어 있어, 역사적 자연적 문화자원으로 보호를 받고 있어 개발이 안 되고 있다.

미국 쪽은 세네카족 자치구이기도 하다. 이들은 모계사회를 이루고 뉴욕주 서부와 오하이오 동부지역에 살았었는데, 이로쿼이연맹 중 가장 중추적인 역할을 하는 부족이었다. 현재는 나이아가라 남쪽에서 펜실베니아에 이르는 뉴욕주 서부지역 전체를 포함하는 공화국 체제를 갖추고 있다. 이들 이로쿼이연맹과 델라웨어족 인디언은 북아메리카에서 가장 크고 세력이 있는 인디언이었다. 특히 이로쿼이족은 그중 가장 진보적인 인디언이다. 미국 독립전쟁 중에는 영국과 협력하여 미국과 싸운 바가 있다.

이들 인사말 중의 하나, '당신이어서 고맙습니다', 정말 멋진 말이다.

우리는 안개의 하녀Maid of Mist라는 배를 타고, 요동치는 물결에 따라 흔들리는 갑판 위를 카메라를 들이대며 이리 비틀 저리 비틀거리면서 사진 찍기에 정신이 없었고, 나이아가라는 거침없이 물살을 내리쏟아내고 있었다, 나이가 무슨 소용이냐며. 우리는 원더풀을 연속으로 외치는 안개의 하녀, 여승무원의 말에 맞장구를 쳐주며 기념촬영을 하였다. 그녀는 열렬한 애국자였다. 하녀와 이별하고는 다른 승객들은 모두 밖으로 나왔지만, 우리는 물벼락을 맞으며 하선장 뒤의 바윗길을 올랐다가 공원으로 나오니 물벼락 맞은 몰골들이 말이 아니었다. 신발의 물을 쏟아내며 주위를 보니 공원은 너무 조용했고 가을은 한창 성숙하는 중이었다.

배를 타고 본 나이아가라

12. 여행자들이 방황하고 싶은 곳, 뉴욕

여행의 종착점, 뉴욕을 향한 675km, 7-8시간의 마지막 여정이 시작되었다. 지나는 길은 서부에서 사막을 달리는 길과 너무 달랐다. 넘칠 것 같은 강물이 흐르고, 사막에서 말랐던 우리의 감정도 풍부해지기 시작했다.

뉴욕주 인근 지도

지금은 기능이 정지되어 있지만, 대서양과 이리호를 연결하는 이리운하가 있다. 이 운하는 길이 584km, 깊이 12m, 너비 12m의 운하로, 허드슨강 연안의 올버니에서 출발하여 허드슨강의 지류인 모호코 강의 계곡을 통과한 다음, 버팔로 부근에서 이리호에 이른다. 이리운하는 1827년에 완성되어 1837년까지 운하의 전성시대를 구가했었다. 대서양

연안의 뉴욕 시와 북서부, 5대호가 해운으로 연결되어 문물이 오감으로 뉴욕시가 대서양 제일의 항구가 되었다.

  부유한 사람들은 고급 선실이 있는 정기선을 타고 운하를 건넜고, 가난한 이주자들은 저렴한 소형 기선을 탔다. 이 운하가 개통되고 10년 후 버팔로, 로체스터, 시러큐스의 인구는 3백 퍼센트나 증가했다. 10년 동안 제 몫을 다해낸 운하는 북서부 지방을 바꾸어 놓았다. 그러나 1850년부터 철도가 놓여지고 운영상의 문제들이 도출됨에 따라 1882년에 그 기능이 정지되고 말았다. 요즈음 이 운하의 서쪽 끝은 스케이트장, 빙판 자전거 타기 등으로 이용되고 있다.

  원래는 나이아가라에서 하루 유하고 가는 일정을 하루 앞당겼다. 임목사도 세미나 관계로 바빴고, 우리도 그렇게 되면 뉴욕에서 하루를 더 머무를 수 있으니까.

  보조기사 유교감이 마지막 핸들을 잡았다. 우리 중에서 제일 젊은 피를 갖은 친구이다. 아들의 간을 이식받아서 그런지, 피부도 뽀얗고 이젠 완연한 젊은이가 되었다. 나도 이 친구가 수술하게 된 원인 행위를 조성하는데 일조를 했다. 1998년 동창 산악회를 같이 조직하여, 술을 엄청나게 마셔댔다. 산이라는 구실을 만들어 친구들을 만났고, 토요일마다 모임을 했다. 식구 부양하는 라고 눈코 뜰 새 없던 사회생활에서 여유를 갖기 시작한 때였고, 그때만 해도 각기 사회조직의 중추 역할을 할 때이라 돌아가며 술을 살 여유도 있었다.

안녕, 캠핑카

유교감은 여행 떠나기 전에 몇 번의 모임을 했는데도 이런 험악한 여행일 줄은 생각을 못했다고 넋두리를 해댔다. 호텔에서 자고 제대로 된 음식을 즐길 수 있는 여행인 줄 알았는데, 햇반, 인스턴트 짜장밥, 카레밥, 우동, 핫도그, 샌드위치 등이 다반사고, 더군다나 차 속 침대에서 낙하 훈련도 받았으니 말이다. 그래도 운전 솜씨는 변함이 없었다. 학교 다닐 때는 핸드볼 선수로 활약했고, 친구들에게 인기가 많았었다.

우리는 마지막 결승점을 향해 90번 인터스테이트도로를 힘껏 달렸다. 그러다 마지막 주유를 끝내고는 만면에 희색을 띄우고 만세를 불렀다. 여행이 끝나간다고. 다 죽어가던 모습들이 홀리데이모텔에서 때를 벗겼겠다, 말끔한 얼굴에 활기가 돌았다.

패스화인더를 타고 길을 나섰던 우리는 어떻게 보면 개척자라 할 수 있을까? 조금 있으면 칠십의 길에 들어서겠고 새 길을 모색하여야 할 때이다. 그래서 여행을 떠난 것이니까. 어차피 인생은 탄생으로부터 죽음으로의 여행이 아니겠나. 임목사도 이차를 몰다 몰다 보면 새로운 도의 경지를 찾게 되겠지. 나바호족의 시는 우리의 얘기를 하는 것 같았다. 그들의 말대로 늙는 것도 물리치고, 나이가 아무리 들어도 좋아하는 일을 계속할 거고.

> 그 옛날에도 살아남았어. 그러니 지금도 다시 해낼수 있을거야
> 그렇게 많은 일을 겪었으니 다시한번 할 수 있어.
> 폭풍우와 곰, 늑대와 백인들을 물리쳤지. 그러니 늙는 것도 물리칠 수 있을거야.
> 아무리 상황이 열악해도 나는 양을 데리고 들판으로 나갔어.
> 그러니 나이가 아무리 들어도 하던 일을 계속할거야.
>
> 나바호족의 시

차 속의 짐을 정리하는 중, 차 속 테이블 위의 술병을 보니 두 사람 빼고는 술은 이번 여행 중 실컷 들었을 것 같다. 값도 헐한 편이었고. 보드카 한 병에 7불, 몬다비 포도주 9불, 밀러라이트 맥주 12병에 12불. 때로는 필스너우르켈 맥주 24병에 56불을 치르기도 했다. 물론 술은 실수요자 부담의 원칙을 적용해 친구들은 불만이 좀 있었겠지만. 사실 친구들과 여행하면서 이 원칙을 적용한 것은 처음이었다. 하동사나이의 약과 세면도구가 개인 사물함 구석에서 나왔다. 위 수술을 받은 지 10년이 넘은 친구, 그래도 술병을 놓지 않는 친구는 어이가 없는 듯 웃었지만, 다 술 탓이라. 먹는 것도 제일 시원찮았던 친구, 정말 고생이 많았다.

밤늦게 뉴욕 후러싱Flushing에 있는 한인촌 민박집에 도착하여, 임목사님의 기도로 5,080마일, 8,128km의 캠핑차 대장정을 끝냈다. 무사히 안착했으니 얼마나 고마운 일인가.

다음 날 아침 손사장의 룸메이트였던 주대감은 왕 코골이 때문에 잠을 못 잤다고 투덜댔다. 친구들은 저는 어떠하면서 하고 픽 웃고 말았지만, 어느 세계이든 1인자가 있는 법이다. 아침은 인근 함지박에서 오랜만에 식사다운 식사를 했다. LA를 떠나기 전에 북

창동순두부집에서 식사를 한 이후 처음 제대로 먹은 한식이었다. 하동사나이의 얼굴이 오랜만에 제대로 펴졌다. 식사 후 편의점에서 인도친구가 파는 1불짜리 커피 한 잔씩 들고, 산책 나섰는데 햇살도 따뜻했다. 어제와는 얼굴들이 완전 딴판이었다. 한식 덕분인가? 역시 먹는 것은 잘 먹어야 할 것 같다.

뉴욕친구의 아버님

주택가는 조용하고 산뜻했고 오랜만에 보는 프라타나스는 키만 멀쑥하고 지저분한 모양이 서울 동네의 말끔한 나무와 달랐다. 한 사람당 하루에 30불씩 주고 얻은 방은 이층 침대에다, 한 방에 세 사람이 썼다. 생활비가 비싸게 드는 뉴욕에서는 감지덕지하는 수밖에. 뉴욕에서 혼자 생활하려면, 미니차를 굴리는 경우에도 최소 한 달에 3천불은 든다고 한다.

산보 후 근처에 사는 친구의 집을 찾았는데, 벽에는 그 옛날 이북에서 선교사 하시던 부친의 사진이 걸려 있었다. 성경책을 끼

샌드위치 달인

고 계신 부친과 천방지축 뛰어노는 아이들, 세발자전거도 보였다. 그때 농촌에도 세발자전거가 있었나 보다.

친구와 같은 노인아파트에 살고 있는 샌드위치 달인은 서울에서 귀한 손님들 오셨다고 베이컨을 몇 겹으로 넣은 예술 같은 샌드위치를 만들었다. 우리는 이것을 세븐레이크에서 먹기 시작하여 뉴욕을 떠날 때까지 맛있게 해치웠다. 덕분에 식비도 많이 절약하였고. 내려올 때 들린 노인들의 휴게실은 말끔히 정돈되어 있었다. 관리비가 엄청나게 싼 이 아파트에 당첨되는 것은 보통의 행운이 아니라고 친구는 자랑스럽게 말했다. 물론 소득에 따라 관리비가 다르기는 하지만.

세븐레이크스로 가는 길에 친구가 봉사하고 있는 퀸스 한인교회를 들렸다. 친구 부부는 두 자녀 모두 결혼시킨 후 마음을 비우고 교회활동에 열중하고 있다.

뉴욕 지도

뉴욕은 섬의 도시이며 대서양을 향하여 있는 항구이다. 맨해튼, 퀸스, 브롱크스, 브루클린 그리고 스태튼 섬, 모두 다섯 개 지역으로 나눠진다. 뉴욕의 중심지 맨해튼은 기타 지역과 다리와 터널로 연결된다. 브롱크스는 대륙과 붙어있고 맨해튼 사이에 할렘강이 흐른다. 이곳에 양키스타디움과 식물원이 있다. 퀸스에는 다양한 인종이 살고 있다. 우리 교민이 많이 살고 있는 후러싱은 퀸스 남부에 위치하며 이곳에서 JFK공항이 가깝다. 퀸스 아래 지역, 롱아일랜드, 긴 섬은 뉴욕이 뻗어나갈 여지를 만들어 주고 있다. 브루클린은 독립 당시 하나의 도시였고, 스태튼섬은 주택가와 공장지대로 되어 있으며, 이 섬은 뉴욕의 방파제 역할을 하고 있다.

뉴욕은 인구가 8백만이 넘는 미국 최대의 도시이며, 1790년 이전에는 미국의 수도였다. 세계의 100대 기업 중 50개 본사가 이곳에 있고, 세계 금융, 무역, 문화의 중심지이다. 1626년 이곳은 화란의 식민지로 뉴암스텔담으로 불리다가, 1664년 영국함대가 이곳을 점령하여 당시의 왕의 동생 요크공의 이름을 따서 뉴욕으로 개칭했다. 영국은 화란으로부터 이곳을 얻는 대신 남미의 수리남을 주었다. 독립전쟁 당시의 수도였던 만큼 이곳은 최대의 격전지였다.

우리는 브롱크스에 있는 그 유명한 양키스타디움을 지나, 교포들이 조다리라고 부르는 조지 워싱톤 브릿지George Washington Bridge를 건넜다. 이 다리는 허드슨강 위를 지나 맨해튼과 뉴저지주를 연결하는데, 차량이 하루 평균 30만 대가 지나가는 세계에서 가장 교통량이 많은 다리 중의 하나이다. 길이는 1,067m.

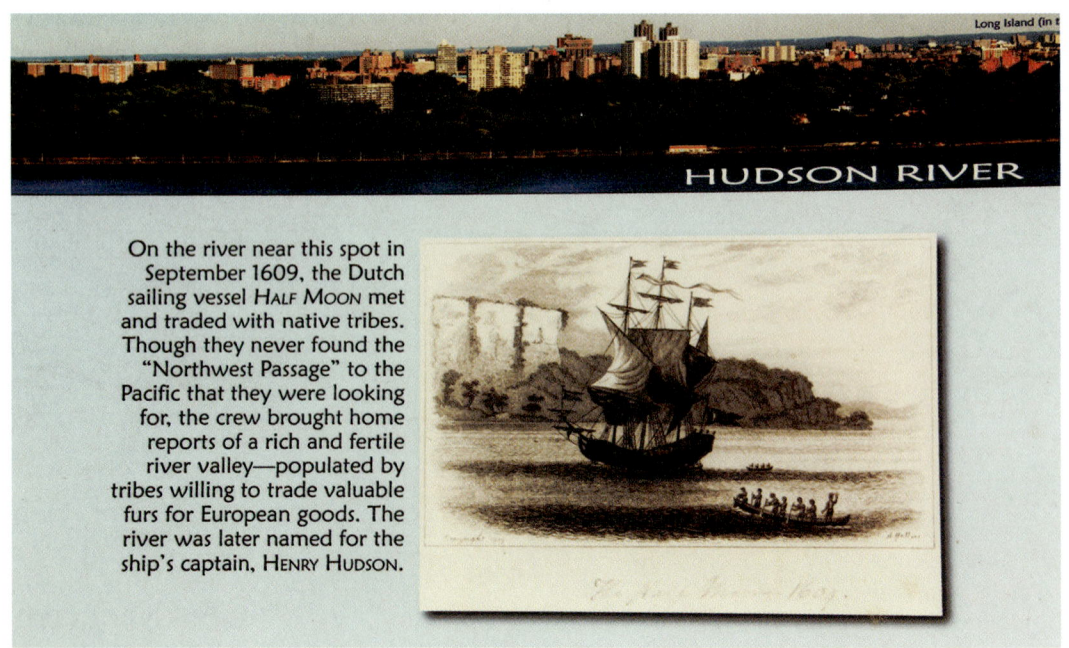

허드슨강

다리를 건너 허드슨 강기슭에서 쉬어가며 맨해튼을 바라보니, 대도시가 다 그렇듯이 옅은 회색의 실루엣을 보이고 있었다. 저 속에서 팔백만이 넘는 사람들이 무어가 그리 좋은지 모르겠지만 좋다고 북적이고 있을 것이다.

허드슨강Hudson River은 뉴욕주 북동쪽, 애디론댁Adirondack산맥에 있는 마시산(Mt. Marcy, 1629미터)에서 발원하여 뉴욕주의 주도, 올버니를 거치고 맨해튼을 지나 대서양으로 흐른다. 애디론댁은 이곳에 살았던 나무껍질을 먹는 인디언을 말한다. 1609년 화란 배, 하프문Half Moon을 타고 온 사람들은 웨이브 힐Wave Hill근처에서 이곳의 인디언들과 처음으로 만나 모피와 유럽산 물건들을 교환하였다. 사람들은 그때 당시 이 배의 선장 헨리 허드슨Henry Hudson의 이름을 따서 강 이름을 허드슨이라고 했다. 허드슨 선장은 업적과는 별개로 성품이 안 좋았던 모양이다. 2년 뒤 그는 항해 도중 배 안에서 일어난 폭동으로 사살되었는데, 폭동의 이유는 그가 부하에게 주었던 선물을 도로 뺏었기 때문이라고 한다.

세븐 레이크스 가는 길

세븐 레이크스 가는 길은 꼭 우리 금수강산의 가을 길 같은 정취를 보이고 있었다. 세븐 레이크스Seven Lakes는 뉴욕주 록랜드카운티Rockland County와 오렌지카운티 Orange County에 걸쳐 있는 일곱 개 호수들이다. 해리만Harriman주립공원과 베어마운틴 Bear Mountain주립공원에 속해 있다. 베어마운틴까지 이어지는 28km의 Seven Lakes

Drives는 뉴욕주를 대표하는 명소이며, 특히 단풍철에 사람들이 즐겨 찾는다. 베어마운틴은 허드슨강 양쪽 기슭에 놓여 있는 오렌지카운티의 허드슨 하이랜즈에서 가장 알려진, 높이 391m의 산봉우리이다.

세븐 레이크스에 도착하여 처음으로 들린 티오라티 비치 호수는 빨간 단풍빛을 물속에 드리우고 정적에 감싸여 있었다. 그 정적을 뚫고 한 여인이 자전거를 타고는 우리의 눈길을 끌려는지 이 호수의 가을 속을 돌고 또 돌았다. 카나와우크Kanawauke, 세바고, 웰치 호수로 가는 길은 정말 한적했다. 주말이었으면 단풍놀이 온 차량으로 붐볐을 텐데. 우리는 티오라티 비치에서 몸을 풀고 샌드위치 달인이 만든 명품을 맛보며 가을 속을 산책하였다. 수염파의 세 사나이는 영락없는 산도적이었다.

손사장은 요번 여행을 만끽하고 있었다. 유난히 수염에 애착을 갖고 여행 후에도 계속 기를 것 같았으나 여권에 결국은 눌리고 말았다. 운전, 분위기 잡기 그리고 남을 위한 배려 등 모든 부문에서 모범이다. 교보 영풍문고에서 잔뼈가 굵은 서적계 원로이다. 학교 다닐 때는 짱구하면 모르는 친구가 없을 만큼 축구부의 대표선수였다. 선생님들하고 몸싸움도 하던 친구가 어떻게 책을 좋아하는 점잖은 친구가 되었는지. 친구들과 요즈음 족구를 하면 그도 헛발질 선수이고 재작년에 심장에 문제가 생겨 가슴에 스턴트를 넣었다. 나이는 어쩔 수 없는 것.

호수는 눈부신 황금색 가을이 한창이었다. 일곱 개 호수는 우리가 이미 방문한 티어라

카나와우크 호수

티Tiorati호 이외 세바고Sebago, 카나와우크Kanawauke, 스칸나타티Skannatati, 아스코티Askot), 은광산Silver Mine, 퀸스보로Queensboro 호수가 있다.

카나와우크 호수는 빨간 가을에 푹 담겨있었다. 이 호수는 상, 중, 하, 세 개로 되어 있는데, 위에 있는 호수를 빼고는 인공호수이다. 인공호수는 1915-6년 윌리암 A 웰치William A Welch의 감독하에 건설되었다고 한다. 이들 호수의 색색가지 단풍은 우리에게 고향의 가을을 상기시켜 주었다.

이날 세븐레이크스 나들이가 끝나고 후러싱에 있는 중국집 송산에서 뉴욕 친구들 다섯과 함께 뭉쳤다. 앞줄에는 남미로 이민을 갔다가 다시 미국으로 온 김정희목사, 어제 학교에서 본 것만 같은 쾌활하고 젊어 보이는 원광우친구, 이번 여행의 프로모우터 박영철친구, 물에 빠져도 입만은 동동 뜰 임진구목사가 앉아 있었다. 뒷줄의 이경구친구, 이 나이에도 사업을 잘 운영하고 있어, 고맙게도 이날의 스폰서가 되어주었다. 모임 다음 해이면 고등학교를 졸업한 지 50년이라는데, 성격들은 옛날이나 변함이 없었다. 입심 좋은 임목사, 쾌활한 광우, 과묵한 김목사, 항상 친구들을 생각하는 영철, 경구 친구 등.

뉴욕의 친구들과 함께

고등학교 때에는 김정희 친구 집이 우리 집과 같이 정릉 쪽에 있어 자주 들렸었는데, 부모님은 이미 다 세상을 뜨셨고, 여동생 하나도 이 세상 사람이 아니라고 하니 눈시울이 뜨거워졌다.

아쉬운 작별을 하고 민박집에 돌아와 자세히 보니 온 벽이 주의사항으로 가득 차 있었다.

샤워시간, 체크아웃시간, 주방출입시간, 드라이 사용법, 조용해라, 요리 만들지 말라, 계단에서 뛰지 말라 등. 다리를 저는 집주인에겐 이곳에서 민박집을 하는 사연이 있겠지만, 하여튼 말로서 싫은 소리를 하기는 죽어도 싫은 모양. 그리고 이곳에 숙박하는 사람들이 얼마나 예의가 없는지를 알 수도 있었고.

다음날은 뉴욕 시내 관광을 나섰다. 십몇 년 동안 뉴욕이 얼마나 변화 했나 궁금했다. 달인이 만든 샌드위치를 먹고, 약속한 대로 후러싱 번화가에서 관광회사에서 보내는 택시를 기다렸다. 한 시간을 더 기다렸다. 뉴욕의 교통지옥은 잘 알려진 사실이라, 마음 편하게 기다릴 수밖에. 우리를 컬럼비아대학교까지 데려다준 교포 택시운전사는 미국생활이 정말 마음에 드는 모양이었다. 애들은 공부를 잘하고 마나님은 예쁜 짓만 하는 데다, 미국에선 크게 신경을 쓸 것이 없다고. 내 생각에는 택시기사가 그리 썩 좋은 직업 같지는 않은데 말이다.

임목사 말로는 소방관과 우체부가 미국사회에서 존경받는 직업이라고 했다. 소방관은 우리나라에서도 젊은이들의 경쟁이 치열한 직업 중의 하나라 이해가 가지만, 우체부는 좀 이해가 안 간다. 시골의 우체부처럼 소외된 사람들을 위해 일할 수 있어서, 적응하기 어려운 미국사회에서 그들의 삶 속으로 쉽게 들어갈 수 있어서 그런 것인지. 우편물의 감소로 우체부의 수요도 현격히 줄어든다는데 말이다.

컬럼비아대학교 앞에서 택시를 내려 한 시간 이상 기다렸더니, 그제야 미니버스가 나타났다. 교통체증에다 차까지 고장이 나서 다른 차량을 구하는 라고 시간이 걸렸다고 했

컬럼비아대학교

다. 대학교 구내를 여기저기 구경하다 화장실을 찾았더니, 웬 도서관은 그리 많은지. 대학시절 데모 등으로 도서관과는 거리가 멀었던 우리에겐 낯선 일이다. 도서관 출입문에는 직원이 ID를 체크하고 있어 들어갈 수는 없고, 한참 구내를 기웃거리다, 결국은 큰 길 건너편에 있는 법과대학에서 소원을 풀었다.

컬럼비아대학교는 아이비리그에 속한다. 2009년까지 79명의 노벨상 수상자를 배출한 학교이고 1983년에야 여학생을 받기 시작했다. 오바마, 시어도어 루스벨트, 프랭클린 루스벨트, 워런 버핏, 샐린저 등을 배출한 명문인데, 30대 초반에 미국 초대 재무 장관이 되어 미국의 경제시스템을 구축한 알렉산더 해밀턴이 역사 속 가장 유명한 졸업생이다. 그는 3대 부통령이었던 아론 버Aaron Burr와의 권총 결투에서 사망했다. 월스트리트가 시작되는 트리니티 교회에는 해밀턴이 누워있는데, 월스트리트Wall Street는 아메리칸 원주민과 영국인의 침입을 막기 위해 네덜란드가 세운 벽이 있는 동네이다.

조지프 퓰리처Joseph Pulitzer가 세운 언론대학원은 해마다 퓰리처상의 선정과 집행을 하고 있다. 아이젠하워는 대통령이 되기 전 컬럼비아대학교의 총장을 역임했으며, 시어도어, 프랭클린 루스벨트 대통령 둘 다, 이 학교 학생이었지만 학위를 취득하지 못했다고 한다.

뉴욕에는 뉴욕대학교가 세 개가 있다. 36명의 노벨상 수상자를 배출한 연구중심의 학교는 등록금이 63백만 원이나 되는 사립 대학교이고, 그 외 등록금이 비교적 저렴한 주립 대학교와 시립 대학교가 있다.

관광버스가 처음 지나간 곳은 맨해튼 중심가를 비껴간 110번 스트리트에 있는 뉴욕 성 요한 대성당Cathedral Church of St. John the Devine이다. 1892년에 건축을 시작하여 2050년 완공 예정인 미국 성공회 교회이다. 성공회는 로마 카톨릭에서 분리된 영국교회, 우리나라에는 정동에 대성당이 있다. 이 교회는 하도 커서 자유의 여신상이 통째로 들어갈 수 있으며, 모든 걸 다 녹여내는 것을 좋아하는 미국 스타

요한 대성당

일의 건물이다. 교회의 디자인 속에는 뉴욕의 근현대사가 잘 녹아 있다.

유럽에도 성 요한 대성당 같은 큰 교회들이 많고, 건축하는 데 오랜 시간이 걸려 미완의 상태인 교회도 있다. 독일의 퀼른 성당의 경우는 13세기 중간에 공사를 시작 19세기에 완공했다 한다. 의례 성당은 그렇게 짓는 것인지. 또 세상과 동떨어져 있는 수도원 생활은 어떠한 것인지 항상 궁금했었다. 큰 교회들을 짓는 데는 많은 자금이 필요하고, 또 유명한 장인들의 손을 거치다 보니까 오랜 세월이 필요하리라 추측이 된다. 예배하는 공간이 우선 마련되면 예배를 보아가면서 그 완성도를 높여갈 수도 있겠고. 단시간에 지어버리는 우리의 대궐 같은 교회들과는 질적으로 차이가 난다. 뉴욕 성 요한 대성당의 경우는 한국전쟁으로 인해 교회건축자금이 긴급 지원자금으로 전용된 경우도 있었다고 한다.

히트 문Heat-Moon은 조지아주에 있는 코니어스 시토 수도원에 잠깐 머물면서 신부들에게 질문 세례를 퍼부었다. 수도원이 중세 암흑시대의 잔재라는 선입관을 갖고 있고, 세상과 인연을 끊고 소란을 벗어나는 것이 올바른 수도법이냐 하는 의문이 있었는데, 그곳 사람들의 따뜻한 인사와 편한 대응, 활기찬 그들 모습과 얼굴의 평온함, 간소한 식사 등에서 그만 선입관은 눈 녹듯 사라졌다. 세월이 지남에 따라 수도원의 규율도 많이 완화되었고, 금욕의 땅에서 그들은 단순한 생활을 통하여 몸과 정신의 자유를 누리고 있었다.

경찰관의 경력이 있는 패트릭 신부에게는 수도사가 왜 되었냐고, 여자 생각이 나면 어떻게 하냐고 꼬치꼬치 물었다. 신부는 수도원 안에서 전기기사, 산림 경비원의 역할을 하면서, 식물 조류에 관해서도 연구를 하고 있었다. 그는 새로운 삶, 영적 경험에 대한 욕구 때문에 수도원의 은둔생활을 택했고, 이를 최상의 선택이라고 생각했다. 여자 생각 등 해로울 수 있는 욕구는 좋은 방향으로 전환하려고 노력하고 있고, 무단한 노력을 통해 무지, 교만, 이기심에서의 자유로움을 추구하고 있었다.

비좁은 관광버스의 중간에 앉아 있다 보니, 가이드가 설명하고 있는 장소를 어딘가 하다 보면 다음 장소가 되고, 사진을 찍으려 해도 제대로 찍을 수 없어 일그러진 건물만 찍고 말았다.

뉴욕하면 생각나는 노래는 리자 미넬리Liza Minnelli가 부른 경쾌한 노래, 'New York, New York'이다.

> 도시의 한 부분이 되고 싶고
> 내 발길이 방황하고 싶은 도시.
> 언덕의 왕이 되고 싶은 도시.
> 블루스(우울한 곡조의 재즈곡)가 녹아 있고
> 모든 것이 당신 하기에 달린 도시.
> 뉴욕. 뉴욕

유람선에서 본 마천루

　우리는 점심을 먹고 배터리공원Battery Park에서 유람선을 탔다. 유람선은 허드슨강 하류로 나왔고, 갑판에 나와 있는 사람들은 맨해튼을 앞에 두고 사진 찍기에 정신이 없었다.

　어제 허드슨 강기슭에서 본 잿빛 하늘과는 달리 뉴욕 하늘은 더없이 파랬고, 건물들 가운데 왼쪽에는, 길고 뾰족한 첨탑을 가진 110층짜리 초고층 복합건물, 세계무역센타 World Trade Center가 서 있었다. 2001년 9.11테러 때 쌍둥이 건물은 박살이 났고 2,749명이 사망했던 곳. 미국독립을 기리기 위해 건물 높이는 1,776ft(541m)로 했다. 지금은 미국에서 제일 높은 건물이 되었다.

　9.11테러 당시 없어진 세계무역센터 인근의 그리스 정교회, 도이치은행, 유니버시티 빌딩 등이 함께 무너졌지만, 세인트 폴스 채플St. Paul's Chapel은 살아남아 사고 당시 응급구조센터로 사용되었다. 이 교회는 현존하는 미국 교회 중 가장 오래된 곳으로 1776년 뉴욕 대화재에서도 살아남았다. 9.11 당시 교회가 살아남았던 것은 교회 앞의 100년이 넘은 나무 때문이었는데, 이 나무가 무역센터 붕괴 당시 튕기어 나온 대형 철제 빔을 막아주었기 때문이라고 한다. 이 교회에는 테러 당시의 기록과 관련되는 물건들이 전시되어 있다.

　배는 리버티섬 위에 서 있는 자유의 여신상Statue of Liberty 근처에 머물렀다. 리버티섬은 뉴욕항으로 들어오는 허드슨강 입구에 위치한다. 여신상은 에펠탑 설계자, 구스타브 에펠이 설계했으며, 높이는 지면에서 횃불까지 93.5m이다. 미국독립 100주년 기념으로 프랑스가 선물한 조각상으로 프랑스에서 실려 와 1886년부터 이 자리에 서 있다.

자유의 여신

프랑스 정부나 미국사를 저술한 앙드레 모로아, 미국의 독립에 프랑스가 큰 공헌을 했다는 것을 자랑스럽게 생각한다. 미국독립 당시에는 영국과 프랑스와는 적대관계였기에 미국을 도와준 것이지만.

갑판 위의 한 여인, 공주병에 걸렸는지 나르시즘에 빠졌는지 시종일관 군중과는 반대 방향으로 돌아서서 셀카를 찍어댔다. 어쨌든 다른 시선으로 본다는 것도 좋은 일이겠지. 뉴욕의 방파제 역할을 하는 스태튼섬 쪽은 조용하기만 했고 쓸쓸해 보이기까지 했다. 그 정적을 깨고 맨해튼만한 크기의 큰 배 한 척이 쏜살같이 우리 옆을 지나갔다.

우리가 탄 배는 뉴욕에서 가장 아름다운 다리, 브루클린 현수교를 지나갔다. 맨해튼 남단에서 이스트강을 건너 브루클린을 연결해주는 1,053m 길이의 다리이다. 이 다리는 1869-83년까지 15년 걸려 완성된 다리로, 공사 중 20명이 넘는 인부가 죽었다. 로블링 John A. Roebling이 현수교를 설계했는데 현장 감독 중에 발에 경미한 상처를 입었고, 이 상처가 파상풍으로 이어져 죽고 말았다. 아버지에 이어 그의 아들인 워싱톤 로블링이 감독을 했으나, 강바닥의 토질을 시험하던 중 잠수병에 걸려 몸이 마비되었다. 이에 워싱턴이 다리 근처에 있는 집에서 공사현장을 망원경으로 보며 공사지시를 내리면, 워싱턴의 부인 에밀리가 현장에 나가 공사감독을 하여 다리의 완성을 볼 수 있었다. 이 엔지니어 부부의 손자, 도널드 로블링은 허리케인이 불어올 때 구조하는 기계를 발명했는데, 이 기계는 2차 세계대전 그리고 6. 25동란 당시 수륙양용 장갑차로 맹활약을 했다.

브루클린 다리

브루클린 다리가 놓이기 전에는 이스트강East River을 건너 맨해튼과 브루클린 사이를 왕복하는 나룻배가 있었고, 나룻배가 머무는 나루터가 있었다. 월트 휘트먼은 이곳에서 '브루클린 나루터를 건너며Crossing Brooklyn Ferry'라는 시를 지었다. 이 다리 위를 걸으며 브루클린 쪽에서 맨해튼을 바라보는 일몰과 야경이 절경이라고 한다.

발 밑을 흐르는 조수여! 나는 너를 정면으로 본다!
저녁 하늘의 구름 - 해지기 반 시간 전의 태양 - 나는 너를 또한 정면으로 본다.

일상 차림을 한 남녀의 군상이여! 너희들은 참으로 기이하게 보이는구나!
거룻배를 타고 건너서 집으로 돌아가는 몇 백 또한 몇 백의 사람들은 너의 상상 이상으로 기이하다.

앞으로 몇 년 후, 해안에서 해안으로 건너는 너희들은 너희들이 상상하는 이상으로 내게, 그리고 더욱 내 명상 속에서 기이하다.

(브루클린 나루터를 건너며)

배에서 내려 우리는 버스를 타고 다시 맨해튼 거리로 들어섰다. 음악이 흐르는 도시, 뉴욕. 이곳은 루이 암스트롱의 재즈가 있던 곳이고, 줄리어드스쿨이 있는 곳이다. 이 학교 이름에는 학교재단에 유산을 기증한 목화 상인 A. D. 줄리어드의 이름이 남아 있다. 뉴욕은 또한 위대한 개츠비가 사는 도시이다. 개츠비는 피츠제럴드F. Scott Fitzgerald가 쓴 소설의 주인공. 그는 가난 때문에 헤어진 연인 데이지를 다시 찾기 위해, 열심히 일을 하여 부자가 되었고 그녀와의 재결합을 기대하며 밤마다 화려한 파티를 여는 속물이다. 속물한테 '위대한'이란 수사 어구를 붙인 것은 꿈을 잃지 않고 열심히 일하는 미국인의 모습을 그렸기 때문이라고 한다.

뉴욕의 거리

또 뉴욕에는 칠팔십년대 예술가 거리, 소호South of Houston가 있고, 한적한 주택가와 맛집이 있는 노호North of Houston가 있다. 인종의 도가니, 뉴욕에는 2백만 흑인이 살고 있으며, 주택난에다 교통으로 인한 소음공해에 시달리고 있는 도시이다. 그래도 많은 사람들이 좋아하고 또 몰려드는 뉴욕이다.

할렘가 등 빈민 거리는 이미 재개발로 산뜻한 거리로 변신을 했으며, 2005년부터 뉴욕은 25개 대도시 중 범죄율이 제일 적은 도시라고 한다. 과거 네덜란드인은 맨해튼 섬 남부에 뉴 암스테르담이라는 정착촌을 세우고, 16km 떨어진 곳에 할렘이라는 정착촌을 세웠다. 실제로 네덜란드에는 암스테르담과 16km 떨어진 곳에 할렘이란 도시가 있다. 19세기 할렘은 부유층 유대인의 주거지였으나, 1920년부터 흑인들이 급속히 유입되었고, 흑인들만의 할렘르네상스가 일어났다. 1960년대는 킹 목사와 말콤 엑스로 대표되는 흑인 인권운동의 장소이기도 했으나 심한 쇠락을 거쳐, 90년대 중반부터 줄리아니 시장의 범죄소탕 노력으로 점점 안전한 도시가 되어갔다.

우리는 초등학교 때부터 익히 들어온 엠파이어스테이트 빌딩을 관람했다. 세계가 경제공황으로 신음하던 1931년에 공사를 시작하여 시작한 지 불과 1년 6개월 만에 완성을 본 건물이다. 당시에 크라이슬러 빌딩 건축과 경쟁을 하다 보니 공사 기간도 단축되었을 뿐 아니라 비용도 많이 절감되었다고 한다. 그러나 세계 2차 대전 당시 폭격기가 79층을 받고 추락했을 때 이 빌딩은 아무런 피해도 없을 만큼 견고히 지어졌다고 한다. 엠파이어스테이트Empire State는 뉴욕주의 별명이라는데, 미국이 1차 세계대전에 개입하기 시작한 이후 거만한 미국제국이 슬슬 등장하기 시작한 것이다.

뉴욕 전경

전망대에서 내려다보니 왼쪽에 세계무역센타(WTC) 건물도 보였고, 자유의 여신상이 있는 리버티섬과 앨리스섬이 조그마해 보였다. 다른 방향에서 내려다보니 오른쪽에 MACYS백화점의 큰 플래카드가 보였다. 저 플래카드를 만드는 데는 어마어마하게 큰 천이 필요했겠다. 이 백화점은 미국 내에 789개의 점포를 갖고 있다. 맨해튼은 그야말로 빌딩 숲이다. 맨해튼은 인디언 말로 언덕의 돌섬이다. 그 많은 빌딩이 올라앉아도 꿈쩍않는 돌섬이다.

1912년 4월 타이타닉호가 침몰했을 당시, 뉴욕 메이시백화점의 소유주 스트라우스부부와 벤자민 구겐하임(1865-1912)의 미담이 전해온다. 침몰 당시 관례대로 여자와 어린이에게 구명보트를 탈 수 있는 우선권을 주었는데, 스트라우스부인은 남편과 함께 죽겠다고 하여 부부가 죽음을 같이 했다. 또 철강업자 구겐하임은 구명보트를 타라는 주위의 권유를 물리치고는 약자를 위해 자리를 양보하고 죽음을 맞이했다고 한다. 벤자민 구겐하임은 전설적인 미술작품 수집가, 페기 구겐하임(1898-1979)의 아버지다.

서양사회에서는 로마시대부터 전래된 노블레스 오블리주Noblesse Oblige를 중요시했다. 이는 높은 사회적 신분에 상응하는 도덕의식이나 전시 등 위기 상황에서 솔선수범하는 자세를 말한다. 2차 대전시 영국 명문가의 자제들이 솔선하여 참전했다는 것도 잘 알려져 있는 사실이다. 우리나라의 경우 지도층이라고 자처하는 사람들이 아들의 병역의무를 고의로 회피한다든가, 일반인과 다른 면책권을 주장한다든가, 하루만의 국회의원직으로 평생 연금을 받는 법을 슬그머니 입법하는 등 속물들이 사회를 좌지우지하는 사회가 되었다. 너무 갑작스레 성장한 사회의 부산물일까? 정상적인 사회로 돌아오는 날이 있을 것이다.

뉴욕대학교 앞

우리는 워싱톤광장Washington Square Park에서 내려 잠시 휴식을 취했다. 공원은 워싱톤 대통령의 취임 백 주년을 기념하여 만든 대리석 아치를 중심으로 한 광장이다. 그리니치빌리지의 중심이며 뉴욕대학교NYU 건물에 둘러싸여 있다. 아치는 파리 개선문의 절반 크기이다. 거리의 한 화가가 아치의 안쪽에 그림을 나열해 놓고 열심히 그림을 그리고 있었다.

'저 넓은 광장 한구석에 쓸쓸히 서 있는---'

이시스터즈가 부른 '워싱톤광장'의 노래가 들려 오는 듯했다. 이 곡은 빌리지 스톰퍼스Village Stompers가 1963년 경음악으로 발표한 것이다. 이 노래에서 나오는 벤조는 5현 악기이며, 아프리카 노예들이 사용하던 바가지 형태의 악기를 개량하여 만든 악기이다.

센트럴파크 산책

투어의 마지막 방문지 중앙공원Central Park에 내려서는, 공원을 산책할 시간은 없고, 네거리에서 주위를 왔다 갔다 하니 거리엔 관광객을 태우는 마차가 꽤 많았다. 뉴욕에서 하루 만에 못 끝내는 구경거리가 두 개 있는데, 센트럴파크Central Park와 메트로폴리탄박물관Metropolitan Museum이다. 센트럴파크의 면적은 난지도 하늘공원의 18배. 150년의 역사를 가진 공원은 다람쥐, 너구리가 뛰놀고 반딧불이가 서식하는 울창한 숲을 자랑한다.

공원에는 재클린 캐네디 오나시스 호수가 있다. 1993년 인근에 살던 재클린이 사망한 뒤 그녀의 이름이 이 저수지에 붙었다. 그녀는 31세에 영부인이 되었지만, 그녀보다 더 일찍 21세에 영부인이 된 프랜시스가 있다. 그녀는 1886년, 49세 클리블랜드대통령과 결혼했는데, 재클린 못지않은 인기를 누렸고, 재클린과 마찬가지로 클리블랜드 사후에 재혼했다고 한다. 어쨌든 맨해튼 사람들은 내륙의 센트럴파크, 육지 바깥에 조성된 친환경 수변공원, 허드슨강 공원 덕분에 숨을 쉬고 산다고 한다.

이층버스 정류장도 있었다. 두 시간 이상 기다리다 탄 관광버스보다는 차라리 이층버스를 타고 하루 종일 시내를 돌아다녔을 것을 하는 아쉬움이 들었다. 시야도 좋고 정체가 되더라도 덜 지루했을 터이니. 거리엔 화랑도 있었는데 내가 좋아하는 샤갈의 작품이 걸려 있었다.

관광의 종점은 엠파이어스테이트 빌딩에서 멀지 않은 한인 상가들이 밀집해 있는 곳이었다.

친절한 가이드는 우리에게 출발할 때 늦어진 것에 대한 사과로 차 한 잔을 제의했다. 차 한 잔에 응어리진 마음이 녹아 들어갔다. 일행들은 모두 떠나고, 맨해튼 번화가 모퉁이에 있는 카페에서 홀로 앉아 코코아 한 잔을 홀짝이며, 지나가는 사람들을 구경하는 것도 심심치는 않았다. 여행은 원래 여유가 있고 그곳의 사람들과 사귀는 시간도 있어야 하는데, 우리의 여행 스케줄은 너무 빡빡했다.

아이스크림 가게

그곳에서 나와 거리를 좀 배회하다, '그리운 미스코리아」라는 식당에서 이종사촌들을 만나 오랜만에 불고기로 배를 채웠다. 식당은 서양 사람들을 포함하여 꽤 많은 손님으로 붐볐고 맛도 그런대로 깔끔하고 괜찮았다. 식사가 끝나고 근처의 아이스크림 가게에서 못다 한 이야기들을 풀어놓았다. 낸시는 교포단체에서 '유망한 예술가'로 선정이 되어 큰 상금을 받는다고 했고, 특허청 변호사로 일하고 있는 노총각 종범이는 아직도 색시를 찾는 중이라고 얼굴을 붉혔다. 유대인 며느리를 본 창재는 늦게 한의사에 도전하려는 꿈을 접고, 사업을 정리 중이라고 담담한 목소리로 말했다.

모임이 끝나고 창재의 차로 맨해튼에서 퀸스로 오는 터널을 통과하여 민박집으로 돌아왔다. 길눈이 어두워 집을 찾을 수 있을까 했지만, 내비 덕인지 헤매지 않고 잘 찾아왔다. 밤이 너무 늦어 이층에 있는 친구를 크게 부를 수도 없고, 초인종을 눌렀더니 아래층 사는 아줌마인지 일찍 좀 다니라고 몇번이나 잔소리를 했다. 옛날 대학교 때 하숙집 아줌마와 어쩜 그렇게 똑같은 말을 하는지.

디트로이트 공항

다음날인 10월 23일 아침 일찍, 친구의 차로 JFK공항으로 나갔다. 공항이 가까워 좋았지만, 친구의 신세를 너무 많이 졌다. 공항이 하도 커서 그런지, 우리가 디트로이트에서 국제선으로 갈아타서인지 국내선 탑승 절차는 너무 복잡하고 길었다.

올 때와는 달리 디트로이트로 가는 길은 가벼웠다. 디트로이트공항은 게이트가 78개나 되는 큰 공항이다. 승객 수송을 위해 끝과 끝을 연결하는 전철이 있다. 귀국 후, 디트로이트에서 병원을 열고 있는 친구는, 들리지도 않고 그냥 갔냐고 섭섭함을 표시해 왔다. 요즈음 다행히 디트로이트의 경기가 살아나고 있다고 한다. 대학교 때 우리가 즐겨 불렀던 톰 존스의 'Detroit City'가 생각났다.

> 어제 밤 디트로이트에서 자면서 고향의 목화밭 꿈을 꾸었지.
> 어머니, 아버지, 형제들 그리고 나를 기다리는 그녀의 꿈도 꾸었지.
> 아, 고향에 가고 싶다.
>
> 고향사람들은 내가 디트로이트에서 거물이 되었다고 생각하지만,
> 나는 밤낮으로 차와 그 부품을 만들고 있다오.

디트로이트 자동차 공업의 흥망성쇠가 어떻게 진행되었는지, 우리나라 현대자동차 노동자들은 대우자동차가 쓰러졌을 때 부평역에서 울부짖던 노동자 가족들의 모습을 기억해야 할 텐데.

디트로이트공항에서 시간도 남고 하여 전문가인 호텔리어의 자문을 얻어 마나님께 드릴 백을 하나 샀다. 남들은 스마트폰으로 사진을 매일 전송하며 연애편지를 썼는데, 미국의 통신사정이 안 좋아서인지 구닥다리 핸드폰으로는 문자조차 보낼 수가 없었다. 사과하는 의미에서 폰도 바꿔야겠고. 서울 올 때는 비행기 타는 것이 정말 지루했다. 그나마 좌석에 있는 게임프로그램으로 포카를 할 수가 있어 시간 보내기에 도움이 되었지만.

이번 여행을 통해 우리의 형제국이라는 터키 민족에게 경탄의 말을 안 보낼 수가 없다.

서양 사람들이 아메리카로 진출할 수밖에 없었던 것은 그들이 유럽의 동쪽에 위치하여 아시아로 가는 길을 차단하고 있었기 때문이다. 세계의 근대 역사는 유럽인들의 침략사인데, 유일하게 튀르크족은 일찍이 아시아에서 서쪽으로 진출하여 동로마의 땅을 차지하고 아직도 그곳에 발붙이고 있는 민족이니, 참으로 대단한 민족이다. 우리는 시간의 흐름에 따라 국토는 오그라들었고, 요즈음도 나라가 있는 것인지, 퇴보해나가는 모습이 안타깝기 짝이 없다.

이번 여행은 18박 19일의 일정이었다. 숙박 장소를 보면 호텔과 모텔에서 4일, 민박 2일, 텐트에서 8일, 차 속에서 3일 그리고 비행기에서 하루이다. 그리고 미국의 12개 주를 거쳤다.

귀국하는 날 오후, 집에 오는 전철에서 내릴 때, 짐을 두고 내리는 바람에 차량기지까지 갔다 오는 불상사가 벌어졌다. 기다리고 있던 마나님의 얼굴을 보니 겁은 나고, 얼른 선물을 내보일 수밖에.

존 스타인벡은 58세의 나이로, 1960년 9월 초순에서 12월까지 미국 30여 개 주를 여행하였다. 주행거리는 1만 마일, 16천 km. 여행거리로 따지면 우리의 두 배이다. 그는 시간과 공간에 있어 여행은 끝나버렸는데도 두고두고 여행이 계속되는 경우가 많다고

말하였다. 마찬가지로 우리의 기억 속에는 우리가 본 많은 홍하의 계곡Red River Valley들이 생생하게 남아 있다. 그리고 계곡에 대한 우리의 사랑을 잘 표현한 노래, 홍하의 계곡은 우리 입속에서 맴돌 것이다.

홍하의 계곡

당신이 떠나는 홍하의 계곡을 생각해보아요.
얼마나 외롭고 슬픈지.
당신과의 이별로 인한 나의 찢어지는 가슴과
슬픔을 생각해보세요.

바다를 건너 당신의 고향을 가더라도
우리가 홍하의 계곡에서 보낸
달콤했던 시간, 야생화들 속에서 이루어진
우리의 사랑을 잊지 못할 거예요.

7학년의 죽자사자 뉴질랜드 여행

2017년 6월, 뉴질랜드에 살고 있는 친구 오길수의 고국 방문으로 고교 수학여행 당시 같은 방을 썼던 5명의 모임이 열렸고, 뉴질랜드는 트래킹의 천국이라는 친구의 권유와 초청으로 발 빠르게 뉴질랜드 여행이 진행되었다.

　　길수가 대충 짜준 계획에 맞춰 2018년 2/19일부터 3/12일까지 뉴질랜드 남섬, 북섬을 한 바퀴 돌아보는 계획을 세웠다. 뉴질랜드 관광청 자료를 참고하여 산을 좋아하는 만큼 트래킹 위주로 가볼 곳을 선정했고, 패키지여행 시 돌아보았던 밀퍼드 등 모든 곳을 제외했다. 시기는 피서객이 철수하기 시작하는 2월 말(우리나라의 8월 말)부터 3월 초로 정했다. 최고 성수기는 아무래도 대접도 제대로 받지 못하면서 가격이 비쌀 터이니.

　　우선 남, 북섬을 오가는 페리를 일정에 맞춰 예약했고, 숙소는 남섬에서 가장 붐비는 관광지, 아벨테즈먼 국립공원 내에 있는 모두에카의 모텔에 2박만 예약했다. 자유여행이라 일정을 확정해도 예기치 않은 일이 일어날 수 있으니 비용을 절감하려고, 항공편은 도쿄에서 한번 에어뉴질랜드로 갈아타는 비행기를 잡았다.

　　2018년 2월 19일, 대망의 뉴질랜드 여행이 시작되었다. 일찍이 김포공항으로 나간 우리는 한바탕 소동을 벌였다. 부칠 수 있는 짐의 한계 중량이 23kg인데, 친구 류홍구의 짐을 재보니 27kg인데, 짐 속에 6인용 전기밥솥과 팩 소주 25개가 들어있기 때문이었다. 부랴부랴 초과된 분량을 내 짐으로 옮겨서 해결했는데, 6인용 밥솥은 여행 내내 큰 효자였다. 하루에 한 번 밥을 하면 족했으니까.

　　15:50 이륙한 아시아나 비행기가 하네다공항에 가까워지니 후지산이 보였고, 이곳에서 네 시간을 대기했다. 맥주도 한잔하고. 뉴질랜드에 집이 있다는 친구 방원익에게 연락을 했더니, 인도네시아에서 휴양 중이라며 곧 미국으로 치료받으러 갈 예정이라고 하는데 목소리가 신통치 않았다. 쾌유를 빌 수밖에.

　　2월 20일 화요일 12:40분, 10시간 이상 날아, 마오리의 나라에 도착했다. 뉴질랜드 국토는 우리의 2.7배이고 인구 450만 명. 마오리어로는 Aotearoa, 길고 하얀 구름의 나라란 뜻. 시차는 3시간(여름은 4시간) 빠르다.

　　천 년 전 마오리족이 이주했고, 서양인으로는 1642년 화란인 아벨 타스만이 첫 상륙했으며, 그의 고향 Zeeland(네델란드 남서부주)의 이름을 따서 뉴질랜드라 명명했고, 1769년 영국인 제임스 쿡 선장이 이곳이 영국의 식민지가 되는 계기를 만들었다. 1860년 마오리 유럽인 간의 전쟁을 거쳐 1947년에 비로소 자치국으로 인정받았다. 우리들의 나이와 뉴질랜드 나이가 같은 셈.

　　입국 수속할 때 식품 검열이 까다로워, 준비해온 식품을 신고할까 말까 고민했는데, 에어뉴질랜드 한국인 승무원이 신고 안 하고 적발되면 벌금이 세다는 말에 자진 신고를 했다. 여승무원의 검사가 얼마나 까다로운지 멸치, 장류, 김치, 찌개거리, 장아찌 등 일

일이 짐을 풀어 자세히 검사했고, 심지어 등산화의 흙도 문제시했다. 멸치 등은 이곳 친구에게 선물할 것이라고 애교를 떨어도 소용이 없었고 팩 소주는 주스라고 했더니 다행히도 무사통과되었다. 시종 미소를 잃지 않고 검사를 하는 여직원이 인상적이었다. 전통적 농업국 보호를 위한 당연한 조치였다.

  입국 수속을 마치고 오클랜드공항으로 마중 나온 오길수와 반가운 재회가 있었고, 여행 기간 중 우리의 애마가 될 폭스바겐 DKL603도 첫 대면하였다. 이 차는 호주에 있는 아들의 차라고 했다. 우리는 짐을 싣고 바로 친구의 집으로 향했다. 친구의 집에 도착하여 정원에 들어서니 바다 건너 오른쪽이 오클랜드시의 중심가이다. 아침엔 일출도 볼 수 있는 해안가에 있는 고급 단독주택인데 집값이 많이 올랐단다. 요즈음 오클랜드도 주택난에 처해 있다는데 우리로선 이해가 안 가는 일이다. 성공적 이민 생활(이십여 년)을 하고 있는 친구는 모텔 등에 투자하고 있고, 세계여행, 등산 등 다양한 취미생활을 하고 있다니 부럽기만 했다. 여유 있는 그의 행동과 말투는 이런 배경에서 나온 것이겠지.

  시원한 맥주를 곁들인 점심 식사 후, 시내로 나가서 첫 번째 한 일은 심SIM카드를 구입해서 뉴질랜드 전화번호를 부여받아 여행 중 길수와의 소통은 물론 우리끼리도 불의의 사고를 대비할 수 있도록 했다. 그리고 대형마트에서 식량, 취사도구를 구입했다. 모텔에는 대부분 취사 시설이 구비되어 있지만, 야외 취사에 대비해서 길수가 브루스타 등을 준비해 주었다. 친구는 소고기, 상추, 포도주 구입, 교통 등에 대해 자세한 설명도 해주었다.

1. 오클랜드 근교, 그리고 북섬 남쪽으로

데본포트

데본포트

    쇼핑 후 우리는 1870-1996 육·해군이 주둔했으며 오클랜드 근교 Waitemata항 인근의 주요 해군기지였으나, 지금은 보전국Dep. of Conservation 지역 사무소가 있는 데본포트Devonport를 방문했다. 데본포트 언덕(빅토리아산)에서 보면 남쪽에 오클랜드 시내가 보이며, 언덕은 친구 집의 오른쪽 방향에 있다. 1908-11년 영국 정부 요청으로 이곳에 6인치 마크Mark 7포대가 설치되었고, 1차 세계대전(1914-1918) 이후 1941년까지 군의 북쪽 본부North Head Office였다. 7.4 톤이나 되는 포 하나에 11명이 배치되었고 사거리는 11km. 1차 대전까지는 영국이 해가 지지 않던 제국으로 식민지제국을 유지, 팽창시키려고 발 빠르게 움직였다. 뉴질랜드는 영국군 소속으로 1, 2차 세계대전에 참여했고, 이 과정에서 자립 의식이 커졌다.

오클랜드는 북섬의 최 북쪽, 노스랜드 아래에 있고 동쪽으로 태평양과 이어지며, 서쪽의 테즈먼해와 멀지 않다. 이곳은 뉴질랜드 인구의 1/3인 160만 명이 사는 뉴질랜드 최대 도시이며 1865년까지 뉴질랜드 수도였고, 영국 초대 해군장관, 오클랜드백작에서 이름이 유래되었다.

데본포트 건너에는 생긴 지 600년이 된 화산이 보였는데, 오래된 대륙인 호주와는 달리 뉴질랜드는 역사가 얼마 안 되는 화산섬이다. 데본포트 아래는 비치도 있고, 데본포트 인근에 있는 웨이터마타항과 오클랜드 훼리터미널 간에는 훼리가 오간다. 웨이터마타는 오클랜드의 가장 큰 항구. 우리는 포대를 비롯하여 이곳저곳을 둘러보았는데, 태극기가 휘날리는 집이 있어 가보려 했지만, 여의치 못했다.

후카폭포, 스파서멀파크Spa Thermal Park와 타우포호수

다음날 2월 21일 수요일 아침 6:30, 도시의 러시아워를 피해 남쪽으로 향했다. 앞차에는 길수와 하태욱, 뒤차에는 홍구와 내가 무선전화기로 연락을 하며 달렸다. 하루만 친구가 동행하기로 했고, 난생 처음 운전대가 오른쪽에 있는 차를 왼쪽 차로로 운행하자니 홍구는 바짝 긴장할 수밖에 없었다. 하루 동안의 운전 연습이었던 셈.

첫 방문지는 마타마타의 호빗마을 입구였다. 마타마타는 해밀톤 와이카토지방에 있는 인구 12천 명의 소도시. 오클랜드 동남쪽 160km에 있다. 판타지문학의 금자탑인 호빗, 반지의 제왕이 이곳에서 촬영되었다. 우리는 남섬으로 가는 배 시간에 맞추다 보니 이곳을 자세히 들여다볼 여유가 없었다. 7학년의 실수이랄까, 배편 예약 시 착오로 하루를 앞당기는 바람에 서두를 수밖에. 덕분에 남섬에 머무르는 시간이 늘어났고 항공편 예약 시 영문자 이름의 스펠링을 잘못 쓰는 바람에 32만 원의 페널티를 무는 실수도 있었다. 예약 시에는 반드시 여권에 의거 조심스럽게 기재해야 한다는 것을 뼈저리게 느꼈다.

다음 방문지는 와이카토(통가리로)강의 후카폭포. 직하하는 폭포만 보아온 우리에겐 길게 누워 쏟아지는 폭포는 이색적이었다. 타우포호에서 시작된 강이 15m 협곡으로 접어들며 높이 20m의 폭포를 형성한다. 타우포호수는 북섬 중심에 위치하며 둘레 길이가 46km에 달하고, 해발 357m에 있는 뉴질랜드에서 가장 큰 호수이다. 마오리 전설에 따르면 북섬은 물고기, 남섬은 고깃배, 배에서 쏜 작살이 꽂힌 곳이 북섬의 한가운데, 타우포호수이다. 타우포읍은 화산여행의 전진기지로 폭포에서 즐기는 보트, 때 묻지 않은 자연에서의 번지점프, 카약 등 각종 스포츠를 즐길 수 있는 것이 매력이다.

  그리고는 와이카토강 옆에 있고, 폭포에서 멀지 않은 스파서머파크Spa Thermal Park를 찾았다. 강가 벤치에는 노부부가 우리가 돌아올 때까지 그림같이 앉아 있었다. 나이가 들수록 절실히 느껴지는 부부애가 아름다웠다. 아직도 툭탁거리는 우리는 젊은이랄까. 뉴질랜드에는 어느 곳에나 걸을 만한 트랙이 있다. 나름대로 특색이 있고, 우리의 둘레길과 비교하면 얼마나 자연 친화적인지 모른다. 계곡 입구에서 벌거벗고 온천을 즐기는 사람들, 특히 서양 여성들은 때와 곳을 가리지 않고 옷을 갈아입는다. 이 역시 자연 친화적이랄까.

Spa Thermal Park의 노부부

  우리는 길수가 찜해놓은 아무도 없는 은밀한 골짜기에서 온천욕을 즐겼는데, 수온이 40도 훨씬 웃돌아 한 번에 입수가 어려울 지경이었다. 때마침 지나가던 독일 처녀들이 물속에 귀중품을 빠뜨렸는데, 선녀가 나무꾼에게 전하는 메시지인가. 우리는 너무 좋다고 입수를 권유했지만, 그녀들은 너무 뜨겁다고 사양했다. 뉴질랜드의 자연은 우리나라와 닮은 것이 많다. 광활한 목초지는 틀리지만 늦여름에 빨간 열매를 맺는 마가목과 메꽃을 도처에서 볼 수 있었다.

  우리는 타우포호숫가로 이동해서 불을 피우고, 고기를 구었다. 길수가 좋아하는 스커트살(치마살)가격은 600g 한 근에 8천 원이 안 되지만, 쫄깃한 그 감칠맛은 잊을 수가 없다. 여행 중 대형마트에서 스커트살을 구입하려했지만 찾을 수가 없어서 대신 비싼 스커치살을 구입했다. 치마살은 소 뒷다리에 인접한 복부 뒤쪽 부위이며 농부가 채찍을 휘두를 때 채찍을 맞는 부분으로 채받이살이라고도 한다. 고기의 모양이 주름치마처럼 생겼고 소 한 마리에 2.6kg 정도 생산된다고 한다. 길수가 좋아하는 상치, 코스 또한 마트에서 찾기 힘들었다. 그리고 양송이도 우리의 필수 식재료가 되었다. 호수 한쪽에는 카약을 타고 온 한 무리의 젊은이들로 시끌시끌하였다. 얼마나 젊음이 부러웠던지.

타라나키폭포 트랙

타우포 호숫가에서의 바비큐 파티 후 길수는 홀훌 떠나버렸고, 우리는 친구에게서 독립한 여행길에 들어섰다. 선도차가 없어지자 홍구가 바짝 긴장한 모습이 역력했는데 아니나 다를까 한 대의 자동차도 없는 도로에 진입해서는 반대 차선으로 달리기 시작했다. 조수인 내가 지적을 해도 무엇이 잘못되었냐 하는 투였으나, 한참 후에야 알아차렸다. 회전교차로도 하나의 장애물인데 출구가 서너 개 이상이 되니 잘못하다가는 엉뚱한 방향으로 빠져버리고 만다. 내비에서 몇 번 출구로 나가라고 영어로 지껄이면 우리 셋은 모두 긴장하여 출구 1, 출구 2, 출구 3하고 소리를 내어 합창을 했다.

타라나키폭포 가는 길

흥을 아홉 번이나 내는 친구는 베스트 드라이버이며 문제 해결사였다. 취사 시 태욱이가 노상 무엇이 안 된다고 홍구를 부르면 간단히 해결했다. 그리고 운전을 내가 한다고 나서면 둘이 극구 말렸다. 하기야 우리나라와 다른 운전환경에서 이 사람 저 사람이 하다보면 더 헷갈렸겠지. 한사람이 익숙해지는 것이 낫지. 우리는 고국에서 준비해온 8장짜리 일정표대로 움직였는데, 조금 변동은 있었지만 차질 없이 진행이 되었다. 다만 시간 제약으로 이름난 트래킹코스를 지나칠 때는 정말 아쉬웠다.

우리는 통가리로국립공원 인근에 있는 어드벤처롯지엔모텔에서 여장을 풀고, 두 시간짜리 첫 트래킹에 나섰다. 우리의 계획서에 나와 있는 트랙이고 모텔 직원이 서슴없이 추천한 코스였다. 출발점인 와카파파Whakapapa마을까지의 길을 물어 차를 몰았는데 반대의 방향으로 가고 말았고, 숙소에 되돌아와서 길을 다시 안내를 받아 간신히 마을에 도착했다. 이 일이 있은 후에는 길을 물을 때는 되도록이면 지도, 종이와 연필을 준비하여 길을 가르쳐주는 사람이 도상에 가는 길을 표시하도록 했다. 왼쪽으로 돌고 다시 오른쪽으로 돌아, 어쩌구 저쩌구 말로만 하면 헷갈리기 마련이니.

타라나키 폭포 트랙은 평탄해서 이어 펼쳐지는 숲과 능선으로 마음이 탁 트이고 편해지는 느낌이었고, 사람들도 별로 없어 고요함과 신선한 바람이 있을 뿐이었다. 폭포가 멀리 보이더니, 가까이 가자 물이 삼지사방으로 튀고 접근하기가 어려웠다.

숙소로 돌아가는 길

반환점부터 빗줄기가 굵어지더니, 온몸을 때리기 시작했고 저녁의 냉기도 엄습했다.

조금 지나 홀로 폭포를 향하는 아프가니스탄 젊은 처자를 만났는데, 지고 가는 배낭이 너무 무거워 보였다. 고난의 역경을 헤쳐가는 아프가니스탄사람들과 우리나라의 역사보다 더 처참한 그들의 역사. 좀 더 얘기를 나누고 싶었지만, 바쁜 일정에 그녀를 뒤로하고 빗속을 달렸다.

차를 타고 숙소를 향하자니, 구름이 걷히기 시작했고, 구름 사이로 비치는 햇살로 멋진 비경이 펼쳐졌다. 뉴질랜드의 날씨는 무척이나 변덕스럽다. 여름이지만 그늘에 있으면 그리 덥지도 않다. 이구동성으로 첫 트래킹은 기억에 남을 만하다고 했다.

하태욱쉐프가 처음 선보인 첫 저녁과 이튿날 아침, 우리 입맛에 딱 맞았다. 여행 전에 마나님으로부터 비법을 전수받았나 보다. 쉐프 교육뿐 아니라, 마나님은 찌개꺼리, 장류, 울외 장아찌 등을 여행이 끝나기까지 먹을 만큼 바리바리 싸주셨다. 황공무지로소이다. 친구의 음식 조리, 설거지 속도는 얼마나 빠른지 감탄할 정도. 대신 우리가 음식 재료나 조리기구에 손을 대지 못하게 했다. 자기가 정리한 대로 놓아두어야 진도가 빠르니까.

남섬 가는 배를 타러 웰링톤으로

2월 22일 목요일 아침, 남섬으로 가는 배를 타기 위해 웰링톤으로 가는 길, 빗속을 달렸다. 날씨도 서서히 개였고, 다리도 건너고 쉬엄쉬엄 쉬기도 하고, 뉴질랜드 특유의 소목장도 지나쳤고. 전원풍경이 그림 같았다.

도중 마너와투 황가누이 지역의 서해안 작은 마을, 불스에 들려 섭웨이에서 점심을 했다. 이 마을은 수도 웰링톤 북쪽 160km에 위치한다. 영국인 제임스 불이 처음으로 상점을 열었다는 이 마을엔 재미있는 이름들이 많다. Unforgettable, Constable이라고 불리기도 하는 마을인데, 교회 이름은 Forgive a bull, 병원 이름은 Cure a bull이다. 뉴질랜드에는 북섬에 오클랜드 등 15개, 남섬에 넬슨 등 12개, 도서 지역 2개, 도합 29개의 자치지역이 있다. 여행자정보센타에 들려 걸을 만한 곳을 물었지만, 신통치 않아 바로 출발하였다.

다시 평탄한 지역을 달려, 웰링턴 자치지역의 항구도시, 포리루아에 있는 마리나모터롯지에 도착했다. 이곳에서 웰링턴까지는 20km. 마나기차역이 있고, 윈드셔핑, 카이트셔핑의 명소이다. 이곳에 오는 도중, 6차선 이상의 큰 길이 뻥 뚫려 있었는데, 내비가 업데이트가 안 되어서 우리는 한참 방황한 후, 물어물어 겨우 숙소를 찾았다. 길을 찾을 때는 부동산사무실이 최고이다. 젊은이들이 일하는 점포에 물어봐도 소용이 없었고, 나이 든 부동산사무실 직원에게 물어보았더니 친절히 잘 가르쳐주었다. 숙소를 정할 때는 보통 2-3일 전에 예약했고, 숙소비용을 절약하려고 대도시보다는 인근의 모텔을 예약했다.

숙소에 도착하자 홍구와 장 보러 근처 마트에 들렸다. 식재료를 산 후, 태욱이가 사달라는 그릇 닦는 수세미를 손짓발짓하여 종업원에게 찾아달라 했더니 한참 만에 이해한 듯 "loofa?"하며 찾아주었다. 그릇 닦는 sponge라고 했으면 간단할 것을.

동네 한 바퀴 돌았더니 숙소 뒤는 바로 체육시설. 넓은 구장에서 젊은 처자가 청년과 축구를 하고 있었다. 커다란 체육 관련 시설에는 테니스, 스쿼시, 럭비, 크루즈클럽 사무실이 있고 시스카웃sea scoute 사무실도 있었다. 그들의 생활체육은 어릴 때부터 친숙하고 모든 사람이 즐길 수 있어, 우리처럼 뛰어난 선수만이 하는 스포츠가 아니다. 여행 중 이곳 사람들은 우리를 만나면 평창동계올림픽에 관심을 보였는데, 뉴질랜드는 역사상 처음으로 이 대회에서 동메달 두 개를 획득하였다.

체육시설에서 얼마 안 가면 항구인지라 여기도 한 바퀴 돌고 숙소로 오는 길, 마나기차역에는 기차가 들어오고, 역 한편에 정차된 열차 외부에는 재미있는 그라휘티(낙서)가 그려져 있었다. 유럽의 담장에는 온통 이런 낙서투성이다.

우리가 하루 유숙할 모텔엔 개별 취사 시설이 없어 공동취사장에서 식사를 준비했다. 준비가 끝나자 부부가 여행 중이라는 나이 지긋한 할머니, 친절한 이곳 젊은 여직원과 백포도주 한 잔씩 나누었는데 식당에 붙어있는 그림들도 마음에 들었다.

다음날(2월 23일, 금요일)에는 아침 일찍 숙소를 출발하여 9시에 남섬으로 가는 배를 타기 위해 차를 탄 채 부두에서 장시간 줄을 서 기다려야 했다. 기다릴 때는 느긋했지만 웰링턴 시내에서 승선장을 찾을 때는 내비가 정확히 안내를 못하여 무척 당황했는데, 다행히 친절한 노신사의 도움을 받아 간신히 길을 찾을 수 있었다. 우리는 여행 내내 차에 장착된 내비에 익숙하지 않아 애를 먹었다. 보통 하루 전날 갈 목적지를 미리 입력하였는데, 페리 터미널이 입력되지 않아 배표 계약서상의 주소를 입력했었다. 미로 같은 웰링턴 항구를 헤맬 때의 심정을 그 누가 알랴. 우리나라에서 쓰고 있는 내비가 얼마나 잘 되어 있는 것인지도 실감했다.

2. 남섬의 최남단을 향하여

아벨타즈만 트래킹

배는 정시에 떠나고, 승객들은 뭔지 모르지만 바빴다. 길수도 타보지 못한 배이다. 친구는 이민 생활 중 네 번 남섬을 갔다 왔는데, 모두 비행기를 탔다 한다. 왕복 뱃삯은 자동차를 포함하여 모두 70만 원. 꽤 비싼 편 아닌가.

남섬 북단의 지도

남섬 북섬 사이의 쿡해협은 고요하기만 했다. 제임스 쿡 선장의 이름을 딴 해협. 항해

시간 3시간은 무료했고, 뉴질랜드산 맥주를 한잔했다. 뉴질랜드 사람들은 솔직한 것을 모토로 삼는 것 같다. 맥주병에도 후랭크frank라 쓰여 있는 등. 맥주를 파는 종업원 '감사합니다.' 하더니 '경치가 좋습니다.'라고 한국말을 했다. 한 노부부 말이 없고 심각했는데, 이곳도 저런 부부가 있네.

배가 남섬에 가까워 오자, 배를 하루 일찍 타게 되어 못 들리게 된, 북섬 서부에 있는 타라나키산(에그먼트산)에 대한 미련이 끝내 남았다. 에그먼트국립공원의 거대 화산, 타라나키산(2,518m) 당일치기 하이킹이 그렇게 좋다는데. 남섬의 일정을 끝내고 북섬으로 다시 가면 우리 일정은 동해안을 따라 돌게 되어 있다.

12시, 드디어 대망의 남섬에 도착했고, 하늘도 쾌청했다. 우리는 숙소가 있는 카이테리테리로 꼬불꼬불 해안 길을 달렸다. 이 길을 달려, 넬슨, 리치몬드를 거쳐 타즈만베이를 한 바퀴 돌아가게 된다. 넬슨자치지역은 뉴질랜드 행복도 조사에서 1위를 차지한 지역으로 날씨가 온화하고 일조량이 제일 많은 곳이다.

픽턴항에서 내린 우리는 6번, 60번 도로를 타고 모투에카로 가는 중이고 이곳에서 아벨타즈만국립공원 트래킹이 끝나면 콜링우드를 거쳐 남섬 최북단으로 간다. 문제는 타카하지역이 이번 태풍에 피해가 커서 이곳 도로가 보수되었는지가 문제이다. 기나긴 산길을 내려오니 모모랑이캠프장. 이곳 캠프 사무소겸 카페에서 간단한 점심을 들었다. 해변의 풍치가 멋졌는데 산하는 오수에 빠져 있었다.

모모랑이 캠프장

다시 길을 달려 그래함스트림 피크닉캠프에서 우리의 애마도 잠시 휴식을 취했다. 옆의 캠프밴에선 길게 줄을 늘어뜨리고 빨래를 말리고 있었고, 이곳 입구에는 1963년에 세운 저스틴 메카시 추념비가 서있다. 1963년이면 우리가 고1 때. 그가 어떤 사람인지는 모르겠으나 김병만의 프로그램에 이곳이 나왔다한다. 늦여름인데도 이곳은 한여름이라 바닷가는 피서객들로 초만원이었다.

드디어 아벨타즈만베이에 도착했다. 화란인 아벨타즈만이 서양인으론 처음 이곳에 도착했는데 파도가 없는 곳이다. 뉴질랜드 사람은 bay를 바이라고 하고 save를 사브라고 발음하는 등 영 알아먹을 수가 없는 경우가 많았다. 이어 우리가 뉴질랜드에서 유일하게 이틀씩이나 예약했던 숙소, 톱텐할로데이파크에 도착했다.

체크인하려니 주말이 시작되는 금요일이라 창구는 붐볐다. 여직원은 우리 차례를 외면하고 코 큰 사람부터 일을 처리해줬다. 우리를 중국인으로 알아서 그러나. 물론 더듬거리는 영어 때문에 일 처리가 늦을 수도 있겠지만, 얼마나 화가 났던지. 와중에 딴 곳의 톱텐할로데이파크를 이용하면 10%를 할인해 준다고 했다. 하여튼 머리를 디밀고 다음 날 이곳에서 떠나는 아벨타즈만트래킹을 예약했다. 세 사람에 211불이니 1인당 56 천원꼴. 이 모텔은 캠퍼밴 등을 위한 캠핑장도 운영하고 있고 여기저기 영업장이 많았다. 배정된 방에 갔더니, 침대는 넷인데 한 사람 침구가 없어, 항의하였더니, 돈을 더 내란다. 취사장, 화장실, 샤워실도 공동으로 써야 하고. 다시는 이 모텔은 이용하지 말자고 우리는 마음을 먹었다.

다음 날(2월 24일 토요일) 아침 모텔 앞에서 예약된 버스를 타고 카이테리테리로 이동했다. 출발 전 배표를 어디에 두었는지 한참 헤맸는데, 홍구가 내 지갑 속에서 발견했다. 몇 번이고 뒤져도 안 나왔는데. 나뿐 아니라 방 열쇠를 주머니에 넣고 없다고 하는 등 우리는 7학년의 티를 수시로 나타냈다. 선착장에 내리니, 인산인해. 배도 여러 척 대기하고 있어 잘못하면 딴 배를 타기가 십상이었다. 9시 배는 출발했다. 옆에는 수상택시(Aqua Taxi)가 신나게 달리고 있었다.

우리의 일정은 해안 최남단에 있는 카이테리테리에서 배를 타고 북쪽에 있는 메드랜즈 비치에서 내려, 남쪽

아쿠아택시

에 있는 앤커레지까지 4시간 이상 트래킹한 후, 다시 배를 타고 남쪽으로 이동하여 카이테리테리로 귀환한 후, 버스로 숙소로 오게 되어 있었다. 배는 도중에 마라하우, 토런트베이 등을 들렸다 갔는데, 성수기가 지나서인지 아침 해수욕장은 썰렁했다. 쪼개진 사과 모양의 바위(Split Apple Rock)도 지났고.

10시, 메드랜즈비치에서 하선했다. 국립공원의 해안 길을 따라 전 해안을 걸으려면 3박 4일이 필요하다고 한다. 입구에는 마오리 조각상이 있었고, 늦여름의 조용한 바다는 아침햇살에 눈이 부셨다. 트래킹을 하며 포카레카레 아나(연가)를 흥얼대 보았다.

> 비바람이 치던 바다
> 잔잔해 오면
> 오늘 그대 오시려나
> 저 바다 건너서

한국전 참여시 뉴질랜드 젊은 군인들이 고향을 그리며 불렀던 노래이다. 북섬 로토루아 호수의 한복판에 있는 섬, 모코이아에 살았던 마오이족 젊은 남녀의 사랑을 노래했다. 족장의 딸과 미천한 신분의 젊은이 결혼이 족장의 반대로 이루어지지 않았는데, 두 남녀의 노력으로 결국 사랑을 성취했다고.

우리가 지나는 숲속에는 높이 10m까지 자라고 잎 뒷면이 은빛인 은빛 고사리(silver fern)가 지천이었다. 이 고사리는 마오리들에게 밤길을 안내했던 나무. 2016년에 뉴질랜드 정체성을 찾자며, 현 국기를 은빛 고사리가 들어있는 국기로 교체하자는 프로젝트가 진행됐으나 경제 불황으로 실패했다고 한다. 이곳 사람들은 유니온잭의 영국에서 벗어나고 싶었겠지.

숲속 트래킹은 신선했고 아름답기까지 했다. 아이들을 데려온 엄마도 있어 우리는 태극기가 들어있는 기념품을 주며 '안녕'이라는 인사말도 가르쳐주기도 했다. 홍구는 계속 안녕, 안녕하며 지나가는 사람들에게 인사를 했다. 출렁다리도 건너고, 요지경 속 같은 시냇물도 들여다보았다. 산사태 방지를 위해 이들은 무척 신경을 썼다. 곳곳에 물받이 홈통을 만드는 등.

중간 기착지, 토론토베이에 도착하니 이곳의 농부는 땀 흘리며 열심히 일하고 있었지만,

트래킹하는 부부

아낙네는 흔들의자에서 독서 중이었다. 냇가에 자리를 잡고 준비해온 음식으로 점심을 하는 중에 진한 보라색 자두를 지나가는 여인에게 주었더니, 입이 함지박만 해졌다. 애를 하나씩 업고 가는 부부도 있었는데 여인은 여자인지 남자인지 구분이 안 되는 건장함을 보였다. 중간중간에 쉬면서 스트레칭을 하였더니 지나가는 사람들이 우리 흉내를 내기도 하였고, 날지 못하지만, 뉴질랜드인의 사랑을 듬뿍 받고 있는 새, 웨카도 보았다. 병만선생, 이새를 잡아먹었다는데 정말인지. 뉴질랜드사람들은 키위, 웨카 등 걷지 못하는 새를 좋아한다. 키위는 큰 알을 낳다가 자주 죽기도 한다고.

앤커레지에 도착하여 뜨거운 검은 모래에 발을 지졌다. 바로 옆의 흰 모래 속과는 완연한 차이가 있었다. 옆의 체코부부와 말을 나눴는데, 이들은 카약을 타고 이곳에 와서 돌아갈 배를 기다리는 중이라고. 나는 체코, 체코인을 좋아한다. 오랜 동안 오스트리아의 지배를 받았지만 이들에 저항하여 독일보다 먼저 종교개혁을 일으켰던 나라이다. 겉으로는 오스트리아 군인들에게 복종하는 척하지만 속으로는 엿 먹어라 하며 골탕을 먹이는 체코병사, 슈베이크도 좋아한다. 이 바닷가에서 회수한 카약을 배에 실으며 땀 흘리는 두 여인을 보았다. 젊은 남자가 하기도 벅찬 일일 텐데. 이곳 바다는 풍랑이 적기 때문에 카약 타기가 인기인가 보다. 이곳에는 안내인이 있는 카약투어와 카약 대여가 있다. 하루 가이드투어는 135불, 11만 원 정도.

우리는 5시쯤 숙소로 돌아와 숙소 뒤 해안가를 산책했다. 이곳에는 개를 데려와선 안 되는 지역과 개를 데려오되 주의를 해야 하는 지역이 나누어져 있다. 뉴질랜드 관련 여행 책자를 보면 흑전복, 홍합 등을 쉽게 딸 수 있었다고 했지만, 그 시대는 지난 것 같다. 해안가를 자세히 살펴보아도 그럴 일은 없을 것 같았다. 숙소에 돌아와 장을 보고 나니 멋진 하루였고, 오늘 일정은 크게 만족할 만했다.

저녁 식사 후 방에 있으려니 서양 처녀 둘이 와서는 후라이팬을 찾았다. 우리는 못 보았다고 대답했는데 나중에 보니 태욱이가 자기도 모르게 후라이팬을 가져왔나보다. 날이 갈수록 취사도구가 늘어났다. 얻기도 하고 모르고 가져오기도 하고.

푸퐁가, 그레이마우스

2월 25일 일요일 새벽, 정든 모투에카 숙소를 떠났다. 물론 처음에는 여직원들과의 다툼이 있었지만, 이틀씩이나 시장도 보고 해안가도 구경하느라 들락거리다 보니 정이 들었다. 숙소 마당, 공동취사장, 식당 등도 눈에 익혀졌고. 전날 오후 트래킹에서 돌아왔을 때 그녀들은 미안했던지 잘 다녀왔냐고 새새덕거렸다.

한산한 월요일, 숙소를 떠난 지 얼마 안 되어, 요번 큰 수해로 피해를 본 타카카힐의 교통통제로, 우리는 되돌아와야 했다. 모투에카는 넬슨 자치구, 인구 8천의 소도시. 과거에는 담배가 주 작물이었으나, 최근 과수원이 성행하고, 와인으로 명성을 얻고 있다. 마오리어로는 웨카섬. 웨카새가 많이 서식한다.

남섬지도

남섬에서의 우리 일정은 타카카힐을 넘어 푸퐁가를 구경한 다음, 넬슨지역에서 남하하여 그레이마우스, 프란츠조셉빙하, 와나카, 퀸스타운, 마운트쿡, 인버카길을 방문한 다음 동해안을 따라 북상하여 더니든, 아카로아, 크라이스트처치, 카이코우라 그리고 픽턴, 이곳에서 다시 배를 타고 북섬으로 가게 된다.

25일은 넬슨의 북서쪽 끝에 있는 푸퐁가를 보고 그레이마우스로 가는 빡빡한 일정. 숙소의 나이 먹은 여직원은 여행 자문의 달인답게 먼저 NZTA(교통국)에 심각한 도로 사정을 알아봐 주었다. 조금 전 길수와의 통화내용과 거의 일치했다. 그리고 다음 날 숙소로 예약한 폭스빙하숙소에 전화를 걸어, 취소할 수 있는지 물어봐 주었다. 우리는 마운트쿡을 여유 있게 관람하려고, 그곳에 숙소를 잡은 것인데, 폭스빙하에서 마운트쿡을 가려면 가로막힌 산맥 때문에 바로 갈 수가 없고, 빙 돌아가야 한다고 했다. 대답은 NO. 취소하면 하루 숙박비 87불(7만 원) 환불이 어렵다 했다. 예약 당시에도 숙소가 없어 젊은이들이 자는 호스텔을 예약한 것이고, 다른 곳의 숙소 예약도 만만치 않아, 그대로 진행하기로 했다.

9시에 맞추어 타카카고개를 넘으려 했지만 이미, 길게 늘어서서 기다리고 있는 차량 행렬이 만만치 않았다. 길수는 도로가 9시부터 오후 5시까지 다닐 수 있을뿐더러 긴급

한 차량만 통과할 수 있다고 걱정했다. 우리는 새벽에 왔다가 9시에 오라 해서 다시 왔고, 푸퐁가를 가려고 머나먼 한국에서 왔으니 긴급차량이 아니냐고 답변하려 맘먹었다. 다행히 통과되어 고갯길을 넘었지만, 일반통행이 되어, 가는 차, 오는 차를 교대로 보내려니 상당한 시간이 걸렸다. 나중에 2018년 2월 20일(우리 여행 출발일은 2.19)로 보도된 이곳 모두에카강의 범람 사진을 보았는데, 무섭기까지 했다. 자연의 재해는 세계 곳곳에서 일어나나 보다.

파괴된 도로

모두에카는 이 강의 입구에 위치한다. 고개를 넘자 도로는 말짱했다. 모두에카에서 푸퐁가Puponga까지는 106km, 2시간 거리. 다시 오려면 도로가 정상적일 때도 4시간 이상이 소요된다. 모두에카에서 숙소가 있는 그레이마우스까지는 390km, 6시간 거리. 생각해 보면 우리가 얼마나 무모했던지. 뉴질랜드의 길은 꼬불꼬불 산길이라 km수 대비 시간이 엄청 걸린다. 도로 속도제한은 1시간에 100km로 되어 있지만 달릴 수 없는 속도이다.

중간기점인 말끔하고 아담한 도시, 콜링우드에 도착했다. 빵집에 들려 점심거리를 샀는데, 식당에 들려 식사할 여유가 없었다. 푸퐁가는 남섬의 최북단으로 넬슨자치구역 소속. 황새 부리처럼 길쭉하게 나온 곳이 훼어웰 곶Farewell spit, 돌출한 사구, 모래톱이다. 콜링우드, 타카카를 잇는 둥근 바다는 멋진 풍치를 자랑하는 골든 만Golden bay. 큰 태풍이 불면 고래들이 떼로 밀려와 수백 마리가 죽는 곳이 훼어웰 곶이다. '잘 가시오, 고래들'하는 곳. 훼어웰 곶을 받치고 있는 근저, 북쪽 둥근 곶에 멋진 화라리키비치가 있는데, 우리가 푸퐁가에 닿으면 이곳까지 트래킹하고 싶던 곳이다.

푸퐁가에 가면 길을 잘 찾으려니 했더니, 내비도 먹통이다. 물론 우리가 정확한 지명을 입력하지 못한 탓인지도 모르지만. 비포장 길이 나오고, 비포장 길을 달리다, 지나가는 차량을 세워 물어보니, 우리가 잘못 온 것 같은 느낌. 날씨는 시커먼 구름이 잔뜩 끼어있는 가운데 우왕좌왕하고 서로의 언성이 높아졌다. 이 길이 맞다, 저 길이 맞다 하며 길수에게 전화를 했더니, 받지를 않았다.

우리는 길을 되돌려 i-site(여행자정보센타)를 겸하고 있는 카페를 제대로 찾아, 목적지 가는 길은 알게 되었지만, 시간은 없고 힐톱워크Hilltop Walk를 택할 수밖에 없었다. 푸퐁가 전체를 조망할 수 있는 전망대에 오르려면, 고개를 넘고 철조망을 통과한 후 양 목장에 들어가 양 똥을 밟아야 한다. 언덕 꼭대기 전망대에 오르니 멀리 훼어웰곶이 희미하게 보였다. 마침 썰물때라 시원한 바람을 맞으며 광활한 바다와 해안을 조망할 수 있었고, 이것으로 자족하는 수밖에 없었다. 양들은 알 수 있을까, 우리의 아쉬움을. 뉴질랜드 와서 두 번째 큰 아쉬움. 그나 마나 이삼일 코스를 단숨에 해치우려니 애초 무리한 계획이었다. 다시 와서 훼어웰 곶, 화라리키해변을 걷고, 북쪽의 깍아지른 절벽을 봐야지. 그러나 마음뿐이겠지.

푸퐁가 훼어웰곶

이곳은 옛날에 석탄 광산이었나 보다. 이곳에 쓰여 있는 글이 시적이다.

파도의 리듬-
물개들 뛰놀고
100종이 넘는 새들이 지저귀는 곳.

우리는 노래를 흥얼거리다 언덕을 내려왔다.

Here I stand,
watching the tides go out __

모투에카로 돌아오는 길, 골든베이 전망대에서 콜링우드에서 산 빵으로 점심을 들었다. 드넓은 골든베이의 황금 모래사장과 산하, 풍치는 끝내주었다. 이곳에 '블루베리 $6', '돈은 이 통에 넣으시오'라고 쓰인, 빈 농산물 판매대가 있었다.

돌아오는 길, 타카카고개 정상에는 조지 마일즈의 추념비도 있었고. 마침 용변이 보고 싶어 으슥한 곳을 찾았더니, 청결한 야외화장실이 보였다. 뉴질랜드 사람의 사람됨을 알 것 같았다. 모투에카지역에는 동굴들이 많았고, 공사 중으로 외길을 내려오자니 선도차량이 차량을 인도하여 가서는, 반대편에서 기다리던 차량을 이끌고 왔다. 미국 횡단 여행 시 보았던 풍경. 제복을 입은 경찰이 기다리다 수고했노라고, 찬 물병 한 병씩 차 속으로 넘겨주었다. 그 인간미와 그 시원한 물맛.

그레이마우스 가는 길, 대로를 따라갔어야 하는데, 빨리 간다고 내비 말을 듣고 산길을 갔더니 산사태로 통행금지. 가뜩이나 바쁜데 24km 더 가서 되돌아와야 했다. 풍수해 현장을 바로 전에 보고 와선 험한 산길을 가다니. 바쁜 길은 돌아서 가라 했는데. 날씨가 심상찮았다. 뉴질랜드 날씨는 이랬다, 저랬다. 우리는 주유소가 보이면 기름을 넣었는데, 한 주유소에 가스 스테이숀이라 쓰여 있었다. 태욱이가 차에서 내려 물었다. "기름 넣는 데가 여기서 얼마나 되나요?" 직원은 멍한 표정으로 할 말을 잃고. 미국을 자주 가는 친구, 7학년이라오.

운전 시간만 10시간 넘게 걸려 그레이마우스의 아포슬뷰모텔에 안착했다. 다행스럽게 직원도 붙임성이 있었고 시설도 좋았고, 주위도 맘에 들었다. 방 침대 위에는 검은색 브레지어가 놓여있어, 태욱이가 기념품으로 접수했는데, 나중에 어쨌는지 모르겠다. 우리는 매일 길수에게 카톡으로 보고하고, 사진도 보냈다. 그는 당일의 우리 행로를 보고 받고 안심을 했다고 한다. 여행기 제목을 '7학년의 죽자사자 뉴질랜드 여행'이라 정한 것도 그이다.

그레이마우스는 웨스트코스트 자치지역의 가장 큰 타운으로 인구는 14천 명, 자치지역 인구의 42%이라 하니 이 지방은 얼마나 넓은 지역이냐. 이 타운은 서던 알프스 어귀의 평원 위, 그레이강 입구에 위치한다. 맑은 날이면 남쪽으로 마운트쿡이 보인다고. 탄광지대로 알려졌고, 포우나무라는 옥이 생산되며, 북쪽 45km 지점에 펜케익이라는 명물 바위가 있는데 시간 관계상 우리는 찾지 못했다. 점심을 빵 쪼가리로 때워서인지 이 날의 저녁은 얼마나 맛있었던지. 하쉐프, 새벽부터 수고한 기사님을 잘 모셨다.

2월 26일 월요일은 이곳을 떠나는 날, 태욱이가 이곳 숙소 아줌마와 친해져 이별이 아쉬운 듯 기념사진도 찍었다. 시골 사람들이 인심이 좋듯 격의가 없었다. 숙소를 떠나, 타운 중심에 있는 카운트다운에 들려 시장도 보았다.

이안테호수, 프란츠죠셉빙하

우리는 남섬 서해안을 계속 달리고 고개도 넘어, 프란츠죠셉그래셜 가는 길에 이안테 Ianthe호수에 들렸다. 이 호수는 왕가누이강으로 흐르는데, 보트타기, 수영, 송어낚시로 유명세를 타고 있고, 일일 어획량, 낚시 시기 등을 엄격히 제한하고 있었다. 다시 길을 달리니 좋은 날씨에 풍경도 좋았고. 대로 옆 캠핑장에 자리 잡고, 그레이마우스에서 장본 음식으로 점심을 해 먹었다. 이곳을 떠나 다시 달리니, 가는 길 곳곳의 도로는 파손되어, 복구공사로 인해 교통이 정체되는 등 남섬 전체가 이번 풍수해로 고통을 겪고 있었다.

프란츠죠셉그래셜에 도착해보니, 헬리콥터 관광이 성행 중이고 이들 영업장은 여행자

프란츠죠셉빙하

정보센타i-site 역할을 겸하고 있다. 정보센타를 방문하고 오늘의 숙소가 있는 픽스그래셜Fox Gracial에 들렸더니, 빙하 입구가 폐쇄되어 있었다. 우리는 프란츠죠셉Franz Josef빙하로 되돌아와 1시간 반짜리 트래킹을 했다.

빙하는 계속 녹고 토사는 끊임없이 흘러내리고. 4년 동안의 빙하의 변화는 놀라웠다. 토사가 붉은색인 것은 망간이 함유되어 있다는 표시. 미국 서부 데스벨리의 다양한 색깔들이 연상되었다. 빙하트래킹의 종점까지 가니 안내원이 더 이상의 접근을 허락지 않았다. 하늘에는 관광 헬리콥터가 왔다 갔다 하고, 저 험한 산맥을 바로 넘을 수 있다면 마운틴 쿡에 쉽게 닿을 수 있을 텐데 하는 생각이 들었다.

빙하트래킹을 마치고 픽스빙하에 있는 호스텔에 짐을 풀었다. 호스텔은 레스토랑을 겸하고 있어 종업원을 보기는 하늘에서 별 따기. 짐을 숙소로 옮기는 중에 작은 카메라 렌즈뚜껑을 잃었다. 남섬으로 오는 배 갑판에서는 큰 렌즈뚜껑을 잃었었는데, 7학년의 품행은 어쩔 수 없지.

침실에 들어서니 방안에는 2층 침대가 두 개, 이부자리를 갈은 지는 오래된 것 같고, 배정받은 내 침대 아래에선 프랑스 젊은 친구가 피곤한지 누워있었다. 길수는 이·빈대가 들끓는 호스텔에서 자지 말라고 했는데. 숙소는 구하기 힘들었고, 여행을 하다보면 이런 데서도 자봐야지 않겠어. 호스텔 어디를 둘러보아도 우리처럼 나이 든 사람은 없었다.

호스텔 이층에 있는 식당에 올라가 보니, 하세프가 이층을 오르내리며 식사 준비에 정신이 없었다. 덕분에 포도주 곁들인 저녁식사도 맛있게 했다. 여행 내내 끼니때마다 빵으로 때울 때를 제외하고 포도주를 생략한 적이 없었다. 한 구석 소파에서 책을 보고 있었던 한 처자, 식사가 끝날 때까지 미동도 안 했다. 식사를 끝내고 이미 어두워진 동네를 한 바퀴 돌아보니 이런 산골동네에 1929년 개교한 학교가 있었다. 산책 후에는 꿀잠, 이부자리가 더럽거나 말거나, 이층 잠자리거나 말거나.

마운틴쿡 트래킹

2월 27일 화요일, 새벽 5시에 기상하여 프랑스 젊은 친구가 깰까 조심하며 방을 나와, 2층 식당에서 아침 식사를 하는데, 한국에서 갖고 온 김치가 벌써 식초가 되었다. 얼마나 신지 오만상을 찡그리고 먹을 수밖에. 이날의 일정은 마운트쿡 트래킹. 마운트쿡은 픽스빙하의 옆 동네인데 큰 산맥이 가로막혀 반나절 이상 달려야 한다. 우리는 서해안의 하스트를 거쳐, 와나카, 크롬웰까지 6번 도로를 타고 가서 오마라마, 트위젤을 거쳐 갔다. 남섬 북동 연안의 크라이스트처치에서 마운트 쿡에 접근하는 길도 있다.

잠이 덜 깼는지 홍구가 숙소에서 나와 다시 북상하여 후란츠죠셉빙하 쪽으로 차를 모는 게 아닌가. 차를 돌려보니 차 지붕 위에는 젖은 지도책이 있었다. 어제 바삐 숙소로 짐을 나르다 보니 그대로 지붕에 놓아두었던 모양. 커다란 한 장짜리 지도며 여행계획서는 날라갔고, 두꺼운 지도책만 남았다. 길수가 여행을 떠날 때 주었던 책이다.

여행 중 수많은 다리를 건넜다. 다리는 대부분 원웨이. 반대쪽에서 오는 상대방이 먼저 반대편 다리 끝에 도착하면 길을 양보해야 한다. 양보심도 기르고, 차의 속도도 늦추고, 1석 2조.

긴 다리에는 중간에 상대방을 위해 비켜주는 공간이 있다. 가는 길의 바닷가엔 물안개가 피어오르고, 반대편은 첩첩산중이니 여행 내내 우리는 때 묻지 않은 자연을 만끽했다.

지도의 남섬 동남쪽 연두색 부분은 테와히포우나무 유네스코세계유산지역. 밀포드사운드가 속해 있는 피오르드국립공원, 훽스 프란츠죠셉빙하가 있는 웨스트랜드국립공원, 마운틴쿡(3,754m)국립공원, 아스파이어링산(3,027m) 국립공원이 이 지역 안에 있다. 우리는 웨스트랜드국립공원에 속하는 해안의 멋진 풍경이 펼쳐진 휴게소에서 잠시 쉬며 심호흡을 했다. 웨스트코스트 자치지역, 해안가에 있는 하스트Hasst를 지나 내륙으로 들어서면 시원히 뚫린 도로가 나오고, 내륙에 들어서면 곧 아스파이어링산국립공원이 펼쳐진다. 물 색갈이 환상적인 블루풀Blue Pools을 지날 때는 구름이 낮게 깔리어 있었다.

아스피어링산 국립공원

호수의 도시, 와나카를 가는 길에는 오른쪽에 와나카호수가 보이고, 이어 하웨Hawea 호수를 지나게 된다. 구름이 산 중턱을 휘감았고, 수없이 많은 자전거 여행자들과 조우

했다. 드디어 와나카에 입성했으나 도시 초입에서 길을 잘못 들어 헛바퀴를 몇 번이나 돌았다. 한참 달리다 보니, 길이 낯익어 이상하다고 생각했더니 온 길로 다시 가고 있던 것. 내비도 혼란스럽게도 거꾸로 길을 안내하여, 온 길을 한참이나 북상하여 크라이스트처치로 돌아가는 코스로 유도했다.

제대로 길을 찾아 와나카 중심을 벗어나 마운틴쿡으로 신나게 달려가니 미국에서 보았던 기다란 스프링쿨러가 보이면서 목장지대로 들어섰다. 이어 오타고 자치지역과 크라이스트처치 캔터베리 자치지역의 경계에 있는 와이타키의 바람 부는 언덕에서 초라한 점심식사를 했다. 점심 후부터는 평탄한 길이 계속되었다. 마운틴쿡은 마오리어로 아오라키. 구름을 뚫은 산이라는 뜻이고, 마운틴쿡은 뉴질랜드가 영국령이 되게 기초를 닦은 탐험가 제임스 쿡 선장을 기린 이름이다.

마운틴쿡 마을이 가까워 오자 길다란 푸카키호수가 나타났다. 해발 520m에 있고, 면적은 179㎢. 빙하호 특유의 아름다운 파란색milky blue은 빙하에서 나온 미세입자 때문이라고 한다. 이 호수의 발원지는 마운트쿡이며, 푸카키호수는 테카포, 오하우호수와 평행으로 놓여있다. 호수를 오른쪽으로 두고 달리는 길가에는 앙증맞은 해당화 열매가 지천이었다. 말로 표현할 수 없는 조용한 아름다움을 깨트리고, 커다란 화물을 수송 중인 헬리콥터가 나타났다 사라졌다. 드디어 마운트쿡 빌리지 도착하여 타운 중심에 있는 여행자정보센타를 찾아서 처음으로 2불을 주고 트래킹 지도를 샀다. 여행 중에 얻은 좋고 두터운 지도는 모두 공짜였는데.

푸카키호수

우리는 두 개의 트래킹코스를 선택했고, 첫 번째 1시간 코스의 키아포인트Kea Point트레일을 걸었다. 완만한 경사의 정다운 길이 이어졌고, 빙하를 바로 벗어난 잿빛 물이 우리의 마음을 적셨다. 이 길에서 처음으로 한 떼의 한국 사람들을 만나 반가움을 표시한 후 앞서거니 뒤서거니 정답게 걸었다. 비록 고생된 여행길이지만 몇 번이고 여행을 잘 왔다고 얘기하며 걸으니 산과 들이 잘 어울렸고, 우리도 산 위부터 녹아내리는 느낌이랄까. 나무로 만든 길도 운치가 있었고. 드디어 키아포인트에 도착하니, 청회색의 물은 꾸역꾸역 흘렀다, 더디게, 더디게. 우리는 섑톤산(Mt. Sefton, 3,158m)을 배경으로 우의를 다지며 사진 한 장을 찍었다. 고국에 돌아와 찰스 하워스Charles Howorth가 섑톤산을 그린 수채화를 보았는데, 그렇게 멋질 수가 없었다.

섑톤산을 배경으로

원점으로 되돌아와선 마운트쿡을 보려고 자동차로 다리를 건너 깊은 골짜기로 접어들었다. 우리의 여행계획서에 들어있는 타스만뷰포인트Tasman Viewpoint를 오르려니 흥구가 헉헉대는 가파른 언덕길도 있었고, 언덕에 올라 온 길을 돌아보니, 여기저기 잔잔한 물을 안고 있는 조그만 웅덩이들이 산재해 있고 타스만호수가 발밑에 있었다. 푸른빛이 아닌 완연한 잿빛의 물. 그러고 보니 뉴질랜드 도처에 타스만과 쿡이 있다.

구름을 뚫은 산 중에 멀리 쿡산(3,724m, 뉴질랜드 최고봉)이 보였다. 이것을 보려고 멀리 왔던가. 이들 산으로부터 빙하는 계속 녹아 꾸역꾸역 흘러내린다. 아오라키마운틴쿡 국립공원은 40%가 빙하이고, 면적은 700㎢. 뉴질랜드의 3천m 넘는 산 20개 중 19개가 이곳에 위치한다. 쿡산 동쪽의 타스만빙하는 온대지방에서 가장 큰 빙하인데 역사가 100만 년 미만인 서던 알프스 빙하는 비교적 최근에 형성된 것이고 지금도 성장하고 있다 한다.

마운틴쿡과 이별하고 내려가는 길도 정다웠다. 돌아오는 길, 마운틴쿡에서 얼마 안 떨어진 곳에 있는 연어 횟집에 들렸으나, 6시까지 영업이라 해서 입맛만 다시고 돌아섰다. 시간이 벌써 7시 가까이 되었다. 10년 전 들렸을 때 맛있었던 연어와 백포도주가 생각나서 들렸는데.

마운틴쿡

오마카우에 있는 숙소, 혹스뷰Hawks View B&BBed & Breakfast에 도착했을 때는 9시가 다 되어 컴컴했다. 와나카, 퀸스타운 근처에 숙소를 구하다 못해 정한 숙소였다. B&B는 잠자리와 아침을 주는 곳이다. 와나카에서 105km 퀸스타운에서 112km 떨어진 곳. 이곳에선 100km 정도면 아무것도 아니다. 오마카우는 인근에 있던 족장 이름을 딴 센트럴오타고 시골 지역의 작은 마을. 1900년대 골드러시 때 기차가 놓였고, 한때 번영을 누렸던 마을이나 지금 철도는 폐쇄되었다. 내비가 인도하는 대로 컴컴한 마을에서 내렸는데, 숙소의 간판이 아무 곳에도 안보였다. 호스텔이 있을 자리가 아니라 하며 거리를 기웃거리던 중, 마침 지나는 노부부가 있어 숙소를 물었더니 그 집에 묵고 있다 했다. 우리는 안도의 숨을 내쉬었다.

간판도 없는 B&B의 문을 들어섰더니 주인 할머니가 왜 이리 늦게 왔냐고 질책을 했다. 숙소 광고엔 10시까지 체크인 시간이었는데 말이다. 때가 늦어 뱃가죽이 붙어있던 우리가 취사를 하겠다고 했더니 완강히 거절하기에 집 밖에서라도 저녁 준비를 하겠다고 하니, 절레절레 머리를 흔들었다. 옆의 방의 손님들이나 동네 사람들에게 방해된다고 조용히 하란다. 우리는 포기하고 남은 찬밥 덩어리에 김과 장아찌로 저녁을 해결했다. 숙소는 퇴직한 늙은 부부가 개인주택을 활용한 B&B였다.

'여행은 무턱대고 시작되고 멋대로 요동을 한다.'

와나카 트래킹

2월 28일 수요일, 아침이 밝아 숙소 밖을 나와 보니, 우리가 잔 곳은 전혀 영업집 냄새가 안 나는 한가한 시골 동네의 아담한 개인집이었다. 주인의 성품을 알 수 있는 잘 가꾸어진 뜰에 방이 서너 개인 민박집. 정원 한구석에는 Hawks View B&B라고 쓴 조그만 표시가 있었다. 아침은 공짜라지만 계란을 부치는 등 식당에 있는 음식 재료로 조반을 차려 먹었다. 미국 모텔의 공짜 아침보다는 훨씬 나았다.

와나카 가는 길, 지나는 던스턴Dunstan호수는 비취색의 아름다운 인공호수. 한 해 전 20세 독일 출신 과수원 인부가 한 여인과 함께 호수로 돌진했다는데, 그만 미수에 그쳤다고 한다. 교통요지인 그림 같은 마을인 크롬웰도 지났다. 처음에는 마오리족이 사람 키의 두 배나 되는 모아새를 잡기 위해 크롬웰에 정착했는데, 이 새는 멸종상태이다. 그

던스턴호수

다음에는 금을 찾아, 댐을 건설하기 위해, 최근에는 체리 포도 등을 재배하려고 사람들이 이곳에 왔다고 한다. 크롬웰(1599-1658)은 정치가이자 군인인데 17세기 중반 영국 청교도혁명 당시 혁명군을 지휘하여 왕당파를 물리치고 공화국을 세우는 데 큰 공을 세운 사람이다.

마운틴쿡 가는 길에 정신없이 헤맸던 와나카에 도착했다. 와나카Wanaka는 남 알프스에 둘러싸인 와나카호수 남단의 호반 도시이며 하웨아호수 가까운 곳에 있다. 마운트 어스파이어링 국립공원의 입구이기도 한 이 도시는 인구 7천 명의 도시로 퀸스타운의 동북부에 있다. 우리는 정보센타(i-site)에 들려 좋은 트래킹코스를 소개받은 후, 점심으로 먹을 빵을 샀고 잃어버린 렌즈뚜껑도 구입했다. i-site앞 주차장에서 미국교포 여인을 만났는데, 차 트렁크를 열고 라면을 끓이고 있었다. 마일리지로 이곳에 왔고, 필요한 물품은 미국에서 다 가져와 돈 들일이 없다고 자랑했다. 검게 그을린 교포 여인의 얼굴에는 강인함이 묻어 있었다.

호수길 트래킹을 시작하는 호수 입구에는 큰 버드나무가 서 있었고, 뛰노는 아이들, 개와 산책하는 여인, 많은 관광객 사이에 우리가 끼어들었다. 호수에는 오리들과 카약 타는 사람들이 있고, 하늘에는 패러글라이딩하는 사람들이 있다. 햇볕이 따가워지자 우리는 호수 곁의 숲길을 걸었는데 사람들의 폼은 제각기였고 자유 분망했다. 연인들의 노는 모양도 제각기였고.

와나카호수

우리는 우연히 립폰Rippon 와인농장 가는 길을 발견해서 바로 이 길로 들어섰다. 농장까지 가는 데는 15분 정도인데 잘 익어가는 과수원 편안한 길을 걸어가니 언덕에 와이너리가 편안히 자리를 잡고 있었다. 와이너리 앞의 못생긴 의자의 이름이 우주를 응시하는 의자Chair for contemplating the Universe. 여기에 앉아보니 주위는 온통 포도밭. 건물 안으로 들어가니 와이너리의 역사가 전시되어 있었고. 버스로 온 관광객에 섞여 다섯 가지 와인을 시음했는데, 문외한인 우리도 미묘한 차이를 느꼈다. 그리고 오클랜드로 돌아가면 우리를 반길 길수에게 선물로 줄 와인 한 병도 샀다. 나중에 서울에서 전문가인 친구 병헌에게 들어보니, 이곳 와인은 죽기 전에 꼭 마셔봐야 할 와인 중에 하나라고. Rippon Pinot Noir.

립폰 와이너리

밖에 나오니 새끼돼지들이 재롱을 부렸고, 포도밭 건너편에는 승마하는 남녀가 천천히 지나가고 있었다. 호숫가로 내려오기 전, 풀 섶에서 간단한 점심식사를 했다. '우리는 결코 돈을 아끼려 빵을 먹는 게 아니고 시간을 아끼려고 그러는 것이다.'라고 씨부렁거리며. 호수로 내려오니 한 신랑이 열심히 예쁜 신부를 사진에 담고 있었다. 한 쌍의 옆에는 와나카의 자랑, 버드나무 한 그루가 물속에서 바람에 가지를 휘날리고 있었는데, 청송 주산지의 버드나무들이 생각났다.

주차장으로 돌아와 시동을 거니 배터리가 나갔다. 사고방지를 위해 항상 라이트를 켜놓고 다녔는데, 그만 라이트를 켜놓고 가버렸던 모양이다. 우리 옆의 날씬한 여자가 얘기 끝나기를 기다려 정비소를 물었더니, 이곳 사람이라 자기가 안내하겠다고 자기 차를 타라고 했다. 정비소에서 그녀의 차에서 내려 고맙다는 인사를 한 후 기사와 함께 주차장으로 와서 점프케이블로 충전하니 비용이 30불(2.4만 원)이다. 다급했던 마음에 예쁜 그녀에게 가지고 다녔던 기념품도 못 주고, 사진도 찍어놓지 못했으니. 뉴질랜드 젊은 여성이 수상이 된 이유를 알 듯했다.

다음은 아이언산 트래킹. 우리 계획서에 기재되어 있는 4.5km, 1시간 반짜리이다. 입구에 있는 눈부신 마가목의 빨간 열매가 우리의 눈을 부시게 했다. 그처럼 화사할 수가 없었다. 길이 개인 땅으로 났는지 정해진 길로만 가라는 행정기관의 안내문이 붙어있었다. 지나가는 길에 키우고 있는 묘목의 형태가 특이했다. 네 개 지지대 밑동에 엷은 붉은색 포장을 해놓았다. 날씨가 더워서 셋이 웃통을 홀러덩 벗었다. 서양 사람들이 벗으면 아무렇지도 않은데 우리가 벗으면 왜 그렇게 쑥스럽던지. 드디어 아이언산 정상을 탈환하고 조용한 와나카마을을 내려다보았다. 8만 년 전에는 빙하, 2천 년 전은 산림, 5백 년 전에 사람들이 오고, 백 년 전에 아름다운 마을이 되었다는 역사가 설명되어 있었고, 하산하는 길에는 시원한 솔솔바람이 불었다.

아이언산에서 내려다본 와나카

와나카 시내에 다시 돌아와 터키인이 운영하는 케밥집에 들렸다. 식당가는 젊은이들로 꽉 차 있었다. 터키인 사장은 우리가 한국에서 왔다 하니, 바로 '브라더'하며 쇼를 했다. 푸짐한 케밥, 맛도 괜찮았는데 오랜만의 외식이었다. 숙소로 돌아오는 길, 던스턴호 숫가에서 잠시 휴식을 취했다. 다시 돌아온 오마카우 마을의 입구는 하루 전과는 달리 정겨웠다. 또 좋은 하루가 갔다. 다음 날 아침, 이틀 숙비 320불(26만 원)을 현금으로 지급했다. 두 번씩이나 할머니가 현금지불을 부탁하기에 영수증을 부탁했더니 할머니께서 직접 영수증을 써주었는데 글씨가 명필이었다.

퀸스타운

3월 1일 목요일 아침, 정든(?) 숙소에 이별을 고하고 퀸스타운으로 달렸다. 오랜만에 큰 도심에 들어가 i-site를 찾았더니 주차장이 없어서 하는 수 없이 근처의 유료주차장에 주차했다. 주차료 계산기 사용 방법을 몰라 동전을 넣으며 헤매고 있으니, 지나는 젊은 친구가 친절히 가르쳐 주며 영수증을 받아 차창에 끼워주기까지 했다. i-site에서 케이블카 티켓(105불, 84천원)을 사고, 뒷동네에 있는 케이블카 주차장으로 가는 길에 복잡한 길을 헤매다 역주행을 했더니, 한 친구가 무어라 잔소리해대는데 알아들을 수가 있어야지. 홍구는 경찰이라고 겁도 먹었고. 어찌어찌하여 만원 주차장에 차를 대었다.

겨우 인구 14천 명인 퀸스타운이 오타고 지역에서 더니든 다음으로 두 번째 큰 도시이다. 마오리들이 비취호수라고 하는 와카티프호수 가장자리에 위치한다. 호수의 길이는 84km. 1863년 빅토리아 여왕과 어울리는 곳이라고 퀸스타운이라고 명명했는데, 빅토리아 여왕(1837-1901)시절은 자본주의 선진국이었던 영국의 전성기였다. 그녀는 양당 제

케이블카 전망대에서 본 퀸스타운

도를 확립했고, '군림하되, 통치하지 않는다'라는 대원칙을 수립했다. 엘리자베스 여왕도 이 도시를 사랑했다. 마오리들이 옥을 찾으려 이곳을 찾았고, 1960년에는 골드러시가 있었다 한다. 삐노누아와인 산지이기도 하다.

케이블카를 타고 번지점프대를 지나, 전망대에서 퀸스타운을 내려다보았다. 6개의 강이 모여들어 만들어진, 뉴질랜드 4번째 호수, 와카티프호수도 보고, 점프해서 스윙하는 여인의 날렵한 자태도 보았다. 안개는 스물스물 몰려오고, 전망대 바로 아래는 룻지luge 타는 청년이 신이 났다. 케이블카 관람을 끝내고 길수가 코치한대로 퀸스타운에서 와카티프호수를 따라 작은 마을, 그래노키Glenorky로 향하여 드라이브하다가 호숫가로 나가는 샛길로 빠졌다. 아무도 없는 호숫가에서 취사도구를 꺼내 상한다고 걱정했던 두터운 돼지고기에 김치와 두부를 넣고 김치찌개를 끓여 먹으니, 그 맛을 무엇에 비하랴. 빗방울은 떨어지고, 구름도 지나가고, 보트가 지난 자리에 물결이 몰려왔다.

다시 길을 달리는 가운데 35라고 쓴 도로표지판을 보고 홍구는 길의 기울기를 표시하는 것이라 우기고, 나는 속도를 말하는 것이라 하고 설전을 벌였다. 나중에 길수한테 속도 표시라고 판정받았지만. 커브 길의 속도 규제는 35, 45, 55-- 꼭 5자가 붙는데, 그 이유를 잘 모르겠다. 경치 좋은 쉼터에서 두 애와 아빠를 만났는데, 마나님은 집 나갔냐고 물어볼 수도 없었고. 뉴질랜드에서는 가정적인 남편을 키위 허즈번드라고 부른다. 키위는 몸의 1/3크기의 알을 낳다 죽기도 한다는데 수컷이 부화한다. 이때 영역을 침범당하면, 수놈은 사투를 벌인다고 한다. 뉴질랜드는 여성투표권을 제일 먼저 인정한 여성 천국의 나라이다. 아이에게 가져온 기념품을 주었더니 좋아하며 만지작거렸다.

파라다이스에 이르는 길, 그래노키, 조그만 마을의 조그만 가게에서 저녁거리를 살까 했더니, 변변치 않아 돌아섰다. 이 마을에도 마가목이 보기 좋게 빨간 열매를 달고 있었다. 제트z보트 선착장에 이르러 길수가 이곳에

번지점프하는 여인

오면 제트보트도 타고, 조그만 카페에서 차 한잔하라는 말을 기억했는데, 시간도 없었고 선착장엔 사람들이 긴 줄을 이루고 있었다.

알랙산드라, 록스버그, 인버카길

마을을 떠나, 오늘의 숙소가 있는 알랙산드라로 향했다. 도중에 카와라우강 다리의 번지점프대에 들렸는데, 10년 전에 들렸던 기억이 났다. 카와라우강은 와카티프호수에서 흘러나와 카와라우 협곡을 통해 크롬웰에서 던스턴호수에 합류한다. 번지점프는 남태평양 팬타코스트섬 원주민이 성인식에서 치르던 통과의례로, A.J.해케트Hackett가 개발하여 이곳에서 1988년 처음으로 시도했다. 높이 43m 점프대에서 젊은 여인이 뛰어내렸다. 겁 없이 뛰어내리는 여인이 돋보였다.

또 비가 내렸고, 크롬웰에 들려 저녁 장을 본 후, 할머니 b&b에 들려 아침에 두고 온 태욱의 베개를 찾아왔다. 할머니와의 인연이 끈질겼다. 크롬웰 지나는 길을 세 번이나 왕복한 셈. 알랙산드라Alexandra에 있는 가든코트Garden Court모텔에 도착하니 정원이 예쁘고, 여종업원도 상냥했고, 여행 중 제일 맘에 들었던 숙소였다. 삼 일을 내리 이곳에 잤으면 좋았었는데 하는 생각이 들었다. 거리도 할머니 B&B와 별로 차이가 없고, 오마카우보다 알랙산드라에서 와나카, 퀸스타운이 더 가까웠다. 가격도 하루에 165불(13만 원)로 저렴한 편이었고.

좋은 정원을 바라보며 차린 저녁상, 분위기가 최고였다. 창밖에는 글라디올라스와 백

분위기 좋았던 가든코트모텔 저녁상

송 줄기가 어울렸고, 비에 떨어진 과일들이 지천이었으며 잘 가꾸어진 채소밭도 있었다. 알랙산드라는 오타고자치지역에 속하고, 기온이 온화하고 쾌적하다. 1863년 웨일스 왕자와 덴마크 공주 알랙산드라의 결혼을 기념, 명명했다고 한다. 19세기 말 계곡 근처에서 금이 발견되었고. 식사 후에 어두운 밤거리를 나서 선술집을 찾았는데, 불 켜진 건물의 창을 들여다보니, 교회에는 드럼 치는 사나이와 여인이 있었다. 오마카우에서 숙소를 찾아 헤맬 때 선술집에 들렸었는데, 그곳 분위기가 좋았다는 태욱의 말을 듣고 나섰던 길이었다.

3월 2일 금요일 아침, 인버카길을 향해 남쪽으로 가는 길, 긴 구름의 나라에는 구름이 길게 일고 있었는데, 차의 엔진오일 표시 등이 갑자기 깜박 깜박거렸다. 당황해서 과수원에 들려 정비소가 어디 있냐고 물었더니, 지게차를 운전하던 수더분한 농부가 조금 아래 타운 중심에 있다고 가르쳐주었다. 고맙다는 뜻으로 흥구가 그렇게 먹고 싶다고 노래를 불렀던 체리 한 상자를 샀다. 큰 슈퍼 들릴 때마다 없었던 체리가 그곳에는 있었다.

농장주인이 가르쳐준 대로 오타고 자치지역의 소도시 록스버그에 있는 차량정비소를 찾아 그 앞에 정차했다. 록스버그는 알랙산드라 남쪽, 클러서강 기슭 테비엇계곡에 있는 1860년대의 골드러시의 주요 중심 타운. 가축사육, 사과, 살구, 체리가 주 작목이고, 옛 기차 종착역의 흔적이 있으며 록스버그댐, 갈탄 노천광이 있다. 차량의 본넷을 여니 먼지투성이, 한 번도 청소를 안 했는지. 엔진오일과 워셔액을 보충하고, 타이어 공기도 조정했다. 최종적으로 오일탱크 마개를 샀다. 주유할 때 줄이 없는 연료구 마개를 차 지붕 위에 놓고 깜박하고 달리다 보니 날아가고 말았다. 다행히 일찍 마개가 없는 것을 알아차려 휴지로 막았었다. 그 이후로는 마개를 열어 호주머니에 넣고 주유했다. 수리비 총합계는 51불(41 천 원), 생각보다 비싸지는 않았다. 이 광경을 처음부터 보고 있던 마을의 구경꾼이 있었는데, 우리는 그를 향해 이차는 우리 차가 아니고 친구의 차라고 강조했다. 정비소 옆에는 한국타이어 가게, 반가

마오리족 어린이

웠다. 정비사는 보아하니 키위허즈번드, 얌전하게 생겼다. 다시 달리니 양목장이 계속되었다. 뉴질랜드 양 사육두수는 4천만. 인구의 10배는 안 된다. 수익성에서 보면, 양과 비육우 사육은 낙농보다 떨어진다고 한다.

인버카길에 도착, i-site를 찾았는데, 같은 건물에 사우스랜드박물관, 갤러리와 같이 있었다. 인버카길은 사우스랜드자치지역의 상업중심지로 뉴질랜드의 최남단 도시인 동시에, 전 세계 최남단 도시 중의 하나. 19세기 초 고래잡이 항구로, 인구는 55천 명. 19세기 중반 식민지개척에 공이 큰 윌리엄 카길대위에서 이름을 땄다. 스코틀랜드인들이 정착했고 시원스런 사우스랜드평원의 중심이며 빅토리아시대 건축물이 많다. 가장 흐린 날이 많은 도시 중 하나로 제재, 식품가공, 모직물, 주물 기계, 목축업이 성행한다.

갤러리에 걸린 작품을 감상했고, 박물관에선 뉴질랜드 초기의 유물들, 당시의 개구리 소년과 마오리 후손들의 눈이 초롱초롱한 모습, 마오리족이 백인들에 항거하여 시위하는 장면, 우습게 생긴 복어 등의 해양 동물, 멸종 위기에 있는 키위, 남섬의 남해안 및 남동해안에 서식하는 몸집이 작은 블루 펭귄, 당시의 포경하는 모습 등을 두루 살펴보았다. 키위, 블루 펭귄, 고래 등은 여행 기간 중 그토록 보기를 원했지만 보지 못했다.

큐리오베이, 오와카

인버카길을 떠나 미국 서부가 생각나는 사우스랜드평원을 동으로 90km 달려 캐틀린스해안으로 향했다. 인버카길 i-site에서는 남섬 최남단, 캐틀린스해안에 있는 땅끝마을, 스로프포인트Slope point와 큐리오베이Curio Bay를 추천해주었다. 이 해안에는 돌고래, 노랑눈펭귄, 바다사자, 알바트로스가 서식하고 있다. 알바트로스는 날개 길이가 3-4m나 되어 날개를 질질 끌고 다닌다는 바보 새. 하루에 500마일을 달린다는 새로 가장 효율적 여행자이다. 골프에서도 이글보다 한 수 위. 최남단에 있는 스로프포인트와 큐리오베이에서 오른쪽으로 돌아 태평양해안으로 달리면 더니든에 이른다.

스로프포인트 가는 길을 잘못 들어, 갈림길에서 우회전하지 못하고 바로 큐리오베이로 가고 말았다. 처음에는 얌전한 비포장길이었지만 나중에는 사람을 헷갈리게 했다. 덕분에 땅끝마을을 못 보았고. 최남단 곶이 있는 큐리오베이는 유난히 바람이 셌고 넓은 비치가 펼쳐있었다. 땅끝마을이나 진배없는 이곳 헤드랜드Head Land는 바다로 불쑥 나와 있다. 큐리오베이에는 180백만 년이 된 쥬라기시대 나무 화석이 있다. 파도는 얼마나 세던지. 파도야 어쩌란 말이냐, 펭귄, 바다사자, 고래, 알바트로스도 못 보고, 이곳에서 많이 생산되는 굴, 맛도 보지 못하고 이곳을 떠나는데. 1791년 이곳에 포경선이 처음 도착했는데, 1840년까지는 뉴질랜드 근해에는 천 마리의 고래가 있었다고 한다. 이곳을 떠나 더니든 가는 길은 동북쪽으로 180km.

큐리오베이의 헤드랜드

강한 바람을 맞으며 카누의 고장 오와카에 오니 관광객을 태운 역마차, 튼실한 말들이 지천이었다. 승마를 관광 상품으로 만들었나 보다. 오와카Owaka는 평원지대가 끝나고 울퉁불퉁 구릉지대에 있는 오타고지역의 소읍으로 인구는 겨우 3백 명. 이곳에서 주유를 했는데 22불 어치 넣으니 주유를 스톱했고, 150불이 결제됐다고 통보가 왔다. 사무실에는 아무도 없어 묻지도 못했고. 귀국하여 국민카드사에 이의를 제기하여 겨우 해결했는데 누가 잘못한 것인지. 뉴질랜드는 주유소 결제 방법이 각양각색이다. 전액 현금결제, 우리와 같이 주유기 옆에서 하는 카드 결제, 먼저 주유하고 사무실에서 결제하는 등. 남섬에서는 카드 결제 시 우선 150불로 결제되고, 사후에 다시 취소되고 정상 금액으로 결제되는 곳이 많았는데, 이해가 안 되었다.

3. 남섬 동쪽해안을 북상하여 픽턴항으로

더니든

다도해에 누운 오타고반도

우리는 다시 길을 달려 뉴질랜드 남쪽에서 태평양 해안에 있는 더니든으로 향했다. 더니든, 아카로아 거쳐 크라이스트처치로 갈 예정. 한가로운 풍경이 계속 펼쳐졌다. 북섬에는 소가, 남섬에는 양이 많은데, 사육환경이 그렇겠지만, 소고기가 북섬에서 많이 소비되어서 그런지. 더니든의 비탈진 동네, 터널비치가 보이는 언덕에서 오늘의 숙소를 찾았다. 숙소 잡기가 어려운 동네는 지나갔고, 예약 없이 가면 헐하게 숙소를 구하겠지 하는 단순한 생각으로, 사전에 후보지 모텔을 두 군데 물색하고 찾아간 것인데, 첫 번째 점찍은 숙소를 찾을 수가 없었다. 내비에 주소를 잘못 입력했는지, 민박집이었는데 깜박하고 모텔 간판만 찾지 않았는지 모르겠다. 터널비치는 알려지지 않은 명소인데, 그곳을 떠나가기가 아쉬웠다.

터널비치를 떠나, 다도해에 길게 누운 오타고반도의 산동네를 거쳐 고생 끝에 두 번째 예비숙소 포토벨로숙소에 간신히 도착했다. 내비가 인도하는 대로 낭떠러지 끝의 꼬부랑 산길을 얼마를 갔는지. 남섬 북단 푸풍가로 간 날 이후 홍구가 제일 힘들었던 날이다. i-site가 있는 더니든 도심에서 동쪽 포토벨로Portobello까지는 18km, 도심에서 서쪽 끝 터널비치까지는 8km. 숙소 문제로 꼬부랑길 26km를 헛되이 헤맨 셈이다. 현지에서 계약한 숙박비는 하루 전 부킹닷컴에서 제시된 금액보다 20불 더 비싼 160불. 왜 더 비싼 것이냐고 항의했지만 소용이 없었다. 그래서 해외여행 시에는 하루 전이라도 예약하는 것이 옳은 방법임을 몸으로 깨달았다. 하여튼 날은 어둑해져 딴 곳을 찾을 수도 없었고, 비싼 등록금을 냈다. 포토벨로숙소는 캠프벤으로 가득 찼고, 늦게 서둘러 저녁을 해먹으니 맛은 꿀맛이었다.

3월 3일 토요일, 안개가 자욱한 안개 속을 뚫고 산길을 가자니, 홍구는 신경이 곤두섰고, 애증이 많은 내비도 흔들렸다. 목적지 입력하는 것이 얼마나 힘들었는지. 도시 이름을 쳐도 안 되고, 유명한 명소 이름을 넣어도 안 되고. 어떤 때는 주소 넣어도 안 되고. 우리나라의 내비와는 틀려, 간단한 길만 표시되고, 좌회전, 우회전, 2번째 출구로 나가라 등 단순한 명령만 내렸다. 목적지가 얼마 남았는지, 주위에 무엇이 있는지 통 알 수 없었다. 주위에 있어 봐야 산야뿐이겠지만. 그렇지만 내비라도 없었으면 여행을 제대로 할 수 있었을까. 심카드를 꽂았는데도 일부 구간 빼고, 구글맵이 거의 안 되었으니 더욱 곤란한 경우가 많았다. 안개가 좀 걷히더니, 쉬었다 가고 싶은 벤치, 아침을 걷는 사람들도 시야에 보였다.

드디어 더니든 도심을 지났다. 남섬의 태평양 연안에 있고 남섬에서 두 번째 큰 도시이며 오타고 지역에서는 가장 큰 도시. 인구 13만 명에 남반구의 에든버러라고 불릴 만큼 스코틀랜드 문화에 젖어있다. 뉴질랜드 제일 오래된 대학, 오타고대학교가 있다. 울고 있는 강, 와이타키강이 도시를 흐르고. 자유로운 영혼의 외로운 여행자, 백패커가 앞과 뒤에 배낭을 메고 우리의 앞을 지나갔다. 우리는 주유 카드 사건 이후 주유는 셀프지만, 종업원이 있는 칼텍스를 선호하게 되었다. 우리의 눈이 편파적인지 칼텍스의 아가씨들은 예뻐 보였고, 더니든 시내 구경은 생략하고 태평양 연안을 따라 북상하는 길, 아직도 안개가 자욱했다.

아카로아

　아침햇살이 눈부시고, 우리는 뽕짝을 틀었다. '청춘아, 내 청춘아', 친구 지탄의 18번. '여보, 마누라. 뒤뜰에 매어놓은 송아지 한 마리 어쨌소?' 보나 마나 친정집 갔겠지. 길수가 길 떠날 때 넣어준 뽕짝이 수록된 라디오. 기사양반 졸릴 때, 신날 때, 우울할 때, 심심할 때면 틀어놓았다. 뒷좌석의 태욱, 어깨 들썩이며 박수치고. 안개가 길을 또 막았다. "속도 줄이라고. 2년에 벌점 백점이면, 길수는 면허정지야." 지나는 길에는 음지와 양지가 교차하고, 차를 타고 지나가는 견공이 차창에 머리를 내놓고, 궁금증을 참지 못했다. 여행 중에는 세상이 어떻게 돌아가는지, 신경을 끊고 사니 얼마나 좋았던지.

아침햇살

　허버트Herbert를 지나 오마루Oamaru로 들어섰다. 오마루는 인구 14 천 명으로 더니든, 퀸스타운에 이어 오타고자치지역에서 세 번째 큰 도시로 뉴질랜드의 작은 유럽이라 불린다. 시내에 진입하니 남섬 전체가 태풍, 지진으로 만신창이가 되어 곳곳이 피해복구 현장이고 교통이 통제되고 있었다. 오마루에서 한 시간가량 달려 티마루에 들어서니 기아자동차 큰 간판이 보였다. 티마루는 인구 47 천 명의 캔터베리자치지역 항구도시로 뉴질랜드 두 번째 큰 어항이다. 19세기 중반 포경기지였고 더니든의 북쪽 196km 지점에 있다. 앞을 보니 홍구친구가 무서워하는 트럭이며 큰 캠프벤, 트레일러 달은 차량들이 어찌나 꼬불꼬불 산길을 잘만 가는지, 감탄할 지경이었다.

우리는 크라이스트처치 입구에서 남동으로 뻗은 뱅크스Banks반도에 있는 아카로아로 샜다. 힐톱을 넘으니 산과 내와 모래사장이 우리와 같이 달렸고, 아카로아 다 가서는 왼편으로 꺽지 못 하고 바로 직진하는 바람에 산으로 오르고 말았다. 내려다보니 바다가 깊숙이 내륙으로 뻗어 있었고, 놀잇배가 아카로아 앞바다에 그득했다. 아카로아는 길수가 적극 추천한 곳. 길을 잘못 들어서기는 했지만, 산 위에서 아름다운 마을 전경도 감상하며 점심 식사도 하고, 한 시간 이상을 보냈다. 다시 아카로아에 진입, 중심지에 주차하고 i-site에 들려, 찾아갈 만한 곳을 물어보기는 했지만, 오전 내내 안개가 낀 만큼 무척이나 더운 날씨였다. 트래킹하기 너무 덥고 시간도 넉넉하지 못해, 시내를 한 바퀴 돌고, 아카로아 앞바다에서 유유히 뱃놀이하는 사람들, 어린이들이 물놀이하는 광경 등을 구경하다가, 다시 출발하여 마을 입구 조용한 해변의 숲에서 휴식을 취했다. 잠시 마음의 돛단배에 돛을 달고 멋진 항해를 한 셈.

아카로아 앞바다

크라이스트처치, 보웬베일 트래킹

더운 날씨와 알렉산드라를 떠난 후 이틀간의 강행군으로 인한 피로를 감안해, 아카로아를 일찍 떠나 크라이스트처치파크 옆에 있는 모텔에 도착하니, 아직도 해가 남아있고 여유가 있었다. 모텔 여주인은 태욱에게 숙박료를 받고 열쇠와 와이파이 이용권 세 장을 주더니 어디론가 바로 사라졌다. 주인이 상주하지 않는 모텔 같았다. 이곳을 떠난 다음

날인가 용도가 불분명한 25불이 카드 결제되었다고 통보가 왔다. 며칠간 알아본 끝에 이 모텔의 와이파이 이용료 25불이 청구된 것으로 판명되었다. 이곳에선 와이파이가 잘 안 터져 우리가 불평을 했고, 여행 중 와이파이 사용료를 별도 지불한 적이 없었다. 대도시의 얄팍한 상혼이랄까. 부킹닷컴이 제공한 카드번호를 불법적으로 사용한 것은 아닐지 모르겠다. 여유 있게 저녁 식탁을 차렸고, 햇볕이 드는 식탁에서 처음으로 붉은 포도주를 곁들인 식사를 하였다. 우리 입맛엔 역시 백포도주가 맞았다. 그리고 모텔 주위를 한 바퀴 돌았다. 아직도 축구장에선 젊은이 몇이 볼을 차고 있었고, 주변은 한국의 일반 주택가 같은 분위기. 풋볼, 스쿼시클럽 사무실, 그리고 물리치료실도 있었다. 이들 사무실표시는 마오리어로도 쓰여 있었다. 뉴질랜드인의 1/7이 마오리족으로, 마오리어도 영어와 함께 공용어로 쓰이고 있다.

피해복구 중인 크라이스트처치

3월 4일 일요일 8:30, 숙소를 출발하여 시내로 향했는데, 충전 중인 폰이 숙소 의자 밑에 있는 것을 깜빡했다. 일요일 아침부터 헛바퀴 돌기 시작하였다. 크라이스트처치 시내는 아직 지진피해 복구 중으로 여기저기 공사 표시가 있었다. 2010.4-2011.2 사이 캔터베리, 크라이스트처치 일원에 대지진이 있었는데, 최고 강도는 6.3이었다. 1931년 네이피어 지진 후 처음이라 했다. 지진 강도는 12단계로 구분되는데, 6이면 모든 사람이 느끼고 일부 무거운 가구가 움직이며 벽의 석회가 떨어지는 정도. 7이면 일반 건물은 약간의 피해, 부실 건물에는 상당한 피해가 온다고. 지진이 일어난 지 7년이 지났는데 아직도 복구 중이라니, 우리에겐 이해가 안 가는 일.

시내에는 여기저기 벽에 그린 그림들이 눈에 띄었고, 은빛 고사리와 마오리인도 그려져 있고, 높지는 않지만 영국식 건물과 현대식 건물, 아담한 교회, 그리고 잘 가꾸어진 정원이 어우러져 있었다. 거리엔 시티투어 전차도 달리고 있었고, 시의회 건물 앞에는 마오리 조각이 있는 기둥이 세워져 있고, 그곳을 조금 지나니 1층에 i-site가 있는 고풍스런 건물이 나타났다. 크라이스트처치는 평원에 세워진 정원 도시. 인구는 368 천 명으로 남섬에서 제일 큰 도시이다. 아본강이 흐르고 있고, 양모, 고기, 낙농제품 등을 수출하고, 석유, 비료, 철강 제품 등을 수입하는 뉴질랜드 제2 산업중심지. 시내 중심에 골리(John Robert Golley)의 동상이 있는데 그는 영국의 전통적 생활방식을 보전할 수 있는 영국사회를 이곳에 구현하려 했다. 이 도시의 이름을 따온 크라이스트처치는 옥스퍼드대학교에서 가장 규모가 크고 귀족적인 전통이 있는 대학. 16세기에 헨리 8세가 세웠고 세계에서 유일하게 대학 겸 성당이며 십여 명의 총리를 배출했다.

i-site에 들렸더니 여직원은 빅토리아파크를 트래킹코스로 추천했다. 빅토리아파크와 인근에 보웬베일Bowenwale파크가 함께 나타나 있는 지도를 얻고 나오려니, 이층에 화인 아트갤러리가 있고, 마침 김 민 한국작가의 전시회가 열리고 있었다. 얼마나 반가웠던지. 그의 제자가 자리를 지키고 있었는데 이것저것 물어보며 작품을 구경했다. 헤어포드, 홀스타인, 수탉, 마오리 여인, 크라이스트처치 거리풍경, 머리에 꽃을 꽂은 여인 등. 작가는 뉴질랜드와 자연을 무척 사랑하는가 보았다. 주차장으로 되돌아오는 길, 한 아트갤러리도 전시회를 광고하고 있었다. 역시 마오리 말로도 쓰여 있었고. 들려볼 시간이 있었으면 하는 아쉬움뿐. 마침 일요일이라 주차료는 공짜였다.

내비에 다음 목적지, 빅토리아 공원을 찍고 달렸는데, 가는 방향이 아무래도 이상했다. 25km나 달려 되돌아왔는데, 빅토리아공원이 한두 곳이 아닌가 보았다. 이곳만 아니라 세계적으로도 영국문

김민의 크라이스트처치 거리풍경

화가 닿은 곳이면 같은 이름이 많으리라. 그래서 목적지를 조금 바꾸어 인근의 보웬베일파크를 찍고 달렸더니, 시내를 벗어나 그곳으로 가는 넓지 않은 언덕길은 심한 정체상태였다. 우리가 가고 있는 보웬베일파크는 리틀턴항구가 멀지 않은 곳으로, 이 공원의 바다 건너는 Banks 반도이고, 하루 전 우리가 들렸던 프랑스풍 마을 아카로아가 있는 곳이다.

바다 건너는 뱅크스반도

트래킹을 시작하여 처음으로 들린 입구의 버넌산파크는 보웬베일보호지역의 일부였다. 보웬베일 옆에 빅토리아파크가 있지만, 시간도 많지 않아 이곳을 걷는 것으로 만족해야 할 것 같았다. 바다 건너의 뱅크스반도를 바라보며 하루 전 우리가 갔던 언덕이 어딜까 가늠해보자니, 바위 사이에 예쁜 꽃다발이 놓여 있었다. 어느 청년이 이곳에서 사랑을 고백했나? 완만한 능선을 내려와 언덕을 넘어 또 하나의 높은 봉우리를 향해 천천히 접근했다. 우리는 시의회에서 발행한 지도가 있는 팸플릿, '포트힐스워크Port Hills Walks'를 보고 이곳을 찾았는데, 여기저기 세운 안내문에도 의회 이름이 나와 있다. 이곳 의회에서는 이런 일도 하고 있구나 하는 생각이 들었다. 정상에서 아이를 셋 데리고 온 여인을 만났는데, 가지고 온 선물 하나를 주고 엄지손가락을 치켜들어 잘한다는 표시를 했다. 이들은 학교 앞 교통안내도 학부형이 하지 않고, 애들이 하게 한다, 자립심을 키우려고. 하산하려니 길이 예쁘고, 크라이스트처치 시내가 내려다보였다. 통행 금지된 길도 있고, MTBMountain Bike 타는 젊은이들도 있었고, 각종의 행사 포스터도 붙어있었다. 세

시간은 족히 걸은, 멋진 도시 위의 야산 트래킹이었다. 크라이스트처치 시내에 들어서니 인버카길 트램이라고 크게 써 붙인 전차가 지나가고, 짧은 여름옷차림의 젊은 여인들이 건널목을 건너갔다. 인버카길까지는 560km가 넘는 거리인데 그곳까지 전차가 정말 운행될까?

언덕 너머는 크라이스트처치

햄머스프링, 카이코우라

이곳을 떠나 햄머스프링 가는 길, 아시안 마켓을 들렸더니 주인은 마침 한국 여인이라 반가웠다. 김치도 팔고 있어 얼씨구나 잘 되었다 하며 큰 봉지로 하나를 샀다. 김치도 거의 바닥이 난 상태라 적시 구매라 할까.

크라이스트처치에서 햄머스프링까지는 130km, 남섬 동해안에서 잠시 내륙으로 들어섰다. 햄머스프링은 서던알프스 언덕에 자리를 잡은 조용한 마을로 온천이 있는 동네이다. 우리의 숙소 카카포롯지에 도착하니 주인이 한국인이다. 롯지lodge는 뉴질랜드에서는 모텔을 말한다. 손주를 안고 있는 여주인이 우리를 반갑게 맞았는데 남편은 상을 당해서 귀국하여 부재중이었고, 며느리는 중국인이었다. 가족경영 형태의 운영이다. 짐을 풀고 우리가 야외온천장으로 향하니, 이곳에서도 마가목은 빨간 열매를 뽐내고 있었다. 언젠가는 8월 말에 울릉도 성인봉에서 열매를 맺고 있는 키다리 마가목 군락을 보아야 할 텐데. 햄머스프링온천은 온도계는 41도를 넘게 가리키고 있었지만, 야외 온천이라서 그런지 실제로는 그렇게 뜨겁지 않았다. 제일 온도가 높은 탕에서 호주에서 온 팀들과 담소를 나누었다, 처가집 식구가 호주대사로 있다는 얘기도 하며. 옷을 락카에 넣고 나온 뒤에 핀 넘버도 조작하지 않고 나온 덕에, 온천욕을 마치고 락카를 열 때는 종업원을 부르는 촌극을 벌렸다. 실은 귀중품도 없었고 락카를 빌릴 필요가 없었는데. 락카를 열고 보았더니 홍구는 팬티를 신발에 꼬깃꼬깃 접어서 넣어두었다.

　3월 5일 월요일 아침, 해가 뜨기 전에 코니얼 언덕 트래킹에 나섰다. 먼동이 터오더니 주위가 온통 황금빛으로 변했다. 좀 더 일찍 일어났더라면 일출을 볼 수 있었는데 아쉬웠다. 아담한 시골 동네의 해가 뜨는 쪽을 바라보니 나무 한 그루가 멋쟁이였고, 트래킹 종점에 도착하니 정자 아래는 이 동네 발전에 기여했던 던컨 루서휘드(1853-1917)씨의 공로를 기리는 패가 있었다. 이들의 사람을 기리는 모습들은 참 보기가 좋다. 우리는 잘한 사람의 약점을 들추고 남을 비하하는데 너무 열심인 것이 아닌지 모르겠다. 흠이 없는 사람이 어디 있겠나. 동네로 가는 지름길을 찾다가 다른 산책길로 들어서서 한참이나 헤맸다. 동네로 못 내려올까 걱정을 하며 걷다 보니 희한한 솔방울도 있고 개활지에 엎드려 굽혀 펴기를 하는 사람도 있었다. 카이로 프랙틱, 마사지하는 곳도 있었고, 한 시간 잡았던 산책이 두 시간이나 걸렸다. 숙소에 돌아오니 커다란 밥통 위에 널어놓았던 양말이 다 말랐다. 집사람 보았다면 더럽게 무엇 하는 짓이냐고 기절초풍했을 터인데.

　아침 식사 후 또 길을 떠나, 카이코우라로 향했다. 카이코우라까지는 125km. 여행 떠

아담한 동네, 햄머스프링

날 때 길수가 심심할 때 마시라고 뉴질랜드 사람들이 좋아하는 구아라나 에너지 드링크를 넣어주었는데, 나 빼고 두 친구 모두가 싫어했다. 구아라나Guarana는 아마존에서 나는 커피콩 크기의 열매인데 이 열매로 만든 음료수는 아마존 전사가 먹었던 브라질의 코카콜라라고 한다. 조수석에서 혼자 홀짝거리는 맛도 괜찮았고. 공사 중인 도롯가에는 이동 신호등이 신호를 하고 있었는데 처음 보는 일이다. 다시 태평양 바다, 카이코우라의 바다로 나왔더니 전형적인 어촌의 풍경을 보여주었다. 카이코우라는 마오리어로 가재를 먹는다는 뜻이다. 남섬 북동부 해안의 카이코우라 반도에 위치하는 이 어촌 도시의 인구는 4천 명. 1843년 최초의 포경기지였으며 난류, 한류가 교차하는 곳으로 해산물이 풍부하다. 고래체험, 바다낚시를 즐길 수 있으나 지진으로 그 흔하던 흑전복은 이제 구경하기 힘들다고 했다. 도시 주위에는 마나카우산(2,608m)과 파이프산(1,602m)이 있다.

먼저 i-site를 찾아서 카이코우라 워크웨이Walkway도 알아보고, 좋은 식당을 추천해달라고 했더니, 카이코우라시후드BBQ를 맛있는 식당으로 추천해주었다. 도시 이름이 가재를 먹는 곳이니 바닷가재, 랍스타를 먹어야지. 여직원은 너무 늦으면 브레넘으로 가는 길이 홍수피해로 통제되어 갈 수가 없으니 길을 서둘라고 참고 말도 해주었다. 식당을 가서 보니 우리가 트래킹할 코스의 해안 초입에 자리를 잡은 음식점으로, 포장마차 분위기였다. 보스 같은 여주인이 현금만 받는다고 하여, 시내로 돌아가 시내 중심에 있는 CD기에서 처음으로 현금을 뽑아보았다. 여행 중 현금으로 크게 지불한 곳은 주유소 한

푸짐한 점심식사

곳, 할머니 b&b, 이곳 등 세 곳뿐으로 전부 남섬에 위치한다. 북섬보다는 남섬이 관광지 냄새가 더 나고, 인심도 별로이다. 바닷가재 2인분, 오늘의 메뉴 2인분에 홍합 1인분 추가로 시키고 보았더니 시킨 메뉴마다 밥과 빵, 그리고 채소가 나왔다. 결국 5인분 음식을 시킨 셈. 주위 테이블에 자리 잡은 사람들이 우리를 부러워하는 것인지, 대식가라 흉보는지 몰랐지만, 옆의 프랑스청년은 확실히 우리를 부러워하는 눈치였다. 지불한 금액은 107불(86 천 원). 영수증엔 With Thanks라는 말이 있었고, 하여튼 남긴 음식 없이 적당한 가격에 자-알 먹었다.

식후 트래킹코스를 걷기 시작하니 해변에는 조개류와 해초를 채취하지 말라는 경고판이 여기저기. 그리고 더 이상 바다로 나가면 당신 책임이라고, 바다표범에 물리면 다칠 수도 있으니까. 또 새의 산란 장소에는 가지 말고, 파도에 주의하라는 주의문도 있었다. 해변으로 나아갔더니 들기조차 힘든 다시마 줄기가 많았다. 해변을 따라 오솔길을 걷다, 육지 쪽의 가파른 절벽을 힘겹게 올라, 시내쪽으로 방향을 잡은 절벽 위, 걷기 좋은 오솔길을 따라 걸었다. 우리가 세웠던 계획서대로 카이코우라 워크웨이Walkway를 착실하게 걸은 것이다. 주의하라는 바다표범은 어디에도 없었고, 언덕 위의 정감 나는 길을 걷는 것은 마치 천당 길을 걷는 것 같았다. 아찔한 낭떠러지 위에서 보니 해안에는 풀과 나무 기둥으로 만든, 아메리칸 인디언이 사는 집 같은 것이 보였고, 낭떠러지 위에는 두 연인이 포옹을 하고 있었다. 해안가를 내려다보며 얼마라도 걸을 것 같은 길, 바다의 앙금이 아니라 우리 마음의 앙금을 걷어내는 카이코우라 둘레길이었다.

카이코우라 Walkway

블레넘 (브렌하임)

다시 북섬으로 가는 배를 타기 위해 블레넘으로 출발했다. 태풍으로 인한 해안 길 통제가 있어, 통행시간을 못 맞추면 두 시간이면 족할 길을 6시간 이상 산을 넘어 돌아가야 했다. 군데군데 산사태가 났고 자연의 재해는 어쩔 수 없는 모양. 또 풍랑이 세지기 시작했다. 드디어 블레넘의 숙소 도착하니, 해가 지기 전이라, 날씨는 너무 더웠고, 뉴질랜드에 온 이후 처음으로 선풍기를 켰다. 저녁 식사 후 동네 산책을 시작했다.

블레넘 가는 길

1704년 영국의 말버러 공작, 존 처칠이 독일 바이에른 블레넘에서 벌어진 스페인 왕위 계승 전투에서 프랑스군을 격파했는데, 이후 영불 간의 투쟁에서 우위를 지키는 계기가 되었다. 이를 기념 영국에 블레넘 궁전을 세웠는데 윈스턴 처칠이 이곳에서 태어났다. 우리가 산책을 하고 있는 말버러 자치지역의 블레넘도 이를 기념하여 명명된 것. 블레넘은 오마카강, 오파와강이 합류하는 와이라우 평원에 있는 인구 3만 명의 타운. 여름이 건조하고 고래 관광, 낚시의 도시이다. 우리는 어두운 강가를 거닐다 숙소로 귀가했는데 어두운 시골 동네에는 가끔 불 켜진 집이 드문드문 있었다. 내일 픽턴으로 돌아가서 북섬으로 가는 배를 타면, 남섬의 모든 일정을 소화하는 셈.

4. 북섬 동해안을 북상하여, 오클랜드로

케이프팰리저, 캐슬포인트

 3월 6일 화요일 5시에 일어나 서둘러 픽턴항 선착장으로 달렸다. 남섬으로 올 때 웰링턴에서 길을 헤맸던 생각에 정신을 바짝 차리고. 다행히 작은 도시라 별문제 없이 무난히 안착했다. 배의 출발이 30분 늦어져 8:30분 출발했다. 하늘은 잔뜩 흐렸고. 올 때와는 달리 맥주 한잔하며 차분히 선실에서 대부분의 시간을 보냈다. 바다를 보니 흐린 날

웰링턴으로 가는 페리

의 돛단배, 돛이 없어도 잘 가고 있었다. 도착도 30분이 지연되어 귀한 한 시간이 도망가 버렸다. 웰링톤에 도착하니 산 위에는 집들이 빼곡했고. 남섬의 최북단과 최남단을 갔으니 이제는 북섬의 최남단을 가자는 홍구의 말을 따르기로 했다. 당초 캐슬포인트로 바로 가려던 것을 북섬의 남쪽 끝, 캐이프팰리저로 가기로. 웰링톤에서 캐이프팰리저까지는 141km이다.

차는 웰링턴 언덕을 넘어 북섬 남동쪽의 자치지역, 와이라라파에 들어섰다. 인구 4만의 이 지역 서쪽에는 리무타카, 타라루아산맥이 가로놓여 있다. 일찍이 18세기 중엽에 유럽인들이 정착했고, 오늘 머무르기로 한 북쪽의 마스터톤이 이 지역의 중심지이다. 리무타카산맥을 넘는 쉼터에는 리무타카 크로싱Rimutaka Crossing 기념비가 있다. 세계 1차 대전 당시 영국군 뉴질랜드 사단, 수천 명의 보병들이 서부전선으로 출발하려고 이 고개를 넘어 웰링톤항으로 갔다. 두 명의 헌병이 우리와 같이 쉬고 있었는데, 한 명은 마오리 병사였다. 헌병들은 어느 나라나 훤칠하고 폼이 좋다.

리무타카 크로싱 기념비

산맥을 넘으면, 평평한 땅 내지는 저지대이다. 점심때도 되고, 조그만 고을의 식당에 들렸더니 문이 닫혔다. 식당 이름은 촌색시(The Land Girl). 촌색시 얼굴 한번 보려 했더니 마음대로 안 되었다. 메뉴판에는 와이파이도 적혀있고, 시골 촌에도 이제는 와이파이 연결이 되느냐가 중요하다. 구릉지대도 나왔고, 확실히 북섬에는 양목장보다는 소목장이 많다. 팰리저만의 바다가 보이기 시작했고, 빗줄기가 세어졌다. 등대는 맑은 날보다 이런 날이 제격이리라. 북섬 최남단에 있는 케이프팰리저의 등대(1897년 건축)로 오르는 계단이 보였다, 계단 수는 250개. 병만선생의 북섬 종단의 시발점이었다고 한다. 이곳 해안은 북섬 최대의 물개서식지. 날씨 탓인지 한산했고 물개도 안 보이고 캠핑족도 적었다. 등대 앞에는 동해안으로 연결되는 해안 비포장길이 있고, 이를 통과하는 허술한 문이 있었다. 이 문을 열고 동해안을 따라 북동쪽으로 오르면 캐슬포인트에 닿을 텐데. 길도 다시 돌아갈 필요도 없고. 그러나 두 친구 모두 머리를 흔들었고, 길도 비포장도로인지라 가자고 강하게 주장할 수가 없었다.

등대를 올라갔다 돌아와서는 주섬주섬 취사도구를 꺼내어 등대 앞 바닷가, 우산 속에서 끓여 먹었던 라면, 정말 꿀맛이었다. 비바람 속에 차가워진 몸을 따뜻하게 해주기도 했고. 다시 온 길로 돌아가자니 바다는 칠흑 바다가 되어갔고, 거인바위는 괴물로 다가왔다. 곧이어 길에서 처음 만난 순한 양떼는 우리차를 보고 당황해했고, 목동은 경운기에 양몰이 개를 싣고 양을 몰고 있었다. 우리는 이들이 피해줄 때까지 기다릴 수밖에. 날이 좀 개는 것 같더니 다시 폭우가 내렸고, 차창에서 보는 바깥 풍경은 유리에 부딪치는 빗물을 통해 예술이 되었다. 휘더스톤Featherston 삼거리까지 왔던 길을 되돌아가서는 마스터톤으로 달렸다. 케이프팰리저에서 이곳까지는 107km.

케이프팰리저 등대

드디어 마스터톤 모터롯지에 도착하여 체크인하고 숙소의 키를 받았다. 숙소에 들어가 보니 취사시설이 완전치 못했고 태욱이가 모텔이 이럴 수 있냐고 항의하였더니, 마음씨 좋은 주인은 마나님의 눈치를 보더니 시설이 완비된 큰방으로 바꿔줬다. 그리고 주인은 save를 사브라고 하는 등 알아먹기 힘든 영어를 구사하며, 숙박 관련 센서스에 응해달라고 설문지를 주었다. 방을 옮기는 과정에서 열쇠를 두고 방문을 잠그며, 와이파이 번호를 적은 쪽지를 잃어버리는 등 주인을 귀찮게 하다가 영어해독이 어렵다고 센서스 용지를 반납해버렸다. 큰 방으로 옮겨주는 대신 돈을 더 받을 눈치더니 그 뒤 아무 말이 없었다. 짐 정리하고 파킨세이브, 대형마트에 들려 저녁거리를 사면서 부탄가스를 찾으니, 그곳에는 없고 웨어하우스에서 판단다. 물어물어 웨어하우스를 찾긴 찾았는데 영업시간이 지났다. 건축자재 등을 파는 곳에서 가스를 팔다니. 아마 화재염려 때문인가 보았다. 인구 21천 명의 마스터톤은 와이라라파강 지류에 위치하며, 옛 농장조합장, 조지프 마스터스에서 이름을 땄다. 이곳은 와이라라파자치지역의 중심지이며 목장, 농장지역이다.

  3월 7일 수요일, 마스터톤에서 65km 떨어진 캐슬포인트로 출발했다. 이날도 억세게 비가 뿌렸는데 좀처럼 비가 그치지 않았다. 캐슬포인트에는 1913년 세워졌고 할로데이 라이트('The Holiday Light')라고 불리는 마지막이었던 유인등대가 있다. 뉴질랜드는 1988년 전 등대를 자동화하여 웰링턴에 있는 중앙관제실에서 집중관리하고 있다. 캐슬포인트는 마스터톤 행정구 소속의 와이라라파해안에 있는 작은 휴양지 마을로 물개, 고래가 많다. 등대가 서 있는 곳은 캐슬록Castle Rock, 성과 같이 생긴 바위의 위이다. 비바람 속의 등대하면, 영화 'The Light between Oceans(파도가 지나간 자리)'가 생각난다. 등대지기 부부는 비바람 속에서 임신한 아이를 잃고 상심하던 중, 파도에 밀려온 보트 안에서 한 남자의 시신과 살아있는 아이를 발견하게 되고, 이 아이와 행복한 가정을 꾸려나간다. 그러던 중에 아이의 친모가 나타남으로 불행은 시작된다. 강한 비속을 뚫고 얕은 바다를 건너 등대에 올랐는데 어찌나 비바람이 세던지. 등대에서 내려오던 중 남녀 한 쌍을 만났는데, 이곳에서 마주친 유일한 사람들이었다, 쓸쓸한 휴양지엔 그래도 몇 대의 차가 있었지만.

캐슬록 위의 등대

우드빌, 네이피어

빗줄기가 더욱 세어지는 가운데 이곳에서 북쪽으로 293km 떨어진 네이피어로 출발했다. 만만치 않은 거리. 도중에 점심 식사를 위해 우드빌에 잠깐 들렸다. 이곳은 파머스톤 노스, 네이피어, 웰링톤가는 세 길이 모인 삼거리, 사시사철 바람이 불어 풍력발전기가 많은 곳. 아담한 규모의 공원이 있었고, 날이 궂어서인지 마침 점심시간이어서 그런지, 거리는 한산했다. 거리의 카페에서 간단한 식사를 하려고 했지만, 만원이었고, 휘시엔칩스를 한번은 맛보아야지 하며 'Best Fish &Chips in Town'이라고 간판을 붙인 음식점을 들렸다. 음식을 시켰더니 중국인 같이 생긴 뚱한 아줌마가 테이크아웃인지 알았다며 튀긴 감자만 있는 음식을 모조지 같은 큰 종이에 담아 와서 테이블에 펴놓았다. 그나마 맛이라도 있어야지.

그 맛없는 점심 후, 오만상을 지으며 길을 떠나 혹스베이지방자치지역에 들어섰다. 이 지역의 인구는 16만 명, 일조량이 많아 겨울 휴양지이며 은퇴지역으로도 이름이 있고, 중심지는 네이피어. 네이피어는 항구이기도 하지만, 국제공항도 있다. 일조량이 많은 관계로 대규모 포도단지도 많아, 끝이 안 보이는 포도밭이 지나갔다. 채석장도 보였고, 네이피어에 있는 숙소(Pania Lodge Motel)에 도착하여 장을 보고 주택가를 잠시 산책하였다. 네이피어는 북섬 호크베이 남서쪽해안에 자리를 잡고 있고, 인구는 5.7만 명. 따뜻한 지중해성기후로 겨울휴양지. 19세기 인도주둔 영국사령관, 찰스 네이피어에서 도시 이

폭풍우 치는 네이피어해변

름을 따왔다. 저녁식사때는 새로 사온 샤세르 백포도주를 개봉했다. 이 포도주는 플라스틱 박스포장이 되어 있고, 밑 부분에 술을 따르는 수도꼭지가 달려있어 따라 마시기 편하다. 3리터짜리가 26불(21천 원). 맛과 저렴한 가격에 중독이 되어 여행 중에 항시 이것을 구입, 끼니때마다 거르지 않았다. 비도 그쳤고 숙소 옆이 바로 공원이라 저녁 후 산책을 했다. 마침 시각이 매직 아워magic hour라 하늘이 파랗고 보기가 좋았다. 해변까지 가보려고 했지만, 길도 복잡하고 너무 멀었다. 이날 집에 처음으로 전화를 했는데, 집에 두고 온 걱정거리가 되살아났다. 역시 카톡으로 마나님한테 보고하는 것이 최상이다.

3월 8일 목요일 아침, 네이피어해변으로 출발했더니 또 폭우가 쏟아졌다. 3일째 빗속 행군이었고, 요번 여행 중에 이날이 폭우가 제일 심하게 내린 날이었다. 길수와 하루를 더 보내기 위해 여행 일정을 하루 단축하다 보니 바빠졌고, 세계에서 가장 일찍 해가 뜨는 이스트케이프 방문도 어려워졌다. 멋진 네이피어해변을 보려고 차에서 내리기는 했지만, 험한 비바람에 몸을 가눌 수 없어 사진 한 장 찍고 바로 차로 돌아왔고, 어제 보았을 걸 하는 마음뿐. 네이피어가 위치한 곳은 혹스베이Hawkes Bay, 그 매서운 이름을 알 만했다.

타우랑가

우리는 타우랑가로 출발했다. 그곳에는 길수가 소유한 모텔이 있는데, 곧 인수하여 직접 운영할 계획 중이었다. 세계에서 해가 제일 먼저 뜨는 이스트케이프는 지도의 오른쪽 상단, 힉스베이 오른쪽 끝에 위치한다. 우리는 타우포, 로토루아를 거쳐 타우랑가로 가려했지만 입구부터 막혔다. 이날 내린 비로 산사태가 났고 길이 붕괴되었다는 말을 나중에 길수로부터 들었다. 차를 돌려 우회도로로 나와서 다시 한번 더 시도했지만, 여전히 그 길은 막혀있어, 결국 기즈본, 리어, 오포티키를 경유하는 먼 길을 택했다. 돌아서 가는 길도 폭우는 계속 쏟아져, 산사태가 나서 흙이 도로 위로 쏟아지고, 도로는 반 이상이 물에 잠기자 우리는 얼마나 마음을 졸였는지. 폭우가 더 계속되었다면 다시 네이피어로 돌아와 머물 수밖에 없는 상황이었다. 이날 하루 내린 비는 300mm.

조금 달리다 보니 푸른 하늘이 보이기 시작했고, 우리는 안도의 숨을 쉬었다. 운전이 익숙해진 홍구가 속도를 내기 시작하자 조수는 졸기 시작했다. 더 이상의 걱정이 사라졌으니. 뒷좌석의 태욱이가 음악을 틀었다. '떠나간 그대는 어디로 갔소.' 자신보다 더 큰 차량을 실은 큰 차가 우리의 앞을 막고 갔다. 이런 경우 그들은 안전을 위해서 꼭 선도차량을 앞세우고 간다. 와이로아를 지나 쉼터에서 점심을 들었다. 조금 전만 해도 폭우가 쏟아지더니 맑은 하늘에 내려쬐는 햇볕이 따가웠다. 다시 길을 달려 기즈본의 외곽을 돌아 인근의 유명한 캠핑장소, 와이오에카 조지에서 휴식을 취했다. 이곳에는 망가누쿠 나무다리가 고풍스럽게 남아있는데, 뉴질랜드에서 몇 개 안 되는 나무다리 중의 하나. 10

인 이상 지나가면 안 된다고 쓰여 있었다. 인구 36천 명의 기즈본은 쿡선장이 가장 먼저 도착한 곳으로 일조량이 많고 세계에서 가장 동쪽에 있는 도시이며, 와이파오강이 흐른다. 이곳에선 토종물고기, 송어낚시를 할 수 있다. 망가누쿠 다리의 위치는 기즈본을 지나 타우랑가로 가는 2번 도로상에 있다.

타우랑가 가는 길

험한 길을 장시간 운전하는 홍구를 위해 두 곳 쉼터를 들렸다. 내륙을 지나 오포티키 근처의 해안가에 이르니 마음이 트이고 햇빛에 반사된 태평양 바다가 눈을 부시게 했다. 이곳은 풍요의 만(Bay of Plenty)이다. 이곳도 폭우가 심했는지 산사태 복구 작업이 한창. 얼마 안 되어 타우랑가에 들어섰다. 인구 10.1만 명의 상업항구와 자연리조트가 병존하는 북섬의 북동부 중심도시, 최대의 목재 적출항이며 꽃게잡이도 유명하다. 마오리전쟁의 무대였고 마웅가누이산(232m)과 해수온천이 있다. 길수가 꼭 오르라고 한 마웅가누이산은 연말이 되면 젊은이들로 도시가 마비된다고 한다. 뭉게구름 이는 이곳의 하늘, 젊은 꿈이 아름다워라 하는 노래가 절로 나왔다. 지나가는 열차, 키위레일을 달리는 열차에 그려진 그림도 주위와 어울렸고. 네이피어에서 타우랑가까지는 287km, 8시간가량 걸렸다. 이날 폭우로 고생했던 8시간의 운전은 남섬 서북단의 훼어웰곶 가던 날, 남섬의 더니든 산길을 달렸던 날과 함께 홍구에게 가장 힘든 날 중의 하루였다. 타우랑가의 숙소 레인보우모텔에 도착하니, 모텔주인은 중국인, 부인은 일본여자. 여주인은 친절이 지나칠 정도였지만, 전기레인지, 커피포트 등 시설이 엉망이었다. 저녁을 하려니 태욱의 속이 끓었고, 홍구는 고된 운전 후 이것들을 고치느라 정신이 없었다. 해수온천을 가려고 서둘렀는데, 저녁이 늦어지다 보니 10시 마감인 온천을 가지 못했다. 잠자리에 누우니 귀뚜라미 소리, 이곳도 가을이 오나 보다. 이곳의 귀뚜라미는 생각보다 아주 작다.

타우랑가 숙소 주변

코로만델반도 동쪽 해안

3월 9일 금요일 아침, 코로만델반도를 향하여 가는 길, 기독교계통 사립 베들레헴칼리지가 있는 베들레헴을 지나도, 타우랑가로 들어오는 길은 차량의 정체가 심했다. 인구 10만 명의 타우랑가도 러시아워가 있을 만큼 큰 도시인가 보다. 하기야 편도 1차선 도로뿐이니. 타우랑가에서 오클랜드까지는 187km, 크게 먼 거리는 아니다. 카티카티를 지나 코로만델반도 입구에 있는 와이히비치에 도착하니 파도는 거셌다. 해수욕장은 철이 지나 썰렁했고, 파도만 처얼썩 처얼썩. 이곳 바닷가를 둘러보고 왕가마타 가는 길에 들린 과일가게는 벌써 가을이란 프랑카드를 내걸었다. 껄다리 주인여자는 쌀쌀맞았지만, 그림, 공예품 등으로 내부를 잘 꾸며놓았다. 이곳에서 노화 예방에 좋고, 백 가지 향이 있다는 패션후루트를 사먹었는데, 맛은 별로였다. 한 선교사가 이 과일의 꽃을 보고, 패션후루트라고 작명했다 한다.

썰렁한 왕가마타비치의 청명한 하늘 아래는 파도를 타는 몇 사람들이 신이 났고, 덩달아 주위의 아이들도 신이 나 있었다. 몇 년이나 신은 내 르까프 샌달의 오른쪽 밑바닥이 이곳에서 반 이상 나갔는데 그래도 다니는 데는 지장이 없었다. 강릉 어성전에서 어항 놓을 때 즐겨 신던 신발로, 여행이 끝난 후 길수친구네 집에 남겨 놓았다. 정적이 흐르는 초가을 바다를 떠나 i-site직원이 추천한 오포우티어Opoutere해변에 도착하니, 새가 많고 왕가마타보다 더 조용한 곳. 새 보호지역이며, 어패류 채취를 제한한다는 경고판이 붙어있었다. 오솔길을 따라 해변으로 나아갔더니, 적막강산. 한 사나이, 아이 둘 데리고 바다로 들어가더니 조그만 아들 녀석을 손으로 잡고 앞으로 내쳤다. 마음에 드는 해변이었다. 해변의 해맑은 미소와 나는 새들을 뒤로 하고 핫워터비치로 가는 길의 전망대에서 본 바다와 섬, 그림과 같았다. 이곳에는 키위가 사는지 키위 생태에 관한 설명문이 붙어 있었고, 핫워터비치에는 거세고 큰 파도와 물속의 험한 바위, 그리고 절벽을 조심하라고 경고문이 있었다. 이곳에도 셔핑하는 사람들이 있었고, 옆 사람들과 같이 삽으로 바닷가 모래를 팠지만, 물은 미지근했다. 나중에 길수의 말을 들었는데 아무 데나 뜨거운 물이 나오는 것이 아니라고, 때와 장소가 있다고 했다.

오포우티어해변

황가마타와 휘티앙가 사이에 위쪽으로 오포우티어해변, 핫워터비치, 하헤이비치, 커시드럴코브가 순서대로 있다. 우리는 휘티앙가에서 반도의 서쪽, 코로만델타운으로 넘어가, 세임스거쳐 오클랜드로 귀대할 예정이다.

타우랑가에서 휘티앙가까지

커시드럴코브Cathedral Cove

핫워터비치를 떠나 이곳에서 가까이 있는 숙소, 시브리즈홀리데이파크Sea Breeze Holiday Park를 찾아 나섰다. 하루 전 숙소를 내비에 입력할 때 모텔의 번지수가 입력이 안되어, 그냥 타이루아휘티앙가 로드만 쳤었다. 웬걸 촌구석의 로드가 그렇게 긴지, 숙소를 못 찾고 헤매다가, 선술집 색시, 유치원 교사, 동네 아줌마 등에게 정신없이 물어본 후에야 간신히 모텔을 찾았다.

숙소에 짐을 풀고 다시 온 길을 되돌아 나와 조금 더 북상하여, 하헤이비치 위에 있는 주차장에 차를 놓고, 커시드럴코브 가는 트래킹을 시작했다. 초장에 햇볕 내려쬐는 언덕길을 오르자니 얼마나 더웠던지, 아이스케키도 사먹었다. 커시드럴코브 워킹웨이 Cathedral Cove Walking Way는 천천히 음미하여 가면 왕복 2시간. 북섬에서 가장 인기가 있는 코스 중의 하나이다. 만bay은 비교적 넓고 깊은 곳이고 작은 만은 cove라고 부른다.

바다가 보이는 언덕에 오르니 마음이 파랗게 잠기는 바다. 이곳 바다의 색은 뉴질랜드에서 본 바다의 색 중 가장 파랗고 마음에 들었다. 무어라고 표현할 수 없는, 마음을 빨아들이는 깊은 색이었다. 가까이는 비치가 보이고 멀리 자그마한 섬들이 보였다. 언덕에서 바다로 내려가는 길 내내 절경이 계속되고. 흰 거품을 남기고 가는 배들은 '저 배는 살 같이 바다를 지난다.'라는 가사를 떠올리게 했다. 사자가 누워있는 형상의 섬도 보였다.

커시드럴코브 앞의 바위가 성당?

도중에 세계 1차대전 갈리폴리전투(1915년)에서의 전사자를 위한 기념의 숲이 있다. 영국 프랑스연합군과 독일 터키연합군 간의 밀고 밀리는 치열한 전투에서 영국 프랑스군이 패퇴했다. 일련의 전투과정에서 윈스턴 처칠이 물러났고, 이어 해밀턴장군의 지휘 아래 뉴질랜드 호주군이 주축이 된 연합군 7만 명이 터키 갈리폴리반도에 상륙했으나, 결국은 패퇴하여 철수했다.

해안으로 내려가니 양지가 음지로 바뀌었고, 드디어 커시드럴코브 동굴에 도착. 테-황가누이-아-헤이 해양보호구역의 해식동굴이다. 바위에 구멍이 뚫려 이런 동굴이 되기까지는 오랜 세월이 흘렀겠지. 이곳 앞바다에서도 카약은 인기 만점이다. 이 해변은 세계에서 가장 아름다운 해변 중의 하나, 해식동굴과 여러 형상의 바위, 바다와 섬들이 잘 어우러져 있다. 바위에 선 벌거벗은 아줌마는 물새를 바라보고 있고, 그 옆에는 추워 보이는 수영복의 처녀들, 배낭을 메고 바다 곁을 걷는 아가씨들, 날 잡아 봐라 하면서 뒤를 보며 뛰어가는 한 아가씨, 홀로 해변을 걷는 아가씨, 그 옆에는 한 쌍의 갈매기가 쫑긋거리고, 모래에 도드라져 나온 마주 보는 발자국 한 쌍도 보였다. 침몰하는 타이타닉바위 위에는 뒤틀린 소나무 한 그루가 살고 있고, 셰익스피어 바위도 있다.

트래킹을 끝내고 숙소로 가는 길, 헤맸던 길은 눈에 익은 길 되어, 쉽게 숙소를 찾을 수 있었다. 해는 기울고 넓은 잔디밭 사이에 드문드문 있는 숙소에는 긴 빨랫줄도 매여 있었다. 이곳은 인기가 있는 모텔의 하나. 우리 숙소의 이름은 튜이, 뉴질랜드사람들이 사랑하는 새. 이새는 꿀을 먹는 새로, 몸길이가 30cm 정도이며 뉴질랜드에서만 산다. 목에 하얀 장식이 있어 검은색의 사제복을 입은 목사 같다 하여 목사새Parson Bird라 불리기도 한다. 저녁을 마친 후 빨래를 해 널고 난 뒤, 뜰에 나오니 별천지, 그러나 우리에게 익숙한 별들, 특히 북두칠성을 볼 수 없었다. 뉴질랜드 국기의 별 네 개는 남십자성으로 북반구의 북극성처럼 남쪽의 길잡이다. 우리나라에선 보이지 않는 별인데, 왜 우리 가요에 나오는지. '남쪽 나라 십자성은 어머님 얼굴, 눈에 익은 너의 모습 꿈속에 보면'. 남쪽에 끌려갔던 우리 동포들의 눈물이 서린 십자성이며, 옛날 월남에 파병을 했던 시절에 십자성부대도 있었다.

3월 10일 토요일 숙소에서 더 북쪽에 있는 마타랑이 비치 가는 길, 버팔로우 비치, 심슨 비치도 지나갔고, 해변의 바위 위에는 가마우지 떼가 보였다. 그 옆에선 한 사람이 차에 실린 보트를 끌어내려 진수시키고 있었다. 마타랑이 비치에 도착해서는 비치를 옆에 두고, 이 사람 저 사람에게 물어보며 한참 헤맸다. 길수친구가 이곳에 사구가 있다 하여 사구에 중점을 두고 열심히 찾은 결과였다. 길을 찾는 도중에 도테렐Dotterel이라는 작

황가푸아비치

은 물떼새를 보호하자는 안내판도 보았고, 담이 없는 별장지에서 쉬고 있는 여자피서객에게 마타랑이 비치를 물었더니, 불쑥 나타난 무뢰한 취급하며 모른다고 했다, 비치를 바로 옆에 두고. 정작 바다에 나가서 보니 사구는 없었고, 나중에 길수에게 물었더니 사구가 골프장이 되었다 했다.

다음은 마타랑이 건너편에 있는 황가푸아비치. 백사장에는 셔핑에 지쳐버린 친구 일행, 개를 데리고 산책하는 부부 등 몇 사람이 전부였다. 우리의 9월 초 한산해진 동해안의 해수욕장과 같다고나 할까. 이곳 가게에서는 엘피지가스도 팔고 있고 운치 있는 비치 쉼터도 있었다. 해변 언덕에는 한 여인이 멋진 폼으로 사진을 찍고 있었는데, 보아하니 길가에 주차해놓은 미니밴의 주인공. 백미러며 앞 유리창에는 브라자, 팬티 등 말리고 있는 여자 속옷이 주렁주렁 달려있었다. 길을 다시 달려 고개 위에 있는 쉼터에서 내려다보니, 아담한 코로만델 타운이 보였다. 이제까지는 코로만델반도의 동쪽 해안을 타고 올라왔지만 이제부터는 반도의 서해안 쪽으로. 오클랜드와의 거리는 168km이다. 쉼터는 왕복 1시간 반짜리, 카이파와 트릭 트랙의 출발점이었고, 우리는 잠시나마 이 트랙의 숲을 맛보았다.

코로만델타운 해안

이곳에서 언덕을 내려가니 코로만델반도 서해안. 입구에는 아담한 동네, 인구 1,500명의 코로만델 타운이 자리하고 있다. 이 지역에서 가장 먼저 금광이 개발되었고 19세기 후반에는 울창한 산림의 벌목이 이루어졌으며, 사계절 관광지로 개발된 것은 최근이다. 코로만델반도는 뉴질랜드 사람들이 제일 선호하는 관광지. 물론 오클랜드에서 비교적 가까운 탓도 있겠지만. 따라서 이 지역의 토지가격도 최근 급상승했다고 한다. 이곳 i-site에 들려 트래킹코스를 알아보았고. 사무실 앞에 있는 예쁘장한 돌문은 사무엘이 세웠다는 것인지, 내용을 잘 알아볼 수가 없었다. 우리는 이곳에서 빠져나와 캠핑카가 그득한 해변에서 트래킹을 시작했다. 이곳 산에는 카우리소나무가 산재해 있는데, 중생대 주라기때 공룡과 함께 살았던 이들 소나무는 50m까지 자란다. 최근 토양으로 전파되는 질병으로 심한 피해를 보고 있어, 이 산 출입구에 신발을 세척하는 장치가 있다. 오클랜드공항에서 놀랐지만, 입국 신고 시 흙 묻은 등산화 등을 신고하도록 되어 있는 것도 이 때문이다. 산을 한 바퀴 돌고 나오니 바다가 펼쳐있고, 해변에는 그물 던지는 피서객들도 있었다. 쥬브를 이용한 그네를 지나, 앞서가는 산보객들을 따라가니 다시 주차장. 산도 타고, 바닷길도 걷는 좋은 코스였다. 코로만델해안을 돌 때는 내비에 비치이름이 입력이 안되어 구글지도를 켜놓고 길 안내를 받았다. 남섬에는 구글지도가 안되었는데, 이곳은 대도시, 오클랜드가 가까워서인지 모르겠다.

코로만델 시내로 돌아와 케밥집을 찾았더니 현금만 받는다 하여, 길가에 있는 아담한 레스토랑, 석세스Success카페를 다시 찾았다. 좀 전에 손님이 많아 케밥집을 찾은 것인데, 점심때가 지나서인지 한산했다. 커리치킨Curry Thai Green Chicken을 주문했다. 1인당 15불, 비싼 가격은 아니었다. 맛있게 먹으며 닭고기가 별로 들어있지 않다고 예쁜 여종업원에게 얘기했더니 웃기만 했다.

오클랜드, 그리고 귀국

식사를 마치고 오클랜드로 돌아가는 귀로에 들어섰다. 이번 여행의 가장 아쉬웠던 점은 20일의 여행 기간은 너무 짧았다는 것. 좀 더 여유가 있었다면 뉴질랜드의 가장 북쪽 노스랜드를 갔다 왔을 텐데 말이다. 여행 중 가장 인상적인 교통표지판은 'Expect the Unexpected', 예기치 않은 일을 조심하라는 말. 인생살이에도 적용할 만한데, 예기치 못한 일이 있어야 인생은 재미있는 게 아닌가. 요번 여행에서도 예기치 못한 일이 많았고, 나중에 좋은 추억거리가 되었다. 이곳의 전형적인 부드러운 연초록 언덕과 바다가 연속으로 지나갔다. 길옆 쉼터에서 잠깐 쉬자니, 여행하던 한 부부가 차를 세우고 훌훌 옷을 벗고는 헤엄을 쳤다. 그 자유로움이 마음에 들었고. 코로만델의 중심지 세임스타운 입구에 키친KITCHENS이라고 쓴 조그만 가게가 있어, 부엌이 관심사인 태욱친구가 내려 주인에게 부엌에 관해 물었는데, 무심코 kitchen 대신에 chicken이란 단어가 튀어나왔다. 주인은 영문을 몰라 당황한 눈치.

길수를 빨리 만나고 싶은 마음에 우리는 세임스타운으로 들어가지 않고, 오클랜드로 냅다 달렸다. 오클랜드입구의 하버브릿지를 건너 첫 갈림길에서, 이곳 운전에 익숙해진 홍구는 조수의 말을 잘 안 들었다. 다른 출구로 나갔더라면 엉뚱한 데로 빠질 뻔했다. 조수 덕분에 한 번도 딴 길로 빠지지 않고 대도시에 입성하여, 눈에 익은 길수네 골목으로 들어서니 마음이 푹 놓였다. 놀러 갔다던 친구는 벌써 집에 와있었고. 우리가 자동차로 여행한 거리는 6,406km, 2015년 미국 횡단여행 때 기록했던 8,128km보다는 짧은 거리였지만, 미국은 시원하게 뻥 뚫린 도로였고 뉴질랜드는 대부분 편도 1차선 곡선 도로임을 감안하면, 대단한 거리이다. 정든 정원과 앞에 펼쳐진 바다, 바다에 떠 있는 요트들, 그리고 오클랜드 시내, 하늘엔 기다란 흰 구름이 흘렀다. 정원 오른쪽의 큰 나무는 포후트카와, 크리스마스 때 실처럼 가늘고 붉은 꽃이 나무를 덮어 분위기를 돋우는 크리스마스트리이다. 시원한 맥주로 입가심한 후, 생선회와 포도주. 뉴질랜드산 생선이라 주인은 맛없다 했지만, 정원에서 따온 깻잎에 싸서 먹는 회는 일품이었다. 얼마나 많이 먹었던지. 포도주는 남섬 말버러 산 빌라마리아Villa Maria와 비달Vidal. 아, 우리가 말버러지역 블레넘에서 하루 잤지. 어떻게 보면 오랜만의 해후였고, 홍구의 입에선 그동안에 일어났던 사건, 사고에 대한 이야기가 폭포수처럼 흘러나왔다. 어느덧 어둠이 찾아왔고, 정원 앞의 해안가는 밤을 즐기는 사람들의 색색가지 파라솔로 가득했다. 우리의 얘기는 끊임없이 흘렀고.

  3월 11일 일요일 아침, 길수는 우리를 사구가 있는 와이나무호수로 안내했다. 코로만델 반도 북쪽 마타랑이비치에서 우리가 골프장으로 바뀐 사구를 찾다가 헤맨 것이 맘에 걸린 모양이다. 와이나무호수는 오클랜드에서 서쪽으로 36km 떨어진 테즈만해 연안의

와이나무호수

베델스비치 인근에 있다. 주차장에서 호수까지 걷는 와아나무호수 트랙은 왕복 한 시간 남짓 걸린다. 규모는 작지만 모래언덕의 검은 모래 위를 맨발로 걷는 맛은 색달랐다. 와이나무호수를 앞에 두고 정담은 익어갔고, 검은 모래 위에는 수많은 사람의 흔적이 남았다. 없어지고, 또 생기고. 검은 모래가 어디서 오는지 근원이 있을 텐데, 이곳에만 쌓이는 것은 재미있지 않은가. 사구 옆의 작은 내의 물흐름은 둥글게 휘어서 흘러나간다. 하회마을이나, 동강이나 이곳이나 속성이 같은 것 아닌가. 우리의 족적을 남기고 입구로 나오니 소나무군락. 인간과 마찬가지로 곧바르고 굵은 소나무가 있는 한편, 꼬부라지고 배배 꼬인 소나무도 있다.

　다음은 테헹가워크웨이Te Henga Walkway 걷기. 똑같이 여기서 시작하는 힐러리트레일은 6-7 시간 정도 소요된다. 언덕 입구에서 만난 말들은 생기가 있고 윤기가 반지르르 흘렀다. 언덕에서 베델스비치를 내려다보니, 깊숙이 들어온 해변을 걷는 사람들, 일요일의 자유를 만끽하고 있었다. 베델스비치에서는 학생들의 행사가 있는 모양으로 이들의 모습이 마치 개미들의 집단 같았다. 산에서 내려와 인근 테헹가 리크리에이숀 보호지역의 철새 도래지로 이동하니, 드라마가 바로 여기에 있었다. 화산의 용암이 분출하던 지역이 철새 도래지가 되었으니. 이미 많은 철새, 개닛은 이동했고, 아기 새가 어리든가 사정이 있는 새들만 남아있었다. 머리 부분만 황색인 개닛Gannet은 부비새의 일종. 부비새는 휘파람샛과의 하나. 우리가 방문한 세 곳은 모두 베델스비치 인근에 있다.

　뉴질랜드 마지막 여행에서 돌아온 우리는 정원에서 불을 피우고, 고기를 구웠다. 불로

다음을 기약하며

고기의 겉을 지져 육즙이 속에 남게 했고, 그리고 뚜껑을 덮어 더 익혔다. 우린 이제 같이 있을 시간이 얼마 안 남았어하며 술잔을 기울였다. 이번 여행경비는 총 840만 원(1인당 280만 원) 들었다. 그중 비행기와 뱃값이 44%이고 (비행기 300만 원, 남섬 오가는 뱃값 70만 원) 하루당 숙박비 10만원, 기름값과 식비(외식비포함) 각각 5만원, 그리고 부대 관광비용 등이 3.5만원. 차량 렌트비(1일 135불, 11만원), 친구네 머문 3박4일 숙박비를 감안하면 1인당 90만원을 길수 덕분에 감면받은 셈이다. 사실, 여행의 계획단계부터 실행까지 길수 손길이 안 닿은 곳이 없지만. 고맙다, 길수야. 정원에 피어 있었던 예쁜 빨간 꽃, 우리의 우정이랄까. 정원에 나와 또 한 잔. 새침떼기 고양이는 아는 척 모르는 척.

  3월 12일 월요일 아침, 일찍 공항에 나가 길수와 이별한 후, 짐 부치느라, 출국 수속하느라 어릿삐릿했다. 오클랜드공항은 짐 부치는 것도 기계화되어 직원들의 도움을 받아야 되었기에. 에어뉴질랜드 비행기는 11시간가량 비행한 후, 일본 나리타에 도착했다. 인천 가는 비행기를 기다리자니 황혼이 물들어 왔다. 때 묻지 않은 뉴질랜드의 자연과 사람들, 바위 없고 편안한 트래킹 길, 그리고 친구의 손길이 그리워질 것이다. 다시 한번 길수에게 감사하고, 열심히 셰프 역할을 해준 태욱, 한시도 운전대를 놓지 않았던 홍구에게 감사한다. 그리고 모든 사람들에게 감사하고 싶다. 무난히 멋진 여행을 끝맺을 수 있어서 ….

Ma te wa(See You Again), **New Zealand!**

타이완 자유여행

일출을 기다리는 사람들

타이완은 겨울철에 여행하기 좋은 곳이며, 사회가 안정되어 있고 사람들도 온화하며 볼거리, 먹을거리가 많다. 특히 갈수록 추위가 싫어지는 우리 나이엔 겨울철에도 따뜻한 그곳을 찾을 만하다. 단지 겨울이 오기 전에 미리 비행기, 숙소 예약을 해야 여행비도 절약할 수 있다. 여행 전에 타이완 여행전문가 이 지상 씨가 쓴 '그때, 타이완을 만났다'를 읽으면 계획 수립에 많은 도움이 될 것이다.

미국횡단여행은 뉴욕에 있는 친구 김영철의 소개로 임 목사님을 만나, 별 준비도 없이 떠났던 여행으로 몸 고생은 많았지만, 그의 RV(캠핑카)로 그의 안내대로 따라가기만 하면 되었다. 또 뉴질랜드 여행은 그곳에 이민을 가 살고 있는 친구 오길수의 조언도 있었고 그의 차로 두루 뉴질랜드를 돌아볼 수 있었으나, 계획 수립부터 예약까지 모두 우리가 직접 해야 했다. 반면에 타이완 여행은 남의 도움이 없는 자유여행이었다. 미국, 뉴질랜드 여행 시처럼 야외에서 잠을 잔다든가 매일 다음에 머무를 숙소를 예약해야 하는 번거로움이라던가, 직접 취사를 하는 불편은 없었다.

타이완 북부 여행은 2013년 1월 말, 남부 여행은 2019년 12월 중순, 중부여행은 2024년 1월 중순에 했고, 한두 곳에 숙소를 미리 정해놓고 마음 편히 돌아다녔다. 여러 관광명소들이 많지만, 타이완의 역사를 알려면 남부를 찾아야 할 것 같다. 여행 시마다 멤버가 한두 명 바뀌었는데 1차 여행 때 같이 했던 친구 황윤건이 타계한 것이 무척이나 가슴이 아프다.[1]

※ 타이완을 같이 여행했던 친구들(모두 고교동창)
- 김지탄 : 사학도이며 개인사업 운영
- 류홍구 : 현재 인테리어 사업 운영중
- 신영우 : 현재 신경정신과 병원 운영중
- 천병헌 : 호텔신라 임원 역임
- 하태욱 : 장기신용은행 요직 역임
- 황윤건 : 개인사업 운영

1. 타이완 북부 여행

2013년 1월 23일 수요일, 타이베이로 출발하는 날은 겨울비가 내렸다. 모처럼의 자유여행이었는데 허리가 완전치 못한 가운데, 타이완에서 일하고 있는 대학 후배의 추천으로 갑작스럽게 떠났던 여행이다. 서로 바쁘다 보니 여행 중에 후배도 못 만났고, 그가 꼭 가보라 했던 아리산 등정은 다음으로 미룰 수밖에 없었다.

대만의 1월 날씨는 비 오는 날이 많다 하더니, 대만 도착할 때까지 구름뿐이었다. 우리가 탄 비행기는 티웨이T-way항공사의 저가 항공기인지라 기내식은 삼각 김밥에 불가리

착륙전 타이페이

스, 그리고 바나나 한 개가 전부. 친구 황윤건이 김밥 한 덩어리로 안 된다고 예쁜 스튜어디스에게 애교를 떤 것이 효험이 있었는지 타이거맥주를 시켰더니 안주를 네다섯 개나 공짜로 주었다. 기내에서 먹는 싱가포르 타이거맥주 맛은 싱가포르 여행 시의 맛과 변함이 없이 굿.

두 시간 반 넘게 걸려 타이베이에 도착했다. 타이베이는 타이완섬의 북쪽 끝에 있는 인구 이백오십만 명의 자치 시, 고풍스러운 전통문화와 화려한 현대도시가 공존하는 곳으로 주요 산업시설이 집중되어 있다. 쑹산 공항 너머 저 멀리 101층 빌딩이 보였다. 17세기 스페인, 네덜란드 등 서구열강이 차례로 점령하여 쟁탈전을 벌였고, 이후 청나라 영토로 편입되면서 중국 동남부 해안지역의 중국인들이 이주하여 타이베이 성을 건설했다. 일본이 청일전쟁 이후 섬을 차지하여 반세기 동안 수도로 삼았으나 2차 대전 후 이곳으로 쫓겨 온 장제스蔣介石에 의해 1949년에 중화민국의 수도가 되었다. 타이베이 자치시를 둘러싸고 있는 타이베이현은 2010년 이후 신베이시(新北市, New Taipei City)로 명칭이 바뀌었다.

타이완은 중국 푸젠성福建省에서 겨우 150km 떨어진 섬나라이다. 인구는 2,390만 명, 그중 84%가 명, 청 시대에 건너온 한족 후예다. Formosa라고도 하는데, 포르투갈말로 '아름다운 섬'이란 뜻이다. 면적은 우리나라의 1/3 정도인 36.2k㎡.

공항에서 전철을 타고 타이베이역에서 내려, 다음 다음날(1월25일) 방문할 화리엔花蓮으로 가는 기차표를 끊었다. 3일 전부터 예약이 가능하다는데, 30분 정도 줄을 서 기다린 후 매표창구에 설 수가 있었다. 요령이 있는 친구 천병헌이 적어준 메모지를 받아 내밀었다. 그렇지 않았으면, 더듬거리는 중국어로 시간을 더 끌었을 텐데. 그나 마나 좌석이 없다고 하여 얼마나 당황이 되었던지. 다행히 삼십 분 정도 더 걸리는 준급행이지만, 7:30분 열차에 좌석을 확보할 수 있었다. 돌아오는 열차는 18:50분 차. 3일 전에 예매하라는 말이 맞는 것 같았다.

그리고는 다시 대만에서는 MRT 또는 지에윈이라고 부르는 전철을 타고 신베이터우新北投역에 내려, 십 분 정도 걸어서 우리가 여행 중 머무를 아타미호텔에 도착하여 짐을 풀었다. 아타미는 열해熱海의 일본 발음, 중국 발음으로는 르하이. 일본 냄새가 물씬 나는 온천 동네. 날씨는 개일 기미가 없었다.

단수이淡水

세명의 나그네

우리는 숙소에서 나와 다시 전철을 타고 첫 방문지 단수이역에 도착했다. 단수이는 신베이시(新北市, 옛 타이베이현)에 속하는 관광지로 타이완 8경 중 하나. 풍광이 맑고 아름다우며 해산물이 풍부하다. 단수이강의 석양은 타이베이 지역을 대표하는 풍경. 인구는 16만 명. 남쪽은 타이베이시 베이터우北投구와 접한다. 17세기 초 스페인이 점령하여 요새를 구축했고, 이어 네덜란드 동인도회사가 점령했으나 1661년 정청공(鄭成功,1624-1662)이 이를 축출하여 청나라의 영토가 되었고, 19시 후반 최대 국제항이 되었다. 지금은 모래가 퇴적하여 작은 어촌이 되었다가 관광지로 번창하고 있다.

단수이강가에는 코펜하겐의 인어가 아니라, 앉아서 다리를 하늘에 멋지게 뻗은 남자, 앉아서 두 손을 모으고 있는 도사 등의 조형물이 있었고, 젊은 연인들이 거리를 가득 채웠다. 낚시꾼들도 있었고. 우리는 기내에서 먹은 삼각 김밥 하나로 버티다, 먼저 이곳의 고급음식점 홍러우紅樓에서 이른 저녁을 들려고 하였으나, 한참이나 길을 헤맸다. 역에서 만난 영어가 유창한 아줌마의 말대로 큰길을 따라갔으면 되었으나, 그만 강가의 유혹에 빠져 샤오바이궁小白宮 아래까지 갔다. 단수이에 있는 백악관, 샤오바이궁은 청나라 관세청 관저이었던 정원이 있는 남유럽 스타일 건물. 이곳에서 단수이강, 관인산의 경치를 한눈에 볼 수 있고 이 동네에는 스페인풍의 교회도 보인다.

단수이강가

　5시 20분경 드디어 홍러우에 도착했는데 배는 고팠고 메뉴를 연구할 시간은 없고, 소자는 없다고 하여 58도짜리 진먼金門고량주 큰 병과 함께 세트메뉴를 주문했다. 밖은 이국적 분위기였으나 날은 어두워 오고 배는 고프고 하여 밖을 내다볼 여유가 없었고, 술이 약한 황윤건친구는 술맛이 당기는지 계속 술잔을 내밀었다. 지금은 타계해 없는 친구의 모습이 아직도 선하다.

　진먼까오량주는 진먼섬金門島에서 수수로 만든 술로 타이완 보물의 하나. 진먼섬은 타이완에서 210km 떨어져 있지만, 중국 본토에서는 불과 1.8km. 중국과 타이완 간에 이 섬을 쟁취하려고 격렬한 전투가 있었고, 1958-1978년까지 포격전이 계속되었다. 이 와중에 한 사령관의 아이디어로, 척박한 이 섬에 고량이 재배되기 시작하였고 고량주가 탄생하였다.

　우리는 식당을 나와 다시 강변을 거닐며, 게 튀김에 오징어구이, 양 고치를 사 먹었다. 맛은 그래도 양고치가 제일. 거리엔 악사들이 흥을 돋우었고 한잔 걸쳤겠다, 멋진 여인들이 지나가고, 제대로 된 여행을 하는 기분이 났다. 이때 나이가 65세이니 아직 젊은 시절이었다는 생각이 든다.

　숙소로 돌아와 온천을 하고 타이베이에 있는 후배에게 전화를 걸었다. 술 취해 공중전화의 동전 넣는 구멍은 안 보이고, 밑구멍에 동전을 밀어 넣으니 동전은 들어가지는 않고 하여, 로비의 여직원을 불러 대신 전화를 걸어 달라 부탁하니, 친절한 여직원은 웃어

죽겠다고 했다. 예약 시 1실 3인 침대를 주문했었는데 내 침대는 한가운데. 양쪽에서 기적소리가 거세게 났지만 나도 모르게 꿈속으로 빠져들었다.

구꿍보우위엔 故宮博物院

여행 둘째 날, 9시 넘어 느긋하게 숙소를 나왔다. 아침이면 일찍부터 부산을 떠는 단체여행객들 때문에 잠을 깨지만 그 야단법석의 밖에 있다는 것이 그렇게 좋을 수가 없었다. 이날의 첫 일정은 구꿍보우위엔故宮博物院. 지에윈 단수이선을 타고 스린士林역에서 하차, 박물관 가는 버스를 탔다. 타이베이 관광을 하려면 전철표를 일일이 사는 것보다 패스를 사는 것이 경제적일 수도 있다. 하루 패스도 있고 이틀 것도 있고, 종류도 다양하다. 시내버스도 별도 요금 지불 없이 이 패스를 이용할 수가 있다.

고궁박물관

고궁박물관은 프랑스의 루브르박물관과 견줄 수 있는 엄청난 규모의 소장품과 역사를 자랑한다. 세계 4대 박물관의 하나. 68만 점의 유물을 보유하고 있는데, 장제스(蔣介石, 1887-1975)정부가 대만으로 옮길 때 본토 베이징박물관에서 가져온 것들이다. 3개월에 한 번씩 소장품을 교환하는데 이를 다 관람하려면 8년 정도 걸린다고 한다.

평일인데도 박물관은 인산인해를 이루었고, 러시아워를 피해 점심때 즈음 한가한 시간을 이용하는 것이 낫지 않았나 하고 생각도 해보았다. 마침 은상殷商시대의 문화예술

특별전이 있었다, 한국어 서비스의 이어폰을 끼고, 오전 내내 옥 제품, 도자기 등을 쉬지 않고 보았더니, 허리의 통증이 더 심했다. 우리의 목소리가 컸던지, 관람 내내 안내원들한테 여러 번 주의를 받았다. 타이완사람들은 중국 사람들과 달리 조용조용히 말을 한다. 우리가 거쳐 온 스린역에서도 청나라 때 만든 취옥 배추, 상아로 만든 17층 상아공 등을 스크린으로 보여줬었다. 구꿍박물관은 삼민주의 주창자 쑨웬(孫文,1866-1925)선생의 탄생 일백 주년을 기념해 건립되었다.

　관람 후 허리가 아픈 나를 배려해, 박물관 찻집에서 우롱차를 음미하는 시간을 갖았다. 우롱차의 양이 엄청나, 일 인분만 시켰어도 되었을걸. 박물관을 나오다 보니 옆에 있는 공원을 그냥 지나칠 수가 없었다. 공원 한 바퀴 돌고 버스를 타려고 큰길로 나서니, 8개 부문에서 오스카상을 수상한 영화 '비참한 세계'의 광고판을 달은 버스가 지나가고 있었다. 우린 비참할 정도로 피곤하지 않았는데-

　박물관 주위는 음식점이 없어 버스를 타고 나오는 길, 버스는 만원이었다. 윈터캠프 나왔다는 여대생의 한문 이름과 영어 이름이 같이 쓰인 이름표를 보고, 중국어 이름을 불렀더니 얼마나 쾌활한지. 여학생 패거리들은 영어만을 유창히 쓰고 있었다. 대부분 대만 젊은이들은 잘은 못하지만, 영어로 소통이 가능했다. 내 머리가 백발이니, 그녀는 교수가 아니냐고 내게 물었다. 나는 백발이 아닌 백수가 틀림이 없지.

　점심은 스린역 근처의 조그마한 뉴로미엔牛肉麵집에 들어갔다. 호주산 소고기를 사용

뉴로미엔집 가족들과

한다는 표시가 있었는데, 고기가 엄청 많이 들어 있었을 뿐 아니라 맛은 기가 막힐 정도로 맛있었다. 타이완 피지우(맥주) 맛도 시원했고. 먹어본 중 제일 맛있었던 뉴로미엔. 어제 홍러우에서 들은 비쌌던 음식은 저리가라였고, 68세 노인네가 아들 내외와 하는 가게였다. 한국에서 왔다는 등 떠들다, "뚜어따수이수?"하고 나이를 물었더니, 이해가 안 되는 듯 갸우뚱거리다, 애들한테 물어보고 뛰어나오더니, 68세이란다. 기분 맞추려고 두 살 올려 동갑이라고 하니 얼마나 좋아하던지. 그렇게 나이가 들어 보이지도 않았고, 가게에서 일하는 모습이 좋아 보였다. 이후로 친구들이 나를 68세 형님으로 모셨다.

롱산스 龍山寺

롱산스 내부

　대만사람들의 옷차림은 대체로 검소하다, 야한 옷차림이나, 허벅지 스타일도 별로 없었다. 다시 지에윈을 타고 롱산스역에 내려 절을 찾았더니, 주변엔 새, 물고기 등 별것을 다 파는 상인들이 많았다. 타이베이에서 제일 먼저 도심이 형성된 곳으로 옛 거리가 그대로 재현되어 있다. 롱산스는 타이베이에서 제일 역사가 깊고 전형적인 절로 우리와 마찬가지로 불교, 도교, 민속신앙이 어울려 있는 곳. 눈에 익은 모습도 보였고, 여기저기 등도 많았고. 향내가 너무 진해 참기가 힘들었지만, 많은 사람들이 간절히 비는 모습을 보니, 세상에 무엇을 원하지 않는 사람들이 있던가?

쭝정지니엔탕 中正記念館

쭝정지니엔탕 자유광장

　다시 단수이선을 타고 쭝정지니엔탕가는 길, 역 지하보도에는 화려한 작품들이 눈을 부시게 했다. 중정기념관은 장제스蔣介石를 위한 공간이며, 넓은 시민들의 쉼터. 국립극장과 콘서트홀이 같이 있어 시민들에게 더욱 좋은 장소가 아닐까? 중화민국의 초대 총통 장제스가 1975년 사망하자, 1980년에 건설된 기념관이다. 룽산스, 국립국부기념관, 고궁박물원과 함께 4대 관광코스의 하나. 공산주의 정부에 밀려 이곳으로 패퇴하긴 했지만, 자유는 얼마나 귀한 것인가? 이곳의 건물들은 자유와 평등을 상징하는 청색과 흰색으로 이루어져 있다. 멋진 건축물과 젊음을 만끽하는 젊은이들에게서 좀 떨어진 벤치에서 지친 우리는 '노인놀이(스트레칭)'를 하며, 공연을 연습하는 젊은이들을 부러워하였다. 스린야시장士林夜市을 향하여 지에윈을 타려고 되돌아오는 길, 넥타이 차림의 외로운 바이올리니스트를 위하여 음악을 즐길 줄 아는 우리의 친구 천병헌이 거금을 통에 넣었다.

스린야시장 士林夜市

　이 시장은 가장 규모가 큰 타이베이 시장의 하나로 오후 6시에 개장하여 보통 새벽 3시까지 열린다. 잠시 들려 저녁을 해결하는 곳인 동시에 주머니가 가벼운 연인들의 부담 없는 데이트 코스. 우리가 도착했을 때 시장 분위기가 슬슬 익어가고 있었다. 야시장의 정문을 통과하니 어둠이 이미 짙어졌고, 길게 장사진을 치고 있는 거리 음식점에는 없는 게 없었다. 소고기 탕, 양고기 탕 그리고 선지 탕을 들었다. 탕 속에 들은 샤오롱빠오小籠包 한 개, 얼마나 맛이 있던지. 샤오롱빠오는 다진 고기를 소맥분의 껍질로 싸서 찜통에 찐 딤섬. 딤섬 안에 뜨뜻한 국물이 있어 급히 먹다가는 입천장을 델 염려가 있다. 제대로 먹는 법은 숟가락에 올린 후 젓가락으로 만두피를 찢어서 육수를 빨아 먹은 후 나머지를 먹는다.

　그러나 술을 파는 음식점이 한 곳도 없었다, 애석한지고. 대만사람들은 날씨가 더운 탓인지 거의 술을 들지 않는다고 한다. 시장 한가운데 있는 조그마한 절에는 뱀해에는 돈 많이 벌라는 새해 인사가 걸려 있었다. 밝게 켜진 커다란 등들 위로는 둥그런 달이 떠 있었고. 한 소년이 절에서 나오고 있었는데 그의 소망은 무엇인지 궁금했다. 지하의 음식백화점도 만원이었다. 타이완사람들은 거의 외식 위주의 식생활이기에 음식점들이 잘된다고 한다. 어쨌든 야시장의 비위에 맞지 않는 냄새(발효두부가 원인) 때문에 다시 찾고 싶은 생각이 없어졌다.

　술도 없는 시장에 실망해서 숙소에 오는 길, 동네에는 불이 나 어수선했다, 그와는 관계없이 우리는 캔터키치킨을 사갖고 지친 걸음을 옮겼다. 온천물에 몸을 푼 다음, 어제 단수이에서 남겨온 진먼 고량주에 치킨을 뜯고 하루를 마무리했다. TV에는 한국드라마가 나오고 있었다.

스린야시장 입구

화리엔花蓮

여행 셋째 날 우리는 아침 일찍 6시 조금 지나 숙소를 출발하였다. 일찍 여행을 떠난다고 하니, 호텔 측에서 도시락을 준비해 주었다. 생각하지도 못했던 친절. 너무 이른 시각이라 전철 좌석은 많이 비어있었다. 대만 전철의 좌석 배치는 우리와 달리 기다란 일자가 아니고 오밀조밀, 변화를 주었다. 똑같은 공간에 앉을 수 있는 인원은 같지만, 정감이 갔다. 전철 내에선 음식을 먹거나, 껌을 씹을 수가 없다. 음식을 먹는 모양새가 보기에 좋지 않을 뿐 아니라 냄새도 안 나고 청결 유지에도 좋을 듯하다. 우리보다는 한 수 앞선 문화이다. 안내 방송 시 역 이름이 세 가지 틀린 발음으로 안내되는 것이 신기하기도 했지만, 타이베이 원주민을 위한 배려이다. 역 대합실에서 빵 도시락을 먹고, 7시 30분발 화리엔花蓮행 열차에 몸을 실었다.

화리엔은 태평양 연안에 있는 타이완 동부 관광의 요충지로 원주민이 만드는 다채로운 색과 리듬이 있는 곳. 서쪽 타이중臺中에서 시작해 타이루거太魯閣 협곡을 통과하는 횡단도로가 있다. 화리엔은 타이루거 협곡을 갈 때 지나야 하는 베이스캠프라고나 할까. 타이완에서 가장 큰 면적의 현인데 인구는 11만 명뿐. 이 중 8천 명은 원주민인데 다수가 아메이족이며 이들의 다채로운 춤과 노래 공연은 볼 만하다고 한다. 바다가 거칠고 태풍이 잦은 지역이며 화산 활동이 활발한 지역이고 과거 수많은 일본 농부들이 정착하여 벼, 사탕수수, 황마 등을 경작했었다. 지금은 기간시설이 잘 갖추어진 타이완의 주요 국제항.

화리엔 가는 기차의 차창 밖

창밖에는 보슬비가 내렸고 일행과 떨어진 자리에 혼자 앉아 차창 밖의 풍경을 보며 가려니, 우수가 밀려왔다. 기차가 타이베이를 벗어나자, 30대 후반의 아줌마가 내 옆자리에 자리를 잡고 아침을 안 먹었는지 컵라면을 먹는데, 새색시같이 얼굴을 안 보이려고 줄곧 몸을 창 쪽으로 틀어 앉아 먹었다. 그러다 내 쪽을 힐끔 쳐다보기에 말을 붙여보았더니, 무척 얘기하고 싶어 했다. 남편과 음식점을 하고 있는 모양으로 한자를 써가며 얘기를 했는데, 얕은 내 중국어 실력으로는 잘 안 통했다. 그녀는 이란역에서 내렸고, 일본의 전원 같은 경치가 이어졌다.

열차 안에는 히다찌 에어컨 광고판이 있었다. 타이완사람들은 일본의 식민지였음에도 불구, 일본인을 그리 싫어하지 않는 것 같다. 타이완의 영웅, 정청공의 어머니가 일본인이라서 그럴까. 본토 사람들과 달리 이야기도 조용조용히 하고, 예의 있고 질서 의식이 강한 것이 분명 우리보다 한 수 위인데. 그러한 면에서 그들이 일본을 좋아하는지 혹은 일본인들한테 예의를 배운 것인지. 타이베이 시내가 온통 일본 자동차 일색이라고 황윤건친구가 몇 번이고 투덜대었는지. 큰 강도 흐르고 이국적 풍경이 흘러갔다. 비가 그칠 기미가 보였다.

타이루거太魯閣 공원

11시 훨씬 지나서 화리엔역에 도착한 우리는 정신이 없었다. 버스투어를 해야 할지, 택시를 대절해야 할지 결정해야 했기 때문이다. 역에서 떨어진 관광안내소에 들려 버스투어를 알아보는 중, 버스보다 값을 싸게 제시하는 택시 기사가 있어 택시를 대절하기로 했다. 2천 위안이니까, 8만 원 정도. 한 원주민 아가씨가 일하는 가게에서 대나무 잎을 말은 모양의 것을 시종 질겅댔는데, 하나 달래 씹어보았지만 영 입맛에 안 맞았다. 이것에 중독된 기사 이 친구도 이곳 원주민 아메이족이겠지.

우리는 타이루거공원 입구를 지났다. 타이루거는 길이 20km, 높이 3천 m에 이르는 대리석의 험한 협곡이다. 공원의 넓이는 92천 ha로 타이중, 난터우, 화리엔 3개 현에 걸쳐 있다. 타이완 100개 악(岳, 큰 산) 중 27개가 이 공원 안에 있고, 중부 횡단도로의 연변이 이곳 경관의 중심을 이룬다. 대리석 협곡을 흐르는 물은 석회 성분 때문에 색깔이 탁하고 옥색. 타이루거공원의 길을 놓는데, 지질이 약해 기계를 사용하지 않고 공사하다 보니, 3년 남짓한 기간 동안 200여 명이 사망하고 700여 명의 부상자가 나왔다고 한다.

장춘교, 든든하게 철로 만든 다리를 지나니 장춘사가 보였다. 한해 전 이곳에서 한국 관광객을 태운 버스가 굴렀으나, 다행히 버스가 나무에 걸려 큰 화는 면했었다고. 계곡을 흐르는 물색이 보기 좋은 옥색이었다. 가까지른 절벽에 움푹한 곳이 많았는데 그곳에 제비가 집을 지었다고 기사가 설명을 했다. 위험구간을 지날 때는 그곳에 준비된 안전모를 쓰고 구경을 해야 했고, 다행히 이곳을 구경하는 동안 비는 오지 않았다. 하지만 허리가 계속 완전치를 앓아 50mm 단렌즈를 사용하다보니 사진이 시원찮아 아쉬움만 남았다.

한 쉼터에 이르니 이곳에는 타이루거공원 건설의 공로자 장징꾸어(蔣經國,1910-1988)의 흉상이 있었다. 그는 장제스의 아들로 1975년 아버지가 죽자, 총통대리를 거쳐 총통 직을 이어갔으나 1988년 7대 총통 임기 중 사망하였다. 이곳에서 기사 란꾸어창(53세)과 함께 점심. 맛이나 가격이나 유원지의 바가지는 없었다. 우리 기사는 각기 28, 23세의 아들, 둘을 두었는데 아직 장가를 못 갔다고. 우리 같은 손님을 잘 만나 소통도 잘하고 했지만, 역으로 돌아가는 길에는 얼마나 급하게 차를 몰았는지. 한국이나 타이완이나 기사에겐 시간이 돈이다. 이곳에서 만난 젊은 한국인들, 기사가 여자인데 설명을 잘 안 해 준다고 불평이 대단했다. 소통의 기술이 있어야겠지.

타이루거의 옥색 계곡

온통 대리석으로 된 멋진 계곡을 지나. 이곳의 제일 큰 절, 시앙떠스祥德寺에 들어섰다. 우리의 미륵전과는 분위기가 다른 파안대소하는 배불뚝이 스님이 서 있었고, 1월 말인데도 불구하고 환한 복사꽃들이 만발하여 봄의 향연이 절정이었다. 본당의 금빛 지붕이 돋보였다. 봄바람에 나부끼는 나무의 마음도 알 수 있을 것 같았다. 절 뒷산의 서 있는 탑과 미륵불이 이절의 명품.

치싱탄七星潭, 화리엔

계곡을 다시 빠져나와 우리는 태평양 연안의 치싱탄七星潭으로 차를 달렸다. 시간에 따라 물색이 변하고 시원히 길게 뻗친 태평양 바다의 파도는 거세고 높았다. 이곳에 일곱 개의 작은 못이 있었다고 하는데 밤이면 북두칠성을 비롯한 별들이 이 해변에 쏟아지리라. 호리호리하지만 꺽다리 나무들, 모진 해풍을 이겨내고 있었고, 긴 해변은 쓸쓸했지만 데이트하는 한 쌍의 연인들이 보였다.

치싱탄

　　　쓰러지는 사람아 바다를 보라
　　　일어서는 사람아 바다를 보라
　　　쓰러지기 위해 일어서는
　　　일어서기 위해 쓰러지는
　　　현란한 반전
　　　슬픔도 눈물도 깨어 있어야 한다

(이명수, 1945-, 파도)

우리는 해변에서 왕 군고구마 하나를 사서 셋이 나누어 먹고 화리엔 시내로 들어와서 타이루거를 잘 안내해주었던 란꾸어창과 이별을 했다. 6시 50분발 기차가 떠나려면 시간이 많이 남았고, 역 근처에 있는 유명한 쩡지마수 찹쌀떡집에 들려 찹쌀떡을 사 먹었는데 맛은 별로. 화리엔의 유명한 맛집, 라오사오찬꾸안을 찾아가는 길, 거리의 빵집 앞은 경주 황남빵집처럼 사려는 사람들이 줄 서 있었다. 구시가지에 있는 맛집까지 걸어가려 했으나, 다리 허리는 아프고 택시를 타고 가니, 영업시간 전이라 문은 닫혀 있고, 물어물어 해안가를 찾아갔다. 길을 찾는 데 도움을 주려는 여학생들은 너무 친절했고, 역시 구시가지는 길들도 복잡하여, 지도로 찾기는 역부족이었다.

바닷가로 가는 구시가지는 일본식 집이 많아 향수를 불러일으킨다고 할까? 드디어 찾은 바닷가에는 달리기하는 사람들이 줄을 이었다. 산책 좀 하고 바다가 보이는 좁은 골목길을 빠져나오자니, 날은 저물어가고 허름한 구옥의 지붕 위, 나무 전봇대와 전깃줄에는 참새들이 떼를 지어 있었다. 이 또한 정겨운 풍경. 춘지에(구정)가 얼마 남지 않은 때라 불 켜진 창문에는 마름모꼴 붉은 종이 위에 쓴 춘春, 재財, 만滿, 길吉자가 다닥다닥 붙었다. 다시 찾은 라오사오찬꾸안에서 딤섬, 고치구이, 계란탕, 복음밥에 진먼고량주 소자 하나 시켰다. 이곳에 와서 진먼金門고량주 팬이 된 윤건친구는 입맛을 다시며 술을 똑같이 나누자고 했다. 역으로 가는 길, 얼큰해지고 배가 부르니 화리엔의 밤은 아름답기만 했다.

타이베이로 돌아오는 기차에서 소방사로 일하는 젊은 친구와 같은 자리에 앉아 왔다. 한국에서도 소방관은 젊은이들이 선망하는 직업이라 했더니 얼마나 좋아하던지. 호리호리한 몸으로 어떻게 불을 끌까 생각도 했지만, 예의도 있고 영어도 잘하는 총각이었다. 헤어질 때 조그만 태극마크의 북이 달린 핸드폰 걸이를 주었더니, 답례로 예쁘게 포장된 인절미를 나에게 주었다. 아침 도시락을 전해준 호텔 아가씨, 젊은 소방관이나 길에서 만난 영어 잘하는 아줌마나 한결같이 조용히 얘기하고 어떻게 예의가 바른지, 입은 옷은 수수하고.

10시가 훨씬 지나 숙소로 돌아오는 길, 편의점에 들려 맥주, 큰 대접 라면과 안주 사갖고 와서 숙소에서 한 잔. 불을 끄자 하여 소등하고 누우니 병헌의 코 고는 소리가 크게 들렸다. 어떻게 그렇게 쉽게 잠이 들 수 있을까.

예류野柳 지질공원

여행 넷째 날, 아침 느긋하게 숙소를 나왔다. 자유여행의 좋은 점. 늦게 일어나도 좋고, 시끄럽게 서두르지 않아도 되고. 이젠 제집을 드나들듯 신베이토역으로 자연스럽게 발걸음이 옮겨졌다. 타이베이역이 복잡하다는 것을 이날 처음 알았다. 예류 가는 시외버스터미널을 찾는데 한 시간 가까이 헤맸다. 지하철 출구 표시대로 따라갔더니, 시외버스터미널이긴 했는데 예리우행 버스는 없었다. 강남버스터미널 지하에서 헤매듯, 한참을 걸어 버스터미널 B를 찾긴 찾았다. 지하세계란 원래 복잡하고 숨쉬기 힘든 곳.

어제 친구 손재완에게서 문자가 왔다. 친구 서홍덕이 모친상을 당해, 병헌 부인이 집사람을 데리고 상가에 다녀왔다고. 이젠 더 이상 홍덕의 모친이 해주는 맛있는 삼계탕은 못 먹겠구나 생각하니, 돌아가시기까지 고통스럽지나 않으셨는지. 나중에 얘기를 들으니, 상가에서 여자들이 내가 타이완에서 집사람에게 보낸 문자를 보고 폭소했다 한다. '미안해, 혼자 처먹고 싸다녀서'

예류野柳에서 버스를 내리니, 초입에 항구가 있었다. 예류지질공원은 타이베이 위, 타이완 최북단에 위치한다. 해안의 강태공들이 여기저기 보였고, 길가에 늘어선 음식점들 앞의 수산물들을 구경하며, 공원으로 걸어갔다. 65세 이상은 입장료 할인이 된다고 해서 좋아했는데 타이완사람에 한해서였다. 그래도 양반이지, 중국 같으면 외국인은 몇 배 비싼 입장료를 내야 하는데. 공원의 오른쪽에는 큰 산업시설이 들어와 있다.

예류지질공원

예류해안을 가득 메우고 있는 기암괴석들은 바람, 태양, 바다가 함께 만든 해안 조각 미술관. 파도에 의한 침식, 암석의 풍화작용에 지각 변동까지 더해져 희귀한 지형과 경관을 만들어 냈다. 줄을 이은 관광객 중에는 세계 어디에서나 마찬가지로 한국 사람들이 많이 섞여 있었다. 공원은 세 구역으로 나누어진다. 1구역에는 버섯, 생강 모양의 바위가 밀집해 있는데 촛대바위, 아이스크림 바위가 이곳에 있다. 2구역은 1구역과 비슷하나 수량 면에서 적은 편. 여왕머리, 용머리, 코끼리 바위 등이 있고. 3구역은 침식에 의한 평탄한 지형이다. 한편은 절벽, 한편은 용솟음치는 파도가 있다. 구슬 바위, 바다의 새 바위 등 괴석들이 산재해 있다. 하여튼 괴석들의 황금 색깔이 특이하고 멋이 있다. 또한 이곳 태평양 바다의 아름다운 형태의 절리도 절경이다.

절경을 한 바퀴 돌고 나오니 공원의 출구는 특산물시장을 지나도록 되어 있었다. 타이베이 역에서 1시간가량 헤맨 결과이지만 공원을 나와 어촌식당에 자리를 잡으니 3시가 다 되었다. 중심지에는 단체관광객을 상대로 하는 큰 음식점들이 집중되어 있어, 우리는 항구 쪽으로 떨어져 있고, 값싸게 맛있는 음식을 먹을 수 있는 식당을 택했다. 패키지여행을 했다면 맛없고 비싼 음식을 먹었을 텐데. 게찜, 된장을 풀은 생선탕, 조개, 새우, 해삼을 넣은 삼선요리에 국수와 밥. 거기다 시원한 타이완피지우(맥주). 값도 헐했고 요번 여행 중 가장 잘 먹은 성찬이었다. 식사 후 거리로 나오니 예류 초등학교 정문 기둥 위엔 빨간 물고기가 있고, 거리 길바닥에는 게 그림이 있고, 게집 입간판엔 蟹(게 해자)가 붙어 있다. 그러고 보니 게 '해'자는 영락없는 게 모습.

101빌딩, 시먼西門

귀로에 들어서 시외버스가 타이베이 시내에 진입하니 101빌딩이 보였다. 관광지에서 탄 버스는 손님이 없어 한산했다. 어느 나라나 모두 관광버스나 승용차를 이용하니 그럴 수밖에. 그런 면에서 한산한 시외버스를 타고 밖의 경치를 즐기는 재미가 쏠쏠했다. 다시 전철을 타고 스쩡후市政府역에서 내려 시내버스를 타고 타이페이 101빌딩을 찾았다. 날은 벌써 어두워져 있었다. 101빌딩 입구의 화려한 조형물, 사치의 센터에 들어섰다. 타이베이 금융센터 101빌딩은 508m 높이의 타이베이의 랜드 마크. 9-84층까지 은행 등 금융기업이 입주해있고 고급식당가, 고급쇼핑몰 등이 몰려있다. 전망대 오르는 매표소엔 표를 사려는 인파가 빌딩 한 바퀴를 돌고 있어, 우리 어른들은 일찍 포기를 했다.

시먼역 주변

마침 토요일이니 인파가 보통이 아니었다. 쇼핑몰을 구경하고 밖으로 나서니 밤은 모든 것을 아름답게 만들었다.

버스 타고 다시 전철을 타고, 시먼西門역에서 내려, 얼큰하고 개운한 국수, 아쭝미엔쎤阿宗麵泉 가게를 찾았다. 젊은이들 속에 섞여, 서서 먹는 곱창 넣은 국수의 맛, 일품이었다. 시면역 주변은 우리의 홍대 앞과 마찬가지로 젊은이들의 거리이다. 마찬가지로 희한한 예술가의 거리이기도 하다. 젊은이로 변신을 했나 밤에는 왜 그리 출출한지, 호텔 앞 슈퍼에서 맥주, 사과, 왕사발면 등 주전부리할 것을 사서 숙소로 돌아왔다. 이번 여행의 마지막 온천을 한 후 한잔하고, 타이완의 마지막 밤을 아쉬워할 틈도 없이 잠이 들었다. 온천 옆의 숙소, 요번 여행의 금상첨화였다.

띠르꾸地熱谷 그리고 귀국

돌아가는 비행기는 14시 출발 예정이라 우리는 시내에 들어가지 말고, 느긋하게 숙소 주변에서 보내기로 했다. 마지막 아침을 든든하게 먹고 산책을 나섰다. 숙소에서 가까운 곳에 있고 온천이 흐르는 계곡, 띠르꾸地熱谷, 아침부터 방문객들이 많았다. 두 친구는 피로하지 않은지 앞장서서 잘도 갔다. 계곡에서 품어 나오는 증기량이 시시각각 틀리다. 시간이 없어 노천 목욕을 못 한 것이 못내 아쉬웠다.

쓰다 남은 동전과 병헌 친구의 특별 팁, 맥주 큰 캔 하나, 사과 한 개를 방에 남겨놓고 방을 나섰다. 그리고 남은 기념품을 로비 아가씨들에게 주고, 짜이지엔再見 인사말을 하

쑹산공항

고 아타미호텔을 나왔다.

 신베이토역에서 일본어로 말하는 나이들은 안내원, 일본어 도사인 병헌을 쫓아오며, 공항 가는 길을 친절히 가르쳐 주었다. 우리는 지하철을 세 번 갈아타고 공항을 가려고 했으나, 지하철을 두 번 갈아타고 공항 가까운 역에서 내려 택시 타고 가라고. 전철 안에서 우리끼리 그 노인의 말을 되씹으며 떠드니, 앞에 앉아 있던 부인, 유창한 영어로 다시 친절히 안내를 해줬다. 우리는 택시를 탈 돈이 없다고 응수하며, 그녀의 친절에 감사했다. 우린 시간이 철철이 넘쳐요.

 여유 있게 공항에 도착하여 맛있는 국수 한 그릇 먹고, 기념품 조그만 것 하나, 마나님 드릴 월병 한 상자 샀다. 요번 여행은 병헌, 윤건 두 친구 덕분에 좋은 여행이 되었고, 예의 있고 친절한 타이완 사람들에 대한 좋은 추억을 갖는 기회가 되었다. 70만 원 안 되는 비용으로 4박 5일 동안 맛있는 음식도 먹고 좋은 구경도 했다.

2. 타이완 남부여행

2019년 12월 14일, 토요일, 아리산 대신 4박 5일 타이완 남부 자유여행을 시작했다. 그러려니 6년 전 1월, 타이완 북부 여행을 같이 했던 친구 황윤건이 생각났다. 술도 못 먹는 그 친구, 진먼고량주를 그렇게 맛있게 홀짝였는데. 하늘나라에서 잘 지내겠지.

강화도의 멋진 풍경

10시 한강을 건너 강화도의 멋진 모습도 확인하고, 인천공항에 도착하여 나는 여행자 보험을 들고, 천병헌 친구는 대만에서 사용할 수 있는 와이파이 도시락, 에그를 찾으러

갔다. 이 도시락이 있으면 대만 어디에 가서도 와이파이를 사용할 수 있으니, 편리한 세상. 옛날에는 이런 것 없어도 여행을 잘했지만. 11시 30분, 약속한 대로 네 친구가 모여 짐을 부친 후, 공항식당에서 맛있는 점심을 들고 여유를 부리다, 패스트트랙(70세 이상 고령자, 장애인, 임산부 등이 이용 가능)을 통해 출국 절차를 마쳤다.

　14시 35분, 인천공항을 출발한 제주항공 7C 4501호는 16시 30분에 가오슝공항에 도착했다. 타이완은 우리보다 1시간 늦다. 비행기 옆자리 손님은 한국 단체관광을 마치고 돌아오는 타이완 새댁. 아이가 몇이냐 물었더니 배를 가리켰다. 임신 중. 그녀를 통해 우리가 방문할 가오슝, 컨딩, 타이난의 명소를 다시 한번 체크하고 추가하여 가볼 만한 온천을 추천받았다.

가오슝, 류허시장 한 바퀴 돌고, 아이허 유람선 타기

　가오슝공항에는 우리가 방문할 렌츠탄蓮池潭의 광고판이 있었고, 렌츠탄 오른쪽에는 관운장이 눈을 부릅뜨고 있었다. 여행자의 마음을 사로잡는 항구도시, 가오슝은 타이완 서남부에 있는 타이완 제2의 도시이며 해상교통 요충지. 시내를 가로질러 아이허愛河가 흐르고, 2년마다 국제콘테이너예술제가 열린다, 인구 278만 명. 가오슝국제공항 전철역에서 이지카드를 구입하여 500원(元, 타이완 달러)씩 충전시켰다. 한화를 타이완달러로 현금 교환 시 타이완 1달러가 44원이 넘었다. 최근은 한화 강세로 40원 정도. 이지카드(ipass카

류허야시장

드)는 지하철, 버스, 기차 등을 타는 데 사용할 뿐 아니라 소액소비, 입장료 등 정부 요금을 지불할 때에도 유용하다.

전철을 타고 메이리따오역에서 환승하여 시의회역에서 하차하여, 숙소로 가는 길을 물었으나 홀리데이가든Holiday Garden호텔을 아는 사람이 없었다. 그러던 중, 지나는 친절한 여인의 도움을 받아 간신이 숙소를 찾았다. 중국어 호텔 이름, 화위엔환디엔華園飯店으로 길을 물었으면 쉽게 찾을 것을. 우리는 호텔 방에 짐을 부려놓고 걸어서 류허야시장六合夜市을 찾았다.

타이베이 야시장을 경험한 바가 있어 시장의 법석거림은 예상한 것이고, 시장거리에서 닭 고치를 사 먹고 이리 기웃 저리 기웃하다, 거리매점 뒤에 있는 테이블에 자리를 잡고, 익힌 새우, 고기파말이香蔥肉捲, 58도 진먼까오량지우金門高粱酒를 시켰다. 타이베이스린 야시장과는 달리 술을 팔았다. 이날 우리가 먹은 새우는 기다란 두 번째 가슴다리가 두 개 달린 민물새우, 동남아 논에서 양식하는 징거미과 새우이다. 나이 든 사람은 어렸을 때 고향의 깨끗한 냇가에 살던 징거미(징게미)를 기억하고 있으리라. 지금도 부안 내변산의 골짜기, 백천내 등 우리나라 심심산골의 깨끗한 시냇물에 아직 살고 있다. 영어로는 shrimp는 작은 새우, prawn은 큰 새우(대하)를 말한다.

타이완에는 터키 아이스크림집이 많다. 우리가 지나는 길, 아이스크림 집의 터키 친구가 손님 아가씨와 장난치는 모습 등의 사진을 찍다 보니 그만 친구들과 헤어지고 말았다. 문자로 시장 입구에 있는 내 소재를 친구들에게 알리니, 나를 찾고 있던 친구들이 인파를 뚫고 오는 모습이 보였다. 음력 18일인데도 타이완의 보름달은 둥그렇고 밝았다.

아름다운 메이리따오美麗島역, 이역에서 두 전철노선이 교차한다. 가오슝엔 전철이 두 노선뿐. 이역에서 전철 타고 시의회역에서 하차해서 가오슝사람들이 사랑하는 아이허愛河를 찾아 걸었다. 아이허는 서울의 한강이라 할까. 멀리 우리 숙소, 화위엔환디엔華園飯店이 화려하게 빛나고 있었다. 우리는 아이허에 도착하여 중정교中正橋를 건너지 않고 바로 유람선 선착장을 찾았다. 중정은 장제스(장개석, 1887-1975)의 본 이름.

아이허 강변의 야경은 아름다웠다, 큰 강은 아니었지만. 아이허는 대만의 사랑의 강(Taiwan Love River), 아름다운 사랑이 흐르는 곳. 길이는 12km로 가오슝사람들이 가장 아끼는 휴식 공간이다. 강변 산책을 하고 차 한 잔의 여유를 즐길 수 있으며, 거리공연, 등불축제, 드래곤 보트축제 등을 볼 수도 있다. 강가에 중화민국기가 보였다.

타이완 면적은 남한의 1/3, 인구는 2,390만 명. 중화민국이나 중화인민공화국 모두 타이완을 1개 성省으로 간주한다. 인민공화국이 타이완관할권을 주장하듯 중화민국은 본토관할권을 주장하고 있다. 인구의 85%는 본성인, 13%는 외성인, 나머지 2%가 원주민. 외성인은 1949년 장제스를 따라온 한족을 말한다. 1700년 초 이주한 하카인 15%는 커자어를 쓰고 그 이전(주로 17세기)에 이주한 민난인 70%는 주로 민난어를 쓴다. 물론 푸퉁화普通話가 표준말이지만. 우리가 방문한 다음 달인 1월에 총통선거가 있었다. 홍콩사태로 타이완과 중국과의 관계가 갑자기 악화되었고, 선거 결과, 당시에는 인기가 별로였던 본성인이고 민진당 당원인 차이잉원(蔡英文, 1956-)이 국민당의 한궈위(韓國瑜, 1957-)와 싸움에서 압승을 거두었다. 국민들은 홍콩사태를 지켜보며 자유가 얼마나 귀한 것인지 깨달았기 때문이리라. 한 택시기사는 우리가 한국에서 왔다 하니, 한궈위韓國瑜를 들먹였다. 앞의 두 자가 한국.

아이허 강가의 야경

아이허 유람선 배표를 끊을 때 70세 노인인데 할인이 안 되냐고 했더니, 외국인이라 안 된다고. 우리나라와 같이 65세 이상은 할인 대상. 배를 타고 유람하니 강변의 광고판들이 화려했고, 나룻배도 지나갔고, 나부끼는 깃발과 선거 선전물이 요란스러웠다. 배는 가오슝 도심을 지났고. 강변에 있는 용 모양의 조각상이 특이했다. 해설사는 열심히 설명하지만 알아들을 수는 없었고. 타이완 관광객의 표정도 덤덤했다. 덤덤한 유람선 관광을 마치고 숙소로 돌아와 첫날의 휴식을 취했다.

땅끝마을, 컨딩墾丁 즐기기

다음날 12/15(일) 6시 기상하니 호텔 방 전경은 별로였지만 날씨는 쾌청했다. 괜찮은 호텔 뷔페식 조식을 마친 후 전철을 타고 쭈어잉左營역에서 하차. 이역에선 고속철을 탈 수도 있는 곳. 컨딩墾丁역 가는 버스 타는 곳을 물으니 친절한 역 여직원이 쫓아 나와서까지 길을 가르쳐줬다. 또 한 번 친절에 감탄하며 8시 50분에 출발하는 고속버스를 타고 2시간 가량의 여정을 시작했다. 가오슝 교외의 뜰이 펼쳐졌고. 해안 쪽에는 양어장이 많이 보였다. 쌀, 사탕수수, 담배, 바나나, 파인애플 등이 주요 생산물. 버스는 오른쪽에 타이완해협을 끼고 남쪽으로 한참을 달렸다. 같은 서쪽의 바다이지만 청정하고 푸른 바다는 우리의 서해와는 질이 달랐다.

타이완해협의 푸른 바다

해양생물관으로 가는 컨딩 시내버스를 갈아타는 정거장에 내리려니 병헌이 차표를 잃어버린 모양이었다. 한참을 뒤져도 표가 나오지 않자 얼굴이 붉은색이 되며 당황하기 시작했다. 우리나라 같으면 기사가 야단할 테고 승객들도 뭐라고 할 터인데, 이들은 미소 지으며 조용했다. 그러던 중 뒤쪽의 여승객이 바닥에 떨어진 표를 발견하여 병헌의 위기는 수습되었다. 역시 우리보다 한 수 위.

하차하여 어디서 시내버스를 타냐고 묻고 있으려니 택시 기사 두셋이 달려들었다. 시외에서 택시를 타려면 사전에 요금을 협상하는 것이 좋다. 우리는 이들을 물리치고 시내버스정류장을 찾아 버스를 기다리다 보니, 시간이 아까웠고, 결국 50 대만달러로 흥정하여 영업하는 자가용을 탔다. 넷이 여행하면 좋은 이유 중의 하나는 택시를 한 대로 값 싸게 이용할 수 있다는 점이다. 노인네들이 2, 3천 원 깎으려고 한다고 흉보지 마시고 여행의 재미라 보고 이해해 주시길.

해양생물박물관

타이완의 숨겨진 보물, 땅끝마을인 컨딩墾T은 삼면이 바다인 반도이며 대부분이 바다와 산을 아우르는 대규모 컨딩 국가공원이다. 공원의 크기는 바다가 1.5만 ha, 육지가 1.8만 ha. 해양생물박물관도 이에 속한다. 따뜻한 열대기후로 각종 해상스포츠, 산호초, 열대우림 등을 즐길 수 있다. 봄엔 록 페스티벌이 열리는 인구 4만 명이 안 되는 작은 바닷가 지역. 최남단에 어란비등대가 있는 공원이 있다.

드디어 해양생물박물관 입장. 기분 좋게도 타이완에서 처음으로 경로로 입장료를 할인받아 반값인 225元(대만 달러)에 입장했다. 1인당 8천 원꼴. 내 중국어 발음이 중국인 같았나? 이곳은 세계 3대 아쿠아리움의 하나. 해저터널, 난파선을 이용한 산호왕국관, 세계수역관(고대해양, 심해수역, 극지방, 탐구교실 등), 대만수역관(저수지, 대양)으로 나누어졌다. 우리는 먼저 산호왕국으로 들어갔다. 산호는 산호충강에 속하는 군체동물. 몸은 폴립으로 되어있는 원통형 구조로 바다에 부착한다. 위쪽 중앙에 촉수로 둘러싸인 입이 있고 촉수에 있는 독침을 사용하여 작은 물고기, 새우, 게 등을 마비시켜 잡아먹는다. 가장 친

세계수역관

숙한 종류는 돌산호류. 겉은 무르고 속은 단단한 석회질 뼈로 되어있고 보석, 장식품 등

으로 이용된다. 이들은 20도 이상, 햇빛 잘 드는 곳을 좋아한다. 컨딩은 타이완 본섬에서 가장 보전이 완벽하게 된 산호초 지형이라 산호왕국관을 따로 설치한 듯하다.

　세계수역관의 90m 해저터널로 이동하니 가오리가 가장 인기. 가오리는 홍어과의 바닷물고기를 통틀어서 일컫는 말. 홍어도 가오리이지만 독이 있는 등 쪽의 뿔이 없다. 굴 속에서 몸을 내밀고 있는 뱀장어목에 속하는 곰치의 한 종류도 보았는데 수레에 탄 아기도 신기한 듯 열심히 쳐다보았다. 큰 돌핀의 뼈도 진열되어 있었고, 다음엔 40-120cm의 남극대륙과 연안에 사는 남극지방의 펭귄을 보았다. 펭귄은 오세아니아, 아프리카, 남아메리카 남단에 서식하는데, 열대지방에 사는 것도 있다 한다. 그리고 영명이 Sea Star Starfish인 불가사리를 보았다. 해삼, 성게 등과 같이 무척추동물이고 극피동물의 하나인데, 어류가 아니다. 몸을 여러 조각으로 잘라도 죽지 않고 살아난다고 하여 불가사리. 특히 북태평양에 많이 서식하고 암수가 따로 있지만, 자웅동체도 있고 무성생식도 한다. 끝으로 기생충 청소에 도움이 되는 청소새우Cleaner Shrimp도 보았다.

해양생물박물관에서 즉석사진 한 장

　잠깐의 휴식을 위해 밖으로 나오니 타이완해협의 바다, 우리 마음을 시원하게 씻어주었고, 심심풀이로 입에 착 달라붙고 쫀득쫀득한 질감의 터키 아이스크림 하나씩 사 먹었다. 다시 입관하여 해양 동물 화석관에서 고래화석, 중생대 생물관으로 이동하여 말발굽게Horseshoe Crab 등을 보았다. 관람을 마치고 그곳에 설치된 장치로 QR코드로 저장 가능한 즉석 사진을 한 장 찍었고, 배가 고파오자 바다가 보이는 일식 레스토랑에서 돈가스에 오므라이스가 섞인 메뉴를 선택하였는데 그런대로 맛있었다.

어란비 공원

해양박물관을 나와 다시 택시를 타고 컨딩 시내를 거쳐 어란비 공원으로 향했다. 하늘은 더없이 파랬고 공원 입구에서 내리니 날씨가 더운지 야자수 열매를 찾는 사람들이 줄을 서 있었다. 한 번 맛을 들인 공원입장료의 경로 할인을 요청했더니 외국인이라 안 된다고. 그래서 1,000 元을 냈더니 매표소 아줌마가 거스름돈을 주며, 'Correct?' 하길래 퉁명스럽게 'Incorrect!' 하였더니, 내 표정의 불만스러움에 매표소 아줌마들 모두가 깔깔댔다. 공원 오르는 길, 젊은이들 뿐. 컨딩은 특히 젊은이들이 즐겨 찾는 곳이다.

어란비등대

어란비등대는 수리 중이었는데, 이 등대는 타이완 최남단의 등대. 19세기 세계열강들의 배가 인근 바다를 지날 때 많은 배들이 이곳 암초에 부딪혀 침몰하자 그들은 타이완에 등대 설치를 요구했다. 이에 등대가 섰고, 세계에서 유일하게 전쟁과 연관된 등대가 되었다. 갑오전쟁에서 청나라가 패하자 타이완을 떠나며 등대를 파괴했고, 일본이 등대를 다시 건설했으나 미군 폭격으로 다시 파괴되었으며 타이완 정부가 흰색등대를 건설했다. 정말 사연이 많았던 등대.

멋쟁이 젊은이들의 행렬에 우리도 낄 수 있었는데, 어란비鵝鑾鼻 공원은 타이완 8경의 하나. 완만한 경사의 넓은 언덕에 잔디가 깔려있고 끝에는 푸른 바다가 펼쳐져 있다. 우리는 어려운 한자로 어란비라고 쓴 탑 앞에서 사진을 찍었다. '코비'자가 들어가서 반도가 코 모양은 코 모양이지 했는데 원주민 말로 돛단배라고 한다. 탁 트인 바다를 보니 신선이 노니는 바다 같다. 뒤를 돌아보니 흰 등대가 눈부셨고, 산과 어우러진 바다의 깊고 파란 색깔이 좋았고, 자연과 어우러진 두 낚시꾼이 열공 중. 태양이 작열하는 오후의 바다는 고독, 그 자체라고 할까.

어란비공원의 바다

바다를 보면 바다를 닮고
해를 보면 해를 닮고
너를 보면 쓸쓸한 바다를 닮는다

(신현림, 1961-, 바다를 보면 바다를 닮고)

　바다를 내려다보는 정자, 추앙하이팅滄海亭 가는 길, 현무암이 만든 작품이 여기저기. 바다를 향한 열망이 솟았다. 창해정, 정자에서 만난 어여쁜 타이완 여인, 유창하게 한국어를 구사했다. 발음도 외국인 같지 않았고, 그냥 좋아서 배웠다 한다. 이곳에서 보니 저 멀리 바닷가의 촨판스船帆石, Sail Rock가 보였다. 융기작용으로 수면 위로 올라와서 풍화된 50m 크기의 산호초 바위. 돛단배를 닮았다고 촨판스, 닉슨 얼굴을 닮았다고도 하고. 이곳에서 원시림을 뚫고 신비한 동굴, Mystery Cave(非非洞)를 지나 다시 공원 입구로 나왔다.

컨딩 시내의 즐거운 추억들

컨딩의 일몰

　컨딩 시내로 진출하여 오늘 하루를 머물 숙소를 찾아 삼만 리. 친구들은 커다란 테블릿을 들고 숙소를 찾았으나 구글 지도는 방향감각이 없는지, 한참을 헤맸다. 내가 호텔을 예약할 때 기억으로는 바닷가에 숙소가 있다고 했지만, 큰길의 반대편에서 오락가락. 음식점을 한다는 부부의 도움을 받아서 간신히 숙소에 도착했다. 그들도 스마트 내비를 사용했지만 한참을 헤맨 것은 마찬가지. 바닷가에 면한 예쁜 삼층 건물 중의 하나가 우리의 숙소, Love Sea 126 House Inn, B&B. 해변도로, 다완 로드가 숙소 앞을 지난다. 해변의 숙소가 마음에 딱 드니 숙소를 찾으며 했던 고생은 싹 잊었고, 방에 배낭을 내려놓고 나오니 노을이 져갔다.

　다완로 입구에 아담한 스텔라海星 마리아 성당이 있다. 타이완사람들의 종교는 불교 35%, 도교 33%, 개신교 3.5%, 가톨릭 1.5%. 숙소 앞 바닷가에 있는 조그만 도교 사당의 지붕 위에는 삼 인의 도사가 우뚝 서 있었고. 바닷가 석양 아래 아이들은 아이대로, 어른들은 어른대로 뛰놀고 있었다. 사람도 구름도 물들어 가고, 우리의 숙소, Love Sea 126도 물들어 가고 있었고, 파도가 밀려오니 그리움도 밀려왔다. 그리움을 모르는 아이들 마냥 뛰놀았다. 멋있었다, 컨딩의 일몰. 아직도 나의 마음이 타오르는 것 같다.

　맛집, 시앙즈네이(巷子內, 골목길 안이라는 뜻)를 찾는 것도 메뉴 고르는 것도 순조롭게 진행되었다. 길 찾는 것, 맛집과 메뉴 찾는 것은 천병헌과 그의 아이패드가 담당이었다. 때로는 신영우도 합세했고, 호텔리어의 본능이 작동했다. 음식점에 술이 없다 하여 내가 동네를 한 바퀴 돌아, 편의점에서 진먼고량주 58도짜리 소자 한 병 사 왔더니, 두 주당이 그게 뭐냐고 하여 이번에는 하태욱이 한 바퀴 돌아, 대자 1병, 소자 한 병을 더 사 왔다. 이곳 야시장은 시장 골목이 따로 있는 것이 아니라 큰 도로변이 시장이다. 타이페이의 스린. 가오슝의 류허 시장과는 달랐다.

하나 또 하나 병헌친이 주문하는 대로 맛있는 요리가 들어왔고 고량주 대자 1병, 소자 1병이 비워지자, 기분이 업되기 시작하였다. 드디어 얼큰해져서 식당을 나와 발 마사지 집을 찾았는데 젊은이들의 거리라 마사지 집은 쉽게 찾을 수 없었다. 파파고를 이용, 발 마사지를 찾았더니, 중국어로는 주뿌안모足部按摩. 마사지 집 찾아 또 삼만 리. 내 발음이 나빴는지 사람들은 주뿌안모를 알아듣지 못했고, 손짓발짓하여 한 아줌마한테 물었더니 수줍어하며 컨딩따지에大路 아래쪽으로 내려가 보라 하기에, 대로 아래쪽으로 내려가니 과연 마사지 집이 있었다.

발마사지집

안마를 받으며, 두 주당은 특히 기분이 째졌는데, 영우는 좀 더 취했었다. 영우가 안마사들한테 이야기를 걸었는데 말은 통하지 않았고, 마사지사들은 어이가 없어 했다. 내가 신 뚜이신心對心하였더니 이들도 마음이 통하기 시작했다. 영우 말대로 팁 100 元씩 주었더니 이들의 기분도 째졌다. 하여튼 영우 담당 안마사가 제일 열심히 주물렀다. 마사지 집을 나와서, 병헌이 포장마차에서 샤오롱빠오[1] 한 줄을 샀는데, 영우는 그 뜨거운 만두를 밖으로 나와 있는 마사지사 입속에 넣어주었고, 이를 억지로 받아먹는 그의 표정이 가관이었다. 뜨겁기는 하고. 이 장면을 사진 한 장 찍어 남겼어야 하는데 말이다.

해변이 보이는 우리의 숙소

하여튼 다음날(12/16, 월) Love Sea 126에도 아침이 찾아왔다. 영우는 하루 전 재미났던 장면들이 기억에 없는 듯 시무룩했다. 조반 후 밖에 나와 숙소 앞에 설치된 양종쉰楊宗熏 작가의 '컨딩의 구슬'을 보고 있으니, 아침의 바다도 잠에서 깨고 숙소에도 아침햇살이 들었고 재물을 모으게 헌다는 바위도 기지개를 폈다. 바다로 나오는 조그만 냇가에 앉아 있는 한 여인과 백로 한 마리, 둘 다 같은 심정인지. 아침 파도는 거침이 없었다. 파도에 놀란 고동은 바위 밑을 파고들었고, 어제 아이들이 뛰놀았던 모래사장은 하루 전의 흔적을 말끔히 지우고 깨끗이 정화되어 있었다. 냇물은 어제와 같이 끊임없이 바다로 흘러들었고. 전날 영우가 이 개천을 뛰어넘다, 풍덩했던 기억이 떠올랐다. 우리는 과거 젊은 시절의 우리가 아니지. 한 송이 분홍색의 히비스커스(하와이무궁화)꽃은 아침햇살에 세수하여 말끔했다. Hibis+isco닮다는 그리스의 아름다움의 신을 닮은 꽃이며 아욱과 무궁화속에 속하는 식물. 무궁화는 우리의 국화이지만, 히비스커스는 말레이시아 국화. 숙소의 아담한 식당에서 간단한 조식을 먹었는데 어제 기분 좋았던 친구들은 숙취 때문에 떨떠름한 표정. 젊은 숙소 주인은 떠나는 우리에게 잘 포장된 조그만 과자 선물을 안겼다. 타이완사람들의 마음을 알 것 같다. 조그만 마음 씀이 우리를 감동케 했다.

---

1. 샤오롱빠오 : 다진 고기와 육수를 소맥분 껍질로 싸서 찐 딤섬.

가오슝항高雄港 건너, 치진旗津섬 즐기기

고속버스 타고 가오슝으로 돌아오는 길, 한 사원 앞에는 한 힘센 도사의 조각상이 서 있었고, 타이완해협은 여전히 푸르렀다. 바다 양식장 풍경도 이어졌고. 버스 종점에서 내려 다시 전철을 타고 시의회역으로 돌아와, 우리가 하루 묵었던 홀리데이가든호텔에 배낭을 풀어놓고, 바로 치친섬으로 향했다. 전철로 시즈완西子灣역에 내려 가오슝항高雄港 근처에서 맛있는 국수를 들었다. 뉴로미엔牛肉麵집을 찾다가 마주친 신이鑫른집에서 먹은 구오샤오미엔鍋燒麵, 냄비우동. 이집에서 제일 비싼 메뉴(한 그릇 60 元)였는데, 우리 돈으로 3천 원이 안 되었다. 가성비 최고로 맛도 좋고 모두 아주 만족했다.

구산 페리선착장

치진 가는 배를 타려면 구산鼓山 페리 선착장에 가야 한다. 치진은 가오슝 서쪽 근해에 있는 섬으로 가오슝에서 가장 일찍 개발된 구역이다. 말하자면 가오슝항구의 발원지이며 가오슝항구와 시내를 마주한 섬이다. 선착장 근처 티엔호우궁天后宮을 지나 바다로 향하는 양쪽 길이 모두 해산물거리. 가오슝시 치진구는 치진섬 전체를 포함하여 인구가 2.9만 명. 대부분 조선업에 종사한다. 치산旗山 뒤에 위치하여 치진이라는 이름이 붙었다. 1860년 영국과 베이징조약이 체결된 후 정식으로 개항되어 통상을 개시하였다. 1895년 시노모세끼조약에 의해 일본에 할양되어진 이후 철도, 항만, 공업중심지이며 주요 군사기지. 1925년 타이완총독부는 다거우원주민 부족이름라는 섬 이름을 치진으로 개명했다. 거슬러 오르면 명대 말(1368-1644)부터 중국인이 이곳으로 이주했다.

영국영사관

영국영사관

    우리는 다리를 건너 영국영사관으로 향했다. 길거리에 있는 시즈만 화방에는 젊은 트럼프의 초상화가 걸려 있었다. 홍콩사태로 타이완과 미국이 가까워졌다는 것을 암시하겠지. 거리의 Watermark호텔碧港良居 간판에 나와 있는 주소를 보니 아직 우리는 치진구가 아니라 구산구鼓山區에 있었다. 마침 월요일이라 영국영사관은 문이 닫혔고, 담 안쪽을 보니 영사관의 개항 당시 모습이 재현되어 있었다. 건물 앞에는 가마꾼, 영국 귀부인, 군인 등의 인형도 있고. 시즈완 언덕에 자리를 잡은 영사관은 1865년 건축된 타이완 최초 서양식 건물이다. 1867년까지 사용되었다고. 죄수를 수감했던 감옥도 보였다. 가오슝항구는 사진을 찍는 명소인지라 여기저기 셔터를 누르는 관광객들이 보였다. 우리는 다시 다리를 건너 선착장으로 갔다.

전동삼륜차 차고 치진섬 즐기기

우리가 타고 섬으로 건너갈 훼리가 도착하자, 오토바이 무리에 이어 일반 승객들이 쏟아져 나왔다. 배를 타고 10분이면 치진섬에 도착한다. 배를 타고 보니 여름철의 항구와 같은 느낌이 들었다, 12월이지만, 더위에 시야가 뿌옇다. 섬에서 내리자마자 여권을 맡기고 주의사항과 코스에 대한 설명을 듣고, 빌린 전동삼륜차를 타고 섬을 돌기 시작했다. 자동차 운전 솜씨가 좋은 영우가 핸들을 잡았고 전망대에서 첫 주차를 하였다. 해변은 강태공들이 차지하고 있었고, 정박한 대형의 화물선들이 보였다. 전망대에 올라 큰 배가 끊임없이 드나드는 항구 풍경을 음미하고 등대에 올랐더니 수리 중이란다. 포대로 올라가는 길은 시간이 제약되어있어 포기했다. 전동차 대여 시간은 2시간.

통행이 금지된 터널로 돌진

다시 전동차를 타고 선인장 밭을 지나고, 터널을 지나가자니 마주 오는 여인들의 표정이 이상했다. 우리가 삼륜차 통행 금지판을 못 보고 그대로 터널로 진행한 것. 터널을 통과했지만 터널 앞은 브록으로 막혀있었다. 넷이 전동차를 들어 도로로 진입시키려 시도했지만, 그것도 안 되었고, 진퇴양난. 다시 터널을 돌아 나오는 과정에서 시동이 꺼지니 영우 기사가 당황했다. 전동차 대여점에 전화를 했으나 받지를 않았고, 낑낑대며 원위치에 오니 다행히도 시동이 걸렸다. 혼이 나간 영우를 대신하여 병헌이가 운전석에 앉으니 곡예운전도 하며. 차가 신나게 달렸다. 병헌이는 자동차 운전은 서툰데, 어쩌면 그렇게 전동삼륜차는 잘 모는지. 요즈음도 영우를 만나면 그때 이야기를 자주 한다. 사람마다 특기가 다름을 인정할 줄 알아야겠지.

무지개색 교회당 앞에서

　멋진 바다풍경이 이어서 지나갔고, 폼을 잡는 여인도 스쳐 갔다. 그러는 중에 썬그라스를 쓴 영우는 종전 북새통에 셔츠에 꽂아놓았던 안경이 없어진 것을 발견했다. 이제야 돌아갈 수도 없고, 한 바퀴 돌고 나올 때 찾아보기로 하는 수밖에. 기사를 위해 잠시 휴식도 했고, 무지개 교회당 앞에서 전동삼륜차를 정차했다. 배를 끌어 올리는 것인지 그물을 끌어 올리는 것인지, 줄을 당기는 사람들의 조각이 있다. 우리는 분홍색 구조물 앞에서, 무지개색의 교회당에서, 두 마리 고동 앞에서 사진을 찍었다. 교회당 앞에서 스마트 폰으로 사진을 찍는 흑인 소녀는 마치 기도를 하는 모습이었고, 귀하신 강아지의 배변을 치우는 소녀도 있었다.

　다음은 허그쉘Hug Shell 앞에서 정차했다. 이곳에 온 남녀 젊은이들이 분위기에 맞춰 이 큰 조개 안에서 허그를 하는 곳. 허그를 하면 수명이 연장된다는데. 머리 좋은 공원 설계자들이 만들어 놓은 조개와 작명作名. 풍차공원이 우리의 반환점. 풍차는 이곳이나 우리나라나 선호하는 장식물이다. 자전거로 섬을 한 바퀴 도는 것도 치진섬을 즐기는 한 방법이 되겠다. 돌아오는 길, 터널 근처에서 두 팀으로 나누어 걸으며 영우의 잃어버린 안경을 찾았으나, 허사였다. 안경에 끼우는 썬그라스를 가져가라는 마나님 말씀을 들었으면 좋았을 텐데, 마나님 잔소리에 그냥 썬그라스를 가져왔다. 너나 나나 나이가 들수록 왜 그렇게 잔소리가 싫어지는지. 미국 횡단여행을 할 때 친구 주문수가 술이 망태가 되어 안경을 잃어버린 후, 밤이나 낮이나 썬그라스를 쓰고 장님 생활을 한 것이 생각났다. 전동차 여행을 마치고 벤치에 앉아 시원한 맥주 한 캔씩 했다. 전동차를 빌릴 때 2시간 넘게 반환하면 페널티가 있다는 설명을 들었는데, 우리는 약속시간 10분 전에 반환했다. 주인에게 10분 어치 돈으로 돌려달라고 했더니 웃기만 했다.

이곳 거리에도 차이잉원(蔡英文, 1956-)의 선거 포스터가 걸려 있었다. 천수이벤(陳水扁, 1950-)은 2,000년 민진당 소속으로는 처음으로 총통이 되었고, 2008년에는 국민당 마잉주(馬英九, 1950-), 2016년 민진당 차이잉원이 총통이 되었으며, 그녀는 올해 홍콩 사태 덕으로 재선되었다. 재수가 좋은 여인. 수산물 거리를 걸어 저녁을 먹을 맛집의 위치를 확인한 후 티엔호우궁天后宮을 찾았다. 절은 대수리 중이었는데 기도처 한 곳만은 영업 중이었다. 절 근처 빙수집에서 빙수 한 그릇씩 했는데 맛은 별로였다. 우리가 찜해놓은 치호우旗后해산으로 귀환하여 우리는 넷이 앉아 먹기엔 너무 큰 테이블에 안내되었다. 옆자리엔 일본 여인들 넷이 앉았었는데 일본어 도사인 병헌이가 웬일인지 그녀들에게 말을 붙이지 않았다. 나이 탓인가, 마나님한테 교육을 받았나. 병헌이가 시킨 메뉴에 진먼고량주. 생선요리에 섞여 돼지고기 요리도 하나 들어왔고, 전일 과음 탓인지 소자 한 병으로 술은 끝이었다. 다시 배를 타고 구산 선착장으로 돌아왔고 친숙해진 전철을 타고 숙소로 귀환했다. 이날(12/16, 월) 하루도 멋진 여행을 즐겼다.

타이완 역사기행, 타이난

12월 17일, 화요일, 여행 4일째, 가오슝의 아침은 밝아오고, 아침햇살은 건물을 아름답게 만들었다. 두 번째 먹은 화위엔환디엔(華園, Holiday Garden Hotel)의 아침 식사, 음식 종류는 아주 많지 않았으나 정갈하고 맛있었다. 컨딩은 시외버스를 타고 갔지만 타이난은 기차를 타고 가는 여행. 우리는 전철을 타고 가오슝기차역高雄車站에서 하차하여 급행열차로 바꾸어 탔다. 쭈오잉左營역에서 내려 가오슈티에루高速鐵路로 가면 타이난까지 15분 밖에 걸리지 않으나, 역에서 내려 시내 진입까지는 상당한 시간이 걸리므로 급행열차를 타기로 했었다. 같은 플래트홈에서 일반열차와 급행을 타기 때문에 어느 열차를 탈지 헷갈렸으나 역무원의 도움과 병헌의 기지로 9시 12분에 출발하여 9시 48분에 도착하는 116 급행열차를 탔다. 좌석은 편안했으나 차창 밖 풍경은 밋밋했다. 타이난에 도착하니 한국인 관광객이 많이 늘었는지, 타이난역에는 한국어로 쓴 큰 광고판이 붙어 있었다. '타이난에 가보지 않으면 타이완에 가본 것이 아니다'라고 쓰여 있는.

한글로된 타이난역 광고

타이완의 역사가 시작된 타이난臺南, 16세기 초 푸젠성福建省에서 건너온 한족으로 타이난의 근대사, 타이완의 근대사가 시작되었다. 그전에는 핑푸족平埔族이 살았고, 이곳은 1623년 네덜란드 식민정책의 본거지였으나 1662년 정청공鄭成功의 등장으로 200년간 타이완의 중심도시(수도)였다. 타이난 인구는 189만 명. 타이난의 외항인 안핑(安平, 인구 66만 명)은 가오슝항보다 더 오랜 역사가 있는 항구이나, 토사가 퇴적하여 어항으로의 기능만 일부 남았고, 가오슝항이 커지자 급격히 쇠퇴하였다. 현재의 타이난은 상업도시로 농산물 주요 시장이고 임업, 어업의 중심지며 금은세공이 유명하다. 염전과 관쯔링 關子領온천이 있다. 이 온천은 세계적으로 보기 드문 머드온천으로 북부의 베이터우, 양밍산, 컨딩의 쓰중시 온천과 함께 타이완 4대 온천의 하나. 대로에는 한국요리 광고판이 보였고 대입학원이 성업 중이었다. 대로 바로 옆에는 옛날 재봉틀이 놓여 있었고.

츠칸로우赤嵌樓

첫 방문지는 츠칸로우, 1653년 네덜란드인에 의해 지어진 성이다. 1662년 명나라 정청공이 이들을 물리친 후 성을 다시 짓고 청티엔후承天府라 했다, 19세기 지진으로 파괴되었다. 1590년 타이완에 처음 발을 디딘 서양사람은 포르투갈인이었는데 이들은 타이완을 아름다운 섬이란 뜻을 가진 훠모사Formosa라고 했고, 타이완사람들은 메이리따오美麗島라고 했다. 지금은 가오슝 지하철역 이름. 츠칸로우 입구를 통과하니 타이완의 국부, 정청공(鄭成功, 1624-62)의 초상화가 걸려 있었다. 네덜란드인들은 명나라 군인 겸 정치가인 그를 코싱가Koxinga라고 불렀는데 명 황실에서 그에게 구어싱예國姓耶라는 이름을 하사했기 때문이다. 정청공은 명나라 푸젠성福建省에 살았던 아버지 정지룡이 일본 체류 시 일본인과 결혼하여 낳은 아이. 당시 타이난은 왜구의 소굴이었다. 그는 명나라 태학에서 공부를 하였고 아버지와는 달리 청나라에 저항했다. 그는 청나라 난징까지 군대를 이끌었

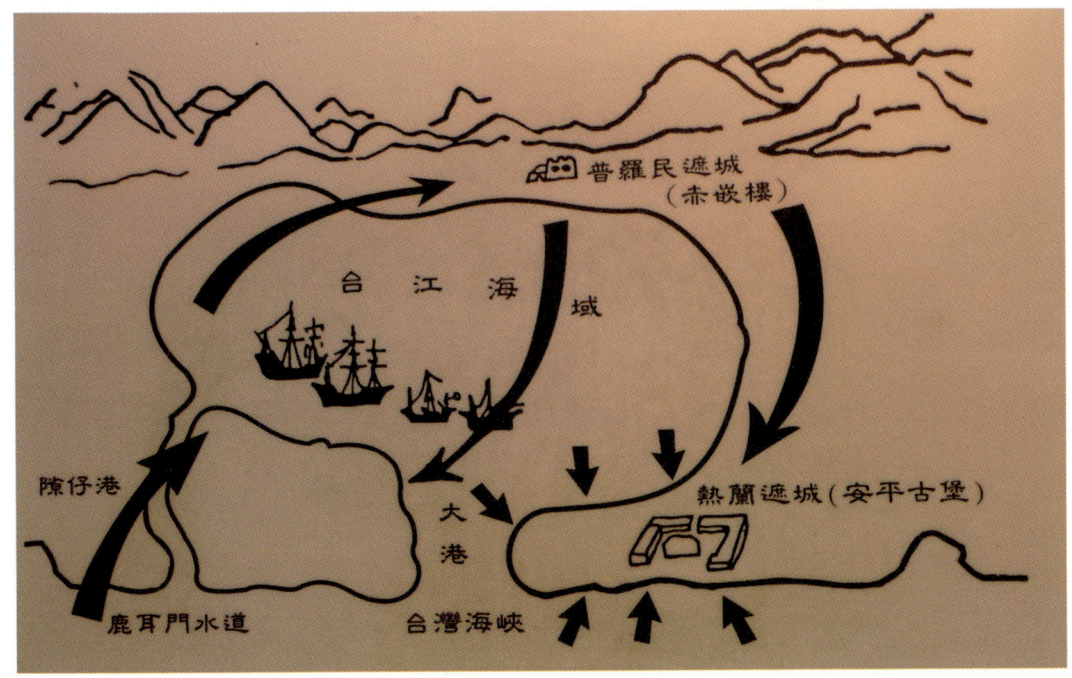

네델란드와의 전투도

으나 난징 공략에 실패하였고 목표를 타이완으로 돌려, 1662년 안핑安平 프로방시아 요새를 함락하여 네덜란드의 통치를 종식시켰다.

청나라는 20년간의 정씨 왕국을 멸망시킨 후 정청공 일가의 충절을 인정하여 예우했고 츠칸로우성채를 건설하였다. 당시 네덜란드와의 전투도 붙어 있었는데 안핑구빠오安平古堡가 주요 전투장이었다. 하이션마오海神廟는 프로방시아 남서쪽 보루 위에 해신의 가호에 보은하고자 지은 사당으로 입구에 츠칸로우라는 현판을 달았다. 1866년 심수경이 인문학 부흥을 위해 지은 웬창거文昌閣도 성안에 있다. 하이션마오와 더불어 팔작지붕 건축물이다. 도자기병 모양의 문이 건물에 뚫려있는 것이 특이하다.

꿍즈마오孔子廟

츠칸로우에서 나와 꿍즈마오로 가는 길, 유치원 아이들을 만났다. 초록색, 노랑, 빨간색이 섞인 유니폼을 입었고 지도교사 한 사람은 바쁜 와중에 스마트폰에 빠져있었고, 인근 국립타이완문학관에서는 1949 타이완전후戰後 이민移民문학전文學展이 열리고 있었다. 후젠성福建省출신으로 타이완으로 이주하여 살았던 린위탕(林語堂, 1895-1976)선생은 중국의 석학이며 문학인. 문학관은 이곳의 명소인지 갓 결혼한 한 쌍이 기념사진을 찍고 있었다.

1949년은 중국 본토에 중화인민공화국이 설립되고 중화민국이 타이완으로 밀려난

꿍즈마오

해. 중화민국(타이완정부)은 아직도 중국 본토에 대한 관할권을 주장하고, 중국은 타이완을 자기 영토라 하고 있었는데, 지금은 옛날이야기인지 모르겠다.

꿍쯔마오는 타이완에서 첫 번째로 지어진 공자를 모시는 사원. 푸젠성 건축양식으로 지어졌다. 들어서면 예문禮門, 팔덕문八德門 등 여러 문이 서 있고, 마당에는 두과 작물인 꺽다리 미국자귀나무Rain Tree가 서 있다. 학생들에게 강의를 하던 곳이며 우리나라 성균관에도 있는 명륜당이 있고, 안에는 충, 절, 의, 효의 큰 글자 아래 각각 의자가 놓여 있다. 포인세티아 꽃도 피어있었고. 얼마 안있으면 이곳에도 성탄절이 오겠지. 이곳엔 공자 사당뿐 아니라 명현, 명신에게 제를 지내는 사당도 있고, 그 안에는 신주가 모셔져 있다. 그리고 효자와 충신을 모시는 사당도 있고.

꿍즈마오 길 건너편에 있는 맛집, 릴리 과일가게를 한참이나 헤매어 찾았다. 구글지도 이용이 서툴러서 그런가. 우리 생년과 같은 1947년에 이 가게가 문을 열었다 한다. 쥬스와 빙수를 사 먹었는데 이름에 비해 맛은 별로였다.

옌핑츠왕츠延平祠

이어 릴리 과일가게 인근에 있는 옌핑츠왕츠延平祠를 찾았다. 1662년에 지어졌다 하는 푸젠福建양식의 정청공을 기리는 사당. 사당 앞에는 말달리고 있는 정청공의 조각이 있다. 주 건물인 밍옌핑왕明延平王이란 현판을 달고 있는 정청공을 모신 사당 이외 태비를 모시는 사당이 있고, 패퇴를 한 전쟁이지만 그의 청나라 난징 북벌도도 있다. 한창 기세를 올리고 있는 청나라와의 싸움은 무리였겠지. 작은 규모의 사당은 아니었지만 울긋불긋한 중국식 건물은 우리의 입맛에 들지 않았다.

이곳에서 택시를 타고 타이난의 대중적 맛집, 웬장뉴로탕文章牛肉湯으로 이동하였는데, 꿍즈마오孔子廟 때문인지 음식점 이름이 문장文章. 땡볕에 기다리고 있는 길이 길게 꼬리를 물고 있었고, 미리 신청서에 원하는 메뉴를 체크하여 제출해야 했다. '밤이 깊었어요, 소리를 줄이시오'라는 주의문도 붙어 있는 것을 보니 심야영업도 하는가 보았다. 실내에서 먹으려면 한없이 기다려야 했고 할 수 없이 뜨거운 땡볕에서 먹을 수밖에. 모두 그 맛에 홀려 조용한 가운데 먹는 소리만 들렸다.

안핑구빠오安平古堡

다시 택시 타고 안핑구빠오로 향했다. 이곳은 1624-1634년 네덜란드 동인도회사에 의해 건립된 구축물로 가장 오래된 요새. 정청공의 공격으로 9개월 만에 전쟁이 끝나고 38년간의 네덜란드 통치가 마무리된 곳. 이곳에도 민족 영웅, 정청공의 동상이 서 있고, 옛 성곽에는 반얀트리벵갈고무나무가 뿌리를 내리고 있다, 반얀트리는 타이난 곳곳에서 볼 수 있는 나무로 뽕나무과 무화과속에 속하고, 가지에서 나온 공기뿌리가 아래로 늘어지다 땅에 닿아 뿌리를 박으면 새로운 줄기가 된다. 캄보디아 앙코르와트의 건물을 감싸고 있는 나무와 같은 종류.

안핑구빠오

이 요새에는 안핑바다를 지키려고 설치되었던 청나라 대포들이 있고, 1629년 네덜란드 점령 당시의 경관도도 볼 수 있다. 당시 항구에는 네덜란드인 220명(보루 안에 100명 상주), 일본인 부락의 일본인 160명, 중국인 5천 명이 상주했다. 안핑은 바다가 둘러싸고 있는 포구였고, 당시 타이완 북쪽에는 류큐(오키나와)와 일본, 남쪽에는 필리핀, 대만해협을 끼고 중국대륙이 있어, 타이완은 전략적 요충지였다.

원주민 핑푸平埔족 대부분은 사냥을 했고 대나무와 나무로 지은 집에 살았다. 한족의 농사를 위한 개간과 화란인의 요구로 핑푸족의 사냥회수가 늘자 자연은 파괴되기 시작했고, 핑푸족은 한족으로부터 농사기술을 습득했다.

안핑 티엔호우궁天后宮 도교사원

안핑구빠오 인근에 있는 이 사원은 바다의 신, 티엔호우天后를 모신다. 중국남쪽의 해안사람들과 동남아에 이주한 화교들이 많이 숭배하는 여신. 신전 중앙에는 티엔호우, 해변의 신, 스웨이메이와 자비의 신, 관음이 티엔호우를 좌우로 보좌한다.

이 절은 1668년 정청공이 지었고 푸젠성에서 가져온 마주媽祖신상을 모셨는데 마주가 티엔호우인 셈. 원래는 안핑시먼초등학교에 사원이 있었으나 1895년 일본군이 청나라 군인들 60여 명을 죽여 사원 뒤에 묻자, 이 절은 폐기되었고 1966년 이곳에 지금의 사원을 지었다. 우리는 또 한 차례 길을 헤맨 후 안핑슈우安平樹屋에 안착했다.

안핑슈우安平樹屋

1860년 중국과 영국 간의 베이징조약이 체결되고, 1865년 안핑항이 개항이 되자 1867년 영국의 더지양항德記洋行 등 서양 상사들이 우후죽순처럼 설립되었다. 안핑슈우는 반얀트리로 둘러싸인 더지양항이 창고로 사용하던 곳. 더지양항德記洋行간판이 조그맣게 보였다.

1895년 일본의 타이완을 점령한 후, 상사들의 교역권을 회수하자, 교역량은 극감하였고 항구는 진흙이 침적되고 더지양항만 영업을 지속했다. 일본인들은 이 회사를 소금산업회사로 개조했고 1979년 중화민국은 이를 박물관으로 전환했다가 다시 도시 속의 정원으로 개조했다. 우리는 사진으로 1865년 즈음의 이곳 모습을 보았는데 이곳에는 주지우잉朱玖螢선생의 고택이 있다. 그는 대만 소금제조회사를 지휘했었고 서예에 조예가 깊었다.

타이완제염회사 창고

우리가 창고의 내부로 들어 가보니, 옛날 타이완 제염주식회사 시절 풍경을 볼 수 있었고, 캄보디아 앙코르와트를 연상시키는 반얀트리 뿌리는 계속 활동 중으로, 건물 외부의 계단을 올라 뻗쳐나가고 있었다. 밖으로 나와 잠시 휴식하며 타이완 자스민 IPA맥주 한 병씩 마셨다. 소자 1병에 160元이니 7천 원꼴. 비싼 대신에 맛은 그만이었고. IPA는 India Pale Ale의 약자로 다량의 홉을 투입, 씁쓸함에 과일, 솔, 풀 맛을 내는 상면 발효식 에일 맥주. 이곳에도 히비스커스(하와이무궁화)가 만발했다. 안핑슈우 밖으로 나오니 치장한 담이 예뻤으며, 영국영사관 터도 살펴보았다.

소금박물관

안핑슈우를 나와 소금박물관 출장소 가는 길, 항해의 수호여신 마주媽祖인가 소금신인가, 흰 여신의 조각상이 있었다. 그러고 보니 이곳이 옌션바이샤탄공웬鹽神白沙灘公園. 이 공원 한구석에 소금박물관 씨요우夕遊출장소가 자리를 잡고 있다. 이곳의 석양이 볼 만한가 보다. 들어가 보니 생일 따라 틀린 색색 소금이 진열되어 있었다. 그렇다면 색이 다른 365가지 소금이 있을 터이니 타이완사람들도 유능한 장사꾼임에 틀림이 없다. 내 생일에 해당하는 소금을 찾아서 가격을 물어보니 터무니없이 비쌌고, 우리는 생일소금 대신 신 발매 옌화鹽花아이스크림을 하나씩 들었다. 약간 짜긴했지만 맛은 굿.

소금박물관을 나오는 길, 사진을 찍고 있는 타이중에 있다는 한국인 부부를 만났다. 우리와 이야기하며 그 나이에 자유여행을 하니, 무척 부럽다고 했다. 70대는 아직 중년이라는 것이 우리의 생각이지만. 택시를 타고 다시 타이난역으로 나왔다. 역사기행이란 좀 지루한 감도 있는데 공원으로 잘 가꾸어 놓은 안핑슈우安平樹屋는 그러한 느낌을 싹 날려 보냈다. 역에 도착하니 때때옷 입은 열차도 있고, 노을이 지고 있었다.

다시 가오슝으로

마지막 만찬 그리고 위스키 전문점

호텔에서의 마지막 만찬

　호텔로 돌아온 후, 타이완에서의 마지막 만찬은 호텔 레스토랑에서 품위 있게 하기로 했다. 2인용 세트 메뉴에 병헌이 고른 4개 요리를 추가했고, 술은 여행 중 남겨온 진먼 까오량주 1병은 미리 종업원에게 양해를 얻었다. 그녀들에게 인천공항에서 준비한 장구 달린 소품을 주었고. 호텔리언 친구와 여행하면 먹거리에 대해 걱정할 것이 없다. 식사 값은 그리 비싸지 않았고 맛은 일류였다.

　얼근해져 밤거리로 나왔더니 칸호텔에서 '젊은이에겐 값이 없다(年輕無價)'라는 광고를 붙여 놓았다. 젊은이에겐 돈을 안받는다는 뜻이라기보다 젊은이는 귀하다는 뜻? 네 명 중 둘은 술꾼. 술꾼들은 이 밤이 아쉽지 않냐고 하여 위스키 전문점을 찾았다. 호텔에서 길을 물어 찾아갔지만, 이번에도 조금 헤맸다. 타이완 여행의 좋은 마무리를 기원하며 대만 명품 카바란 위스키 한 잔씩 했다. 이 위스키는 샌프란시스코 세계주류경연대회에서 금메달을 차지한 명품 술. 우리가 대만에서 배워야 할 것들이 많다. 외국산 만 좋아하지 말고 우리의 명품을 만들어야지.

　이 집에서 제일 비싼 몰트위스키는 'Omar Single Malt Whisky PX Solera Sherry

Cask'. 2008년에 증류하여 쉐리통에서 숙성시킨 술. 옆에서 홀짝거리던 서양 친구 우리에게 오더니, 돈이 없어 이 술을 못 마신다고 농을 했다. 두 술꾼, 뉴질랜드산 고급 백포도주, 크라우디베이Cloudy Bay를 마셔보았다고, 고급 포도주를 사서 쟁여놓는 것도 이익이 많이 나는 장사라고 떠들었다. 그리고 호텔에서 고급술을 자시면 종업원을 위해서 조금 남겨놓는 것이 예의라 했다.

위스키 전문점

렌츠탄

12/18(수) 타이완에서의 마지막 날이 밝아왔다. 호텔 조식 후 지하철 타고 성타이위엔취生態園區역에서 하차, 택시를 타고 렌츠탄蓮池潭으로 향했다. 렌츠탄은 구이산과 반핑산 사이에 위치하는 아름다운 호수. 한여름 연꽃이 만개하여 향기가 멀리 퍼진다하여 렌츠탄. 관우에게 헌납된 한 쌍의 춘추각이 있는데 이 앞에는 용을 탄 관음보살상이 있다. 이곳은 대만으로 치면 겨울인데 연꽃이 탐스럽게 피었다. 넓은 연밭 뒤 두 춘추각 사이에 관우상이 보였고.

렌츠탄에 서있는 룽후타龍虎塔, 용의 입구로 들어갔다가 호랑이 입으로 나와야 악운을 행운으로 바꿀 수 있다는데 우리는 거꾸로 호랑이 입으로 들어갔다 용의 입으로 나왔는지 기억이 없다. 안에는 지옥, 천당의 광경과 24명의 효자, 그리고 악인과 선인의 말로가 그려져 있고 우리는 룽후타 꼭대기를 올랐다.

렌츠탄의 호랑이

보얼 이슈터쥐藝術特區

  렌츠탄에서 다시 택시를 타고 다시 전철역으로 가서, 전철을 타고 옌청푸鹽程埔역에서 내려 보얼 이슈터쥐藝術特區로 갔다. 요번 여행의 마지막 목적지. 먼저 일본 작가, 구도의 작품, '기억의 숲'을 보았다. 우리는 어디서 와서 어디로 가는지. 여기저기 구조물과 창고들이 보였다. 보얼 예술특구는 가오슝항 2부두 일대에 위치하며, 창고는 일제때 건축된 것. 기차 운행이 멈추면서 2부두 일대의 주변 시설이 황폐된 것을 포스트모더니즘의 색채가 짙은 예술문화공간으로 조성한 것이다. 서울 문래동 일대 철공소가 예술공장(문래동 창작촌)으로 탈바꿈한 것과 같다 할까.

  벽에 그려진 열차는 곧 달릴 것 같고, 한국 관광객이 많은지 '가오슝에 온 것을 환영합니다.'라는 프랑카드가 붙어 있었다. 어떤 창고 문 위에는 두 인형이 걸터앉아 있고 일광극장은 닫혀 있었다. 다리도 아프고 하여 아이스크림 가게에서 아이스크림 하나씩. 가게에는 'Less is more, Simple is better'란 구호가 있었다. 어린이용 상품 파는 창고도 둘러보았는데 외벽에는 추상화라고 보아주어야 할지 하는 페인트칠과 선이 그려져 있었다. 큰 거울이 있어 멋있는 벽화 앞에서 남의 도움이 없이 네 명이 다 나오는 사진도 찍었고. 붉은 늑대와 도사, 큰 두 조각 사이에 서 있는 어떤 부부의 손과 얼굴 방향이 서로 엇박자였다. 일부러 그렇게 포즈를 취한 것인지, 살다 보니 자연스럽게 그렇게 포즈가 취해진 것인지.

보얼 이슈터쥐

　굵은 쇠줄로 조형한 사람 얼굴도 있었고, 특구 옆으로는 아이허가 흐르는데 강인지 바다인지 구분이 안 되었다. 시간이 없어 예술특구에 위치한 영화박물관, 시립미술관을 못 들려본 것이 무척 아쉬웠고. 숙소로 돌아오는 길, 아름다운 지하철역으로 이름난 메이리따오美麗島역에서 사진도 찍었다. 그리고 근처에 있는 맛집, 반지우스차스半九十茶室에서 품위 있는 마지막 점심을 들고, 숙소에 들렸다 짐을 싸고, 겨울나라에 갈 옷차림을 준비하고 공항으로 출발했다.

귀로

　공항에서 남은 경비를 계산하여 남은 돈, 이천 元 씩 분배하고 나머지 천 元으로 1인당 에그타르트+맥주 한 병씩, 그리고 남은 동전을 털어 비행기에서 마실 맥주, 네 캔을 샀다. 면세점에서 세 친구는 타이완 위스키, 카바란 한 병씩 샀는데 용도가 각기 틀렸다. 장인, 아들, 자신을 위해. 나는 대만 과자 펑리수와 뉴야뼁牛軋餠을 잔뜩 샀다.

　이번 여행에 쓴 비용은 1인당 숙박료 15, 비행기 값 22, 공동비용 30, 선물비용 빼고 합계 67만 원이 들었다. 6년 전 타이완 북부 여행시 경비와 비교해보아도 비슷한 수준. 미리 계획하고 예약한 결과이지만 값이 저렴하고 재미있는 여행이 되었다. 17시 45분 제주항공 7C 4502기로 귀국하여 오후 12시 넘어 집에 도착했다. 5일 일정을 꽉 채운 여행, 타이완 남부의 자연, 타이완 역사를 돌아볼 수 있는 여행이었고, 하여튼 세 친구 덕분에 좋은 여행이 되었다. 특히 아직도 의사 생활을 하고 있어 자유여행을 처음 해본 친구가 만족해 한다니 더욱 즐거웠다.

코로나가 언제 종식이 될지 모르지만 가까운 시일 내에 아리산阿里山, 타이중臺中을 포함하는 타이완 중부여행을 하고 싶다.

남은 돈으로 맥주 한잔

3. 타이완 중부 여행

최근에 각광을 받기 시작하는 타이완 중부여행. 때맞추어 타이페이 등 북부지방을 여행한 지 11년 만에 타이중, 아리산, 르웨탄 여행을 했다. 친구 지탄, 홍구가 가세하여 영우를 포함하여 네 명이 함께 한 자유여행이었다.

희수에 떠난 여행

1월 16일(화) 인천공항에서 친구를 만날 때 보니 모자를 잊고 왔다. 털모자 대신 타이완에서 쓰고 다닐 모자. 집에서 나올 때 넣는다고 생각을 했어도 금세 깜빡했다. 면세점에서 모자를 사려 했더니 지탄이 모자가 두 개라고 했다. 친구란 역시 좋은 것이다.

와이파이 도시락이 났냐, 유심을 사는 게 났냐 하여도 공항에서 데이터 로밍을 하고 요금제를 선택하는 것이 편한 데도 그냥 출국하여 타오위안공항에서 유심을 바꿨다. 그것도 괜찮았는데 종전의 유심을 잃어 귀국하여 새 유심을 사 넣어야 했다. 이러한 일들이 발전하여 기차도 거꾸로 타고 하는 실수 등을 했고 어르신네 여행이 되고 말았다.

타이완 제3의 도시, 타이중으로

돈을 더 주고 프론트 존을 이용 편하게 왔으나 아시아나 기내식은 옛날만 못했고, 와인도 없고, 승무원 서비스도 그랬다. 비행기 삯은 두 배 이상 올랐지만. 타오위안桃園공항에서 입국 절차를 마치고 처음 한 일은 대만 정부의 여행지원금에 당첨이 되었는지 QR코드 체크. 결과는 네 명이 모두 낙첨이었다. 당첨되면 5천 대만달러. 해마다 지원금 예산이 줄고 있으니 생색내기에 불과했다.

다행히도 1층으로 내려와 타이중 가는 버스를 쉽게 탈 수 있었다. 구어광커운國光客運 1,860번. 타이완은 종합버스터미널 개념이 없고 버스회사마다 타는 곳이 틀리다. 홍구와 나는 심카드를 구입했다. 그날 숙소에 와보니 가격이 각기 300원, 500원. 타이완 1원은 현금 구입시 1:47로 5년 전보다 대만 달러가 강세다. 대만 경제가 우리보다 나아졌다는 이야기다. 여행 시는 꼭 가격을 꼼꼼히 챙기는 것이 필요하다. 그리고 지하철, 버스, 편의점에서 편리하게 쓸 수 있는 이지카드를 구입하고 1인당 500원씩 충전했다. 요번 여행에선 타이중 전철을 이용할 기회가 없어 큰 효용가치는 없었다. 시간이 남아 공항 주위를 산책하니, 플루메리아꽃, 란타나꽃이 피어있다. 우리나라에서도 쉽게 볼 수 있는 꽃. 꽃도 세계화가 되었다.

공항이 있는 타오위안시는 북부에서 가장 발전이 더딘 지역. 공장지대이며 축산업이 주다. 최근에는 초코릿공화국, 코카콜라박물관, 가구박물관이 세워졌고 타이완 최고의 뉴로미엔牛肉麵을 맛볼 수 있는 곳이다. 타이중은 타이완 제3의 도시로 인구는 280만 명 정도로 가오슝과는 도토리 키재기라 할까. 국립박물관, 국립타이완미술관이 있고 타이페이 스린야시장과 맞먹는 펑지아시장逢甲夜市이 법석거린다. 타이양빙(과자)과 버블티가 이곳의 명물이다.

2시 버스는 남쪽을 향해 출발하여 두 시간 정도 걸려 타이중기차역 근처에 도착했다. 차창에 보이는 풍경은 별 특징이 없는 전원 풍경이었다. 어디서 내릴까 고민하던 중에 기사 양반이 내리라고 했다. 숙소를 역 근처에 잡은 것은 아주 잘한 일이다. 아리산 가기에 편했고 주변이 시의 중심과 멀지 않다. 영우가 구글지도를 이용 숙소를 찾았다. 구글지도의 단점은 네거리 등 번잡한 곳에서 방향을 잡기가 어려운 점. 젊은이에게 물어 방향을 잡았다. 골목에 있지만 쉽게 숙소를 찾았고, 정갈하고 직원들은 친절했다. 아침 식사 제공은 없었지만. 숙소 예약시 숙소 이름은 Green Hotel-Tea Way인데 실제 이름은 엽록숙-차각여葉綠宿-茶覺旅다. 타이완에서 영어 이름으로 호텔 찾기는 무척 어렵다. 4년 전 가오슝 갔을 때도 Holiday Garden Hotel을 찾으니 아는 사람은 없었고, 영어를 잘하는 여인을 만나 화원반점華園飯店을 찾을 수 있었다.

기차표 예매와 펑지아야시장 한 바퀴

배정받은 방에 짐을 놓고 바로 기차표 예매를 위해 타이중기차역으로 갔다. 다음날 기차로 자이로 이동한 후 버스를 타고 펀치후로 이동하고 그다음 날 아리산 일출을 보는 것이 우리 일정이다. 역원의 안내대로 여행정보센터를 가서 버스시간과 이에 맞는 기차 시간 등을 알아보았다. 당초 아리산역으로 바로 가려했었지만 이곳 숙소는 동이 났고 펀치후에 있는 민박집을 예약할 수밖에 없었기 때문에 일정이 복잡해졌다. 아리산으로 가는 버스는 자주 있었고 펀치후로 가는 버스는 하루에 단 두 번 있다. 왕앵교라는 센터 아가씨 얼마나 쾌활하고 친절했던지, 떠나는 우리를 불러세우고 이런저런 포즈를 취하라며 같이 사진을 찍었다. 기차표 예매를 끝내고 펑지아 야시장으로 출발하자니 노을이 너무 예뻤다.

타이중기차역에서 왕앵교씨와 함께

방안 가득
노래로 채우고

세상 가득
향기로 채우고

내가 찾아 갔을 때는
이미 떠나 버린 사랑아
그 이름 조차 거두어 간 사람아

서쪽 하늘 가에
피 빛으로 뒷 모습만
은은하게 보여줄 줄이야

(나태주, 1945-, 노을)

택시를 타고 펑지아야시장으로, 술 한잔 걸치고, 저녁도 먹을 겸. 펑지아逢甲시장은 1963년 펑지아대학교가 이곳에 오면서 형성되었다. 규모는 타이페이 스린야시장보다 못하지만. 요즈음은 한국사람들도 많이 찾는 모양으로 누나라는 치킨집이 눈에 띄었다. 영우는 닭고기를 못 먹는다 한다. 고교진학을 준비할 때 어머님이 생닭을 사오셨는 데 일하는 사람은 어디로 갔고 친구가 닭의 목을 쳤다. 목은 목대로 날아갔고 몸뚱이는 푸드득, 피는 사방으로 튀었고. 그날부터 닭고기를 먹을 수 없었다고 한다. 시장은 대학가 인근이라 그런지 젊은이들과 그들이 좋아하는 간식을 취급하는 조그만 노점들만 가득했다. 가오슝, 류허六合에 갔을 때는 식탁과 의자도 있는 어물 전문식당에서 새우, 생선 요리에 진먼고량주를 곁들였었다. 우리는 시장거리에서 조금 벗어난 소고기 전문점에서 야시장에 걸맞지 않은 저녁을 들었다. 푸짐은 했어도 맛도 별로였고 보통의 타이완 음식점처럼 술을 취급하지 않았다. 맛이 있었다면 밖에서 술을 사왔을 터인데.

펑지아야시장

떨떠름한 기분으로 시장거리로 나오니 여전히 젊은이들로 붐볐고 KTV가 눈에 보였다. KTV는 음식도 먹을 수 있는 노래방이다. 하늘엔 초승달이 떴고 우리의 기분은 쓸쓸했고, 거리 구경도 할 겸 숙소 방향으로 걸으려니 야간 진료를 하는 병원들이 줄지어 있었다. 우리나라에선 볼 수 없는 광경이다. 한참 걸으려니 지치기도 하고 택시를 타고 숙소로 향했다. 인근의 세븐일레븐에서 진먼고량주와 안주를 사갖고 숙소에서 한잔. 내일 아리산 일정이 잘 될까? 아리산역에서 떠나는 일출 열차는 하루 전에 예약을 해야 한다는데- 펀치후에서 아리산까지는 어떻게 가고. 이번 여행처럼 구체적 일정이 안 세워졌던 것은 처음이다. 홍구의 코골이는 시작되었는데 잠을 이룰 수가 없었다.

아리산 1박 2일

자이嘉義를 거쳐 펀치후奮起湖로

자이기차역

　타이중에서 자이로 가는 기차는 7시 출발이었다. 아침은 숙소 근처 세븐일레븐에서 신라면으로 때웠다. 요번 여행은 컵라면으로 식사를 한 경우가 많아 여행경비 절감에도 기여를 한 셈. 기차, 버스를 탈 때는 충분히 시간적 여유를 두고 움직였다. 타이중역에서 타이중 지도를 보니 우리가 움직인 동선은 시의 중심지를 크게 벗어나지 않았다. 고속철도역은 숙소에서 좌측으로 좀 떨어져 있는데 일반적으로 고속철을 타면 우리의 KTX처럼 빨리 갈 수는 있지만, 시내 접근이 어렵다. 급행을 타고 자이로 가는 중에는 경지 정리된 논이 많이 보였다. 우리나라처럼 대만도 쌀은 자급자족한다.

　1시간 15분 걸려 자이역에 도착하니, 역 건물은 단출하지만 디자인이 잘 되어 있고 색감도 좋았다. 자이는 타이완 중서부에 있는 인구 51만 명의 현. 북쪽엔 윈린雲林, 난토우南投, 동으로는 가오슝高雄, 남으로는 타이난臺南이 있다. 아리산맥이 동부를 차지하고 서쪽으론 해안평야가 있고. 주요 목木공업지역이다. 펀치후를 거쳐 아리산역을 가는 버스(7322-A번) 시간을 확인하고 시내를 한 바퀴 돌려고 하니, 큰 사거리엔 선거 포스터가 붙어 있었다. 2024년은 타이완이 재출발하는 해로 총통선거에서 민진당의 라이칭더가 당선되었다. 국민당의 허유유이를 물리치고. 그렇지만 젊은 유권자들의 지지가 낮고 입법의원(국회의원) 선거에선 113석 중 51석을 겨우 차지하여, 여소야대의 정국이 되었다. 썰렁한 골목길을 돌다가 데일리카페에서 차 한잔하고 역전으로 돌아오니 버스정류장에는 사람들이 줄서기를 시작했다. 이곳 아줌마들도 유들유들 새치기 선수였다.

펀치후 가는 길은 대부분 언덕길이다. 높은 산을 헐떡거리며 버스는 올랐다. 펀치후에 도착하여 버스기사한테 우리의 숙소 근처에 있는 소방서, 충호초등학교를 물어보았더니, 말은 안 통했고 어찌 알았던지 버스 안의 한국 청년을 불렀다. 요번 여행에서 우리가 만나 대화를 한 딱 한 명의 한국인이다. 그는 이곳을 잘 알고 있는지 펀치후역을 지나 언덕길을 내려가라고 친절히 가르쳐 주었다. 사람은 어찌 되었든 살아가기 마련. 이때의 당황해하던 내 모습이 그려진다. 자이역에서 펀치후역까지는 45.8km이고 펀치후역에서 아리산역까지는 25.6km. 자이에서 펀치후를 거쳐 아리산역까지 가는 아리산삼림열차는 평일엔 하루에 한 번, 주말에는 2회 다닌다. 기차 예약이 어려워 버스를 택했다.

기억에 남는 펀치후 도시락과 삼림잔도

펀치후역을 통과하면 펀치후의 중심가이다. 어디서 그 많은 사람들이 무엇을 타고 왔는지. 비엔땅便當, 일본말로 벤또를 파는 식당도 있고, 이곳의 유명한 차를 파는 집, 기념품을 파는 집들이 밀집해 있다. 초등학교 시절, 일본말의 잔재가 많이 남아있었고 벤또는 특히 자주 사용한 말로 도시락을 말한다. 청년의 말대로 번화가를 벗어나 아랫마을로 비탈길을 내려가니 그야말로 꽃동네였다. 군자란꽃, 흰동백꽃 사철베고니아꽃 등 별천지에 온 기분이었다. 한겨울에 꽃 잔치라니. 타이완에 근무했던 대학 후배 말대로 벚꽃

펀치후 도시락집

도 피었다. 우리나라처럼 군락으로 핀 것은 아니지만. 이번 아리산 여행도 후배가 몇 번이나 추천한 것이 계기가 되었다. 우리의 숙소 근처엔 성공회 성당, 경찰서가 있다. 숙소는 라오라오지에老老街에 있는 민박집民宿이다. 집주인은 영어가 능숙했고 다음 날 우리를 아리산역까지 데려다 줄 기사를 소개했다. 차임과 약속 시간을 협의했고, 기사도 파파고앱을 사용하여 소통에 큰 문제가 없었다.

점심을 먹으러 언덕을 올라 식당가로가자니 거리에는 찻잎으로 싼 계란이 한 개에 20원이었다. 이곳의 차는 청정한 고산지대 풍토의 영향으로 그 품질이 좋은 것으로 널리 알려졌다. 드디어 펀치후 도시락집에 들려 버드와이저에 도시락을 들었다. 격이 맞는지 모르겠지만. 도시락 한 개에 170원, 우리 돈으로 7-8 천 원이다. 아리산 삼림철도는 1912년 일제에 의해 목재수송을 위해 건설되었고, 길이는 72km, 고도는 0-2,274m. 열대, 온대, 한대식물을 모두 볼 수 있다. 펀치후역은 해발 1,405m로 1895-1945년 타이완이 일제하에 있을 때 건설된 철도의 중간 지점이다. 증기기차는 점심때 이역에 도착하여 물, 석탄을 채웠고, 일꾼들은 도시락을 먹었는데 펀치후 도시락의 기원이 되었다. 아리산의 나무들은 우리의 소나무처럼 일본제국의 전쟁용으로 베어졌다. 이곳 관광객 대부분은 타이완 사람들 같았다. 도시락, 차 이외에 기차 모양의 과자餠, 고추냉이가 인기가 있다. 식사 후 밖으로 나오니 닭발을 파는 가게도 있었다. 무골봉조無骨鳳爪라는 팻말이 붙어 있었고. 타이완사람들도 중국 사람임엔 틀림없다. 봉황의 발톱이라니.

펀치후 중심가

식사 후 관광객으로 메워진 좁은 시장 골목을 빠져나와 삼림잔도杉林棧道를 걷기로 했다. 낙우송과의 삼나무(Japanese Cedar)가 우거진 숲길. 삼나무는 곧바르고 아름드리로 자라며 없어서 못쓸 만큼 쓰임새가 많고 우리나라에선 1900년 초부터 따뜻한 지역에 대량으로 심어졌다. 꽃가루 알레르기를 유발하는 것이 단점. 일본서기, 신대神代를 보면 스사노오노미코토素戔嗚尊이라는 신이 나온다. 그가 "내 아들이 다스리는 나라에 배가 없어서는 안될 일"이라며, 수염을 뽑아 흩어지게 하니 삼나무가 되고 가슴의 털을 뽑아 흩어버리니 편백이 되었다고 한다. 전설에 나올 정도로 삼나무와 편백나무는 일본의 대표적 수목. 측백나무과의 편백나무는 목질이 좋고 향이 뛰어나 실용성이 좋다, 우리나라에는 제주도, 남부지방에 많이 분포하고. 피톤치드로 알려진 나무로 가구용, 건물내부 마감재로 쓰인다.

(박상진교수)

삼나무가 빽빽이 자라고 있는 삼림잔도

    1644년 청나라의 명나라 침입으로 중국대륙이 혼란에 휩싸였고, 후지엔福建성 남부와 꽝뚱廣東성 동부의 한족들이 타이완으로 이주했다. 당시 정청공(1624-1662)이 타이완에 진출하여 중국식 문화를 심었으며 네델란드의 통치를 종식시켰고, 펀치후도 이때 농경지가 개발되었다. 펀치후는 삼면이 산으로 둘러싸인 지역으로 지형이 삼태기(畚箕, 번기) 모양의 호수 같다 하여 이름이 펀치후가 되었다고. 펀치후에선 장뇌(camphor, 녹나무에서 채취)가 많이 생산되어 청나라 시절 목재 관련 사람들을 끌여들였고, 철도 개설 후 임산물, 목재생산지로 발전하여 북쪽의 지우펀과 함께 산악지대 중요한 타운이 되었다. 지금은 유명한 관광지가 되었고.

    이곳에는 우리가 걸은 삼림잔도 외에 목마잔도木馬棧道가 있다. 목마는 산에서 벤 나무를 운반하는 썰매이고 목마잔도는 일본이 나무를 운반했던 길. 삼나무가 우리를 호위하는 길을 친구들과 걷는 길은 얼마나 호젓하고 행복했는지. 이길을 걷는 내내 우리가 만난 사람은 중년의 타이완 부부뿐. 반갑기까지 했다. 젊은이들은 이길을 걷는 것보다 번화가를 돌아다니는 것이 좋은 모양. 산중에 마주친 군자란이 꽃을 피웠다. 우리나라에선 아파트 베란다에서나 볼 수 있는 꽃. 군자란은 난초과 식물과는 거리가 먼 수선화과 상록다년생초이다. 사계절을 거쳐야 꽃을 피우고 추위에 약하다. 포인세티아와 꽃과 잎이 비슷한 큰키나무가 여기저기 보였다.

역에서 나온 철길과도 마주쳤고 우리는 다시 삼림 속으로 되돌아와선 숲속을 걸었다. 지탄이 허튼 소리를 했다. 한 여자가 책상 위의 야쿠르트병이 많이 있길래, 전부 마셨더니 정자은행이라나. 영우친구는 쉼터에서 턱걸이도 했고. 골프, 등산 이외 헬스장도 열심히 다녀 턱걸이도 여러 번 할 수 있다. 성경 말씀도 동창회 카톡방에 매일 올리고, 모범생이다. 우리는 계단길이 있어 올랐다 내렸다 하며 곧게 뻗은 키다리 삼나무 숲속을 거닐었다.

> 사람에게는 사람의 길이 있고
> 개에게는 개의 길이 있고
> 구름에게는 구름의 길이 있다
> 사람 같은 개도 있고
> 개 같은 사람도 있다
> 사람 같은 구름도 있고
> 구름 같은 사람도 있다
> 사람이 구름의 길을 가기도 하고
> 구름이 사람의 길을 가기도 한다
> 사람이 개의 길을 가기도 하고
> 개가 사람의 길을 가기도 한다
> 나는 구름인가 사람인가 개인가
> 무엇으로서 무엇의 길을 가고 있는가

(한승원, 1939-, 길)

아리산엔 천년 넘은 나무들이 있다. 우리나라와 마찬가지로. 사람에겐 연륜이 있지, 나무에게 나이테가 있듯이. 그러나 연륜이나 나이테나 쉽게 눈으로 볼 수가 없다. 쉼터에서 우리는 모두 누워 심호흡도 했고, 삼림 한가운데 어디서 왔는지 알 수 없는 행복한 바위도 보았고. 지탄이 한 말씀. 흥부가 놀부집을 찾았더니 놀부 마누라, 어찌 왔냐고. "노상 서서 어쩔 수 없이 왔어유". 주걱 들고 쫓아오는 놀부 마누라를 보고, "저에겐 형수님밖에 없어유"

술 취해 침대에서 떨어지고

석양에 물들어 가는 펀치후

숲속에서 나와 농가 근처에 오니 커피나무가 열매를 맺고 있고, 고산高山 우롱 찻집이 나왔다. 네 시간의 삼림 속 걷기에 모처럼 심신이 호강했다. 앞산에 그늘이 지기 시작하더니 노을이 붉게 타오르기 시작했고, 지탄이가 퇴근하는 펀치후역 역원을 붙들어 왔다. 민박집 주인 말대로 다음날 새벽, 예약 없이 아리산역을 가면 일출 열차를 탈 수 있냐고 물어보았더니, 영어가 유창한 그는 "OK"했다. 멋지게 물들어 가는 산하, 그속에 벚꽃이 화사하게 피었다. 몽유도원이 아닌가. 슬슬 배가 고파졌고 민박집 가는 길옆에 자리를 잡은 야외식당에 앉아 서너 가지 요리에 58도 진먼 고량주와 진로를 시켰다. 길목이 좋아 손님들이 이어졌고 주방장 겸 사장은 요리할라 시중들라 이리 뛰고 저리 뛰었다.

우리의 술자리는 민박집으로 이어졌는데 어제 잠을 못 잔 나는 일찍 잠자리에 들었다. 깊은 산골이라 서울 못지않은 추위였지만 잠을 잘 잔 편. 밤중에 쿵 하는 소리가 두 번 났는데 룸메이트, 홍구가 침대에서 떨어지는 소리였다. 술김에 크게 다치지는 않았지만 상처가 있었고 여행 내내 영향을 미쳤다. 여행 중 과음은 금물. 이날 영우친구도 한 번 침대에서 떨어졌다.

아리산 일출

새벽을 뚫고 아리산역으로

  1/18(목)일, 여행 셋째 날, 4시도 안 되어 일어나 컵라면 끓여 먹으니, 어제 약속한 대로 차가 와있었다. 새벽을 뚫고 4시 30분 아리산으로 출발. 서두름 없이 구불구불한 길을 천천히 차를 모는 기사분이 든든했다. 뒤를 따라오는 차량이 줄을 이어도 변함이 없었다. 5시 30분이 안 되어 아리산에 도착하니 주산역으로 가는 기차의 편도 요금이 150

불 밝힌 아리산 기차역

원, 노인은 반표가 안되냐고 물을 여유가 없었다. 아리산삼림열차의 연계노선은 우리가 탈 자오핑을 거치는 주산선과 스허우스石猴石를 거치는 미엔웨眠月선이 있는데 스허우스라는 지명에 원숭이 후자가 있다. 이 높은 곳에도 원숭이가 살고 있다.

불 밝힌 역 주위도 돌아보고 큰일도 보았다. 지도를 보니 우리는 자오핑沼平을 거쳐 주산祝山을 간다. 이곳 전망대에서 위산玉山으로 떠오르는 해를 보게 될 것이다. 이곳은 안개가 자욱히 끼는 날도 많고, 일기가 도와주어야 뜨는 해를 볼 수 있다. 주산에 올라 일출을 본다면 축하할 일이니 산 이름에 축자가 붙지 않았나. 지도에는 천년이 훨씬 넘은 신목神木, 28그루가 표시되어 있는데 이를 보고 갈 시간적 여유가 없는 것이 못내 아쉬웠다.

역에서 내려보니 어둠 속에 불 밝힌 빨간 열차가 신비롭게 보였고, 드디어 열차에 올라타니 좌석은 충분치 못해 둘은 앉고 둘은 섰고, 영우 옆자리엔 25세 타이페이 처녀 셋이 앉았다. 한 친구 한국어를 능숙히 말해 우리와 금세 친숙해져 같이 사진도 찍었다. 우리들의 옷차림은 인천공항으로 갈 때 그대로였고, 그만큼 그곳 날씨는 추웠다.

위산의 멋진 풍경

내 죽어 다시 태어난다면
한 조각 구름이나 되어
어느 황량한 산 위에
호젓이 떠 있으리라

설령 내 생명이
바람에 정처 없이 떠돌지라도
한 오리 애착도 남기지 않고
산산이 부서져 비 되어 떨어져도
애처로울 것 하나 없는
가벼운 영혼이고저

(최종진, 구름)

대만 철도역 중 최고 높은 곳(2,451m)에 위치한 주산역에서 내리니 바로 일출전망대. 넓은 평지라 많은 사람이 한 번에 일출을 볼 수가 있다. 이때가 6시 20분이니 해가 뜨기까지 40분 이상 기다려야 했고. 추위는 견딜 만했는데 바람이 부니 어쩔 수 없이 오뎅가게에서 오뎅도 먹었고 오뎅집 옆구리에서 바람도 피했다. 위산 주봉은 3,952m, 타이완의 최고봉이다. 아리산(2,484m)은 위산에 가까운 18봉우리의 총칭이며 자이현 아리산향에 소재한다. 일출, 운해, 석양, 숲, 삼림열차가 아리산 5경이다. 자이역에서 아리산까지 운행하는 아리산삼림열차는 인도 다르질링 히말라야 등산철도, 페루 안데스산 철도와 함께 3대 고산철도.

타이페이 세 처녀와 함께

　해를 기다리는 군상 속에 타이페이 세 처녀와 함께 나란히 서 있으니 꼭 할아버지와 손녀들 같다. 구름이 가만있지를 못하고 이동하는 모습은 신비롭기만 했고. 드디어 붉은 기운이 오르기 시작하고 침묵 속의 기다림은 이어졌다. 옆을 보니 남아프리카 원산의 천남성과 하얀칼라꽃이 피어 있었다. 추운 북온대지방에 자라는 산부채(wild calla)의 즙은 독성이 강하다고. 우리나라에서도 볼 수 있는 칼라꽃이 이 높은 곳에 피었다니.

　7시를 넘어서자 눈 부신 해가 떠오르더니 순식간 세상이 밝아졌다. 기다림이 허망한 아리산 일출. 바닷가에서 보는 일출과는 색달랐다. 카메라로 일출을 잡기에도 한계가 있었고.

위산에서 떠오른 해

하늘은 절대로
입으로 말하지 않았다

보아라
불타오르는 저 신념을

먹구름 속에서도
우리에게 여명이지 않은 날 없었나니

단 하루도
오늘이지 않은 날 없었나니

(박얼서, 1952-, 일출 새 아침)

아리산역에서 서두르다 보니 편도 기차표를 끊었고 주산역에서 또 서둘러 표를 끊었다. 돌아오는 기차 안에서 보니 네다섯 살 어린아이가 곤히 잠들었다. 어른들 따라오다 보니 일찍 일어나 일출을 본다고 추위에 떨었으니. 차창 밖을 보니 우리가 탄 빨간 열차가 귀엽기까지. 우리를 행복의 시간으로 날라다 주었다. 엉성한 여행계획으로도 아리산 일출을 무사히 보았다. 아리산역에서 하차해보니 산 능선이 특이했고 물어물어 자이역으로 가는 버스터미널로 갔다. 이곳에서 온 사람들은 거의 자가용을 이용한다. 보고 싶은 곳이 있으면 머물고, 신목도 보고.

자이로 가는 제일 빠른 버스는 9시 10분 차. 자이 도착이 11시 55분이다. 한 시간의 여유가 있어 주변도 둘러보았다. 전날 과음으로 피곤한 친구들, 그래도 싱싱했다. 우리는 자이역에 도착하면 기차표를 예매하고 근처에서 점심을 할 예정이었으나 우리들의 여행은 이상한 방향으로 흘렀다.

아리산 삼림열차

　버스 속에서 아들, 딸 부부와 여행하는 덴마크 여인을 만났다. 그녀는 건너편 옆자리에 앉아 여행캐리어를 잡고 있었다. 버스가 곡예를 할 때마다 캐리어가 이탈하지 않을까 노심초사. 고지대에서 평지로 가는 내리막길이니 길은 험하기 마련이다. 내가 다리를 뻗쳐 도와드릴까요 했더니 괜찮다고. 버스가 펀치후에 들려 떠날 때 둘의 말문이 터졌다. 내가 덴마크를 두 번 여행했다는 얘기, 그것도 첫 번째 여행은 총각 때였다고. 인어상, 안델센 이야기를 했더니 인어상은 보잘 것 없는 것이라고 했다. 그녀 일행은 가오슝으로 간다고 하기에 우리는 4년 전에 그곳을 방문했는데, 가볼 만한 것들이 많다고 하며 우리의 계획도 말했다. 그러는 사이 버스는 자이에 도착했고 그녀는 물론 가족들 모두가 나에게 인사를 건넸다.

거꾸로 가는 기차를 타고

자이역에 도착하자마자 타이중 가는 기차를 예매하려니 여직원이 로칼이냐고 물었고 물론 이라고 했더니, 바로 떠나고 역마다 서는 완행열차였다. 점심은 미루고 역원이 가르치는 플랫홈에서 열차를 바로 탔고 완행을 타고 가는 여행도 좋지 않겠냐 했다. 로칼의 의미를 정확히 알았다면 여행은 꼬이지 않았을 터인데. 차창 밖을보니 트랙터가 가도 백로들이 미동도 하지 않았고, 너른 들도 지나갔다. 여행은 이 맛이라고 하며 열차가 타이중에 언제 도착할까 폰을 뒤져봐도 쉽지 않았다. 로칼 표에는 도착시간도 안 나오고 운행구간만 쓰여 있고 당일 유효하다는 표시만 있다. 이 차를 타고 하루 종일 왔다 갔다 할까?

그러던 중 영우가 구글지도를 보며 우리의 열차가 반대로 가고 있다고 했다. 기차는 선화善化역에 선다는 방송이 나왔는데 나는 타이중 바로 전역, 장화彰化역으로 알아듣고 태연자약. 선화역은 자이 남쪽 타이난臺南에 속하는 역. 부리나케 서둘러 내리다 보니 영우는 폰을 두고 내렸다. 지탄은 한 발을 플래트홈, 한 발은 기차에 걸쳐놓고, 영우는 허겁지겁 폰을 회수, 용감무쌍한 순간이었다. 여태까지 반대 방향의 기차를 탄 여행은 없었다. 다시 상행 로칼열차를 타고 타이중으로 향했다. 2시간 반 이상의 시간을 손해 보았고 배는 고파왔다. 뭐 여행은 이런 것이지. 타이중역에 도착한 때가 4시 50분. 급행으로 1시간 조금 더 걸리는 곳인데.

옛 타이중기차역

타이중으로 돌아와서 저녁산책

타이중역에 도착하여 인근에 있는 음식백화점에서 늦은 점심. 볶음밥을 먹었던가. 좋은 음식점을 찾을 여유가 없었다. 호텔로 돌아가는 길, 높이 선 타이중 몰 앞의 인형은 무표정했고, 저녁노을은 져왔다. 마치 동화 속 건물과 같은 레이저 타이중Leisure Taichung호텔 건물을 지나고 옛 타이중역 건물을 지나왔다. 옛날 타이중의 도심, 역을 중심으로 도로가 방사선으로 뻗쳐있다. 서울역처럼 신, 구 역사가 나란히 있다. 1905년 일제하에서 건축된 서구 르네상스 양식의 건물. 기차는 1908년 운행을 시작했다고. 지금은 타이중 기차역 문화공간으로 단장했다.

꿍유엔옌커宮原眼科

다음날은 계획대로 르웨탄日月潭을 가기로 확정했다. 갈 때와 올 때 모두 택시를 이용하기로 하고 호텔에 택시를 부탁했다. 택시로 하는 1일 관광은 터무니 없이 비싼 가격을 제시했기 때문에 한 조치. 3,800원(우리 돈으로 17만 원 정도)에 5시간 동안 르웨탄을 돌아보기로 했다. 타이완 타이루거太魯閣공원 여행시는 화리엔花蓮역부터 택시를 타고 기사의 안내로 2,000원(당시 시세로 8만 원)을 주고 한 바퀴 돌았었다. 10년이란 격차가 있고, 타이중 도심에서 르웨탄까지는 차로 1시간 반 정도의 시간이 소요되므로 가격은 비싼 가격은 아니리라.

호텔에 배낭을 벗어놓고 나오니 불탄 건물이 보였고, 전자오락장(스롯머신) 플래카드가 걸려 있었다. 건물을 보수하지 않고 그대로 사용하는 모양이다. 작년 여름, 아이들과 거진을 찾았는데 불탄 건물이 그대로 젊은이들이 찾는 명소로 이용되고 있었다. 홍구는 하루 전 숙취로 쉬기로 하고 셋이서 바로 나와 저녁 산책. 호텔에서 멀지 않은 꿍유엔옌커 宮原眼科를 가보았다. 옛날 안과 자리에 있는 아이스크림, 버블티 전문점. 젊은이들에게 인기가 있는 버블티는 대만에서 개발한 음료. 초기에는 차와 우유로 만든 밀크티였으나 타피오카펄에 여러 재료를 넣는 등 다양해졌다. 아이스크림을 시켜 밖으로 나와 먹었는데 베스킨라빈스보다 훨씬 못했다. 버블티를 먹을 것을. 원래 이름난 것은 별로이다. 전자상가를 지나 숙소로 돌아오니 홍구가 배고프다 하여 세븐일레븐에서 컵라면 하나 사다 주었다. 이번 여행은 컵라면 여행.

반선생님 출상

내가 좋아하는 반선생님

다음날(1/19, 금)이 내가 좋아하는 향년 94세인 반선생님의 출상 날이라고 영우로부터 소식을 들었다. 반선생님과 드로잉 동호회 활동을 한 것이 10년이 넘었을까. 6.25 참전용사이시고 그림 이외 불교음악 저작도 하셨다. 전연 나이티를 안 내시고 옷차림도 항상 멋쟁이. 시간이 나면 문산에 있는 사모님 묘를 찾으셨다. 내가 지향하는 나이가 든 사람의 표상이랄까. 여행 중이라 여회원들에게 카톡을 했더니 그녀들도 남미, 일본 등 여행 중이었다.

성의를 표했다고 연락이 왔다. 공교롭게 반선생님의 아드님이 영우의 후배로 정신과 전문의. 그분을 회상하다 보니 잠을 이룰 수가 없었다. 선생님도 나를 무척이나 좋아하셨는데-

르웨탄(日月潭, Sun Moon Lake)에서의 하루

여행 넷째 날, 아침은 숙소 옆에 있는 My Warm Day(麥味登)에서 스프, 샐러드에 볶음밥. 값에 비해 맛도 좋았다. 9시 호텔 앞에서 여직원이 우리를 르웨탄에 데려다 줄 장기사를 소개시켜주는데, 선문레이, 선문레이 했다. 무슨 말이냐 해도 선문레이. 르웨탄의 영어 이름, Sun Moon Lake. 우리가 영어를 잘못 알아들은 탓이겠지. 르웨탄은 난터우 南投현 위즈漁池향에 있다. 향은 우리나라의 면이라 할까. 르웨탄 가는 길의 산들, 우리의 산과 조금 틀리다. 무언가 설명할 수는 없지만. 오후에 비가 온다더니 날은 꾸물꾸물, 조금 있더니 쾌청한 날씨로 바뀌었다. 우리를 돌봐주는 모양이다. 기사는 시종 말도 없고 점잖았다.

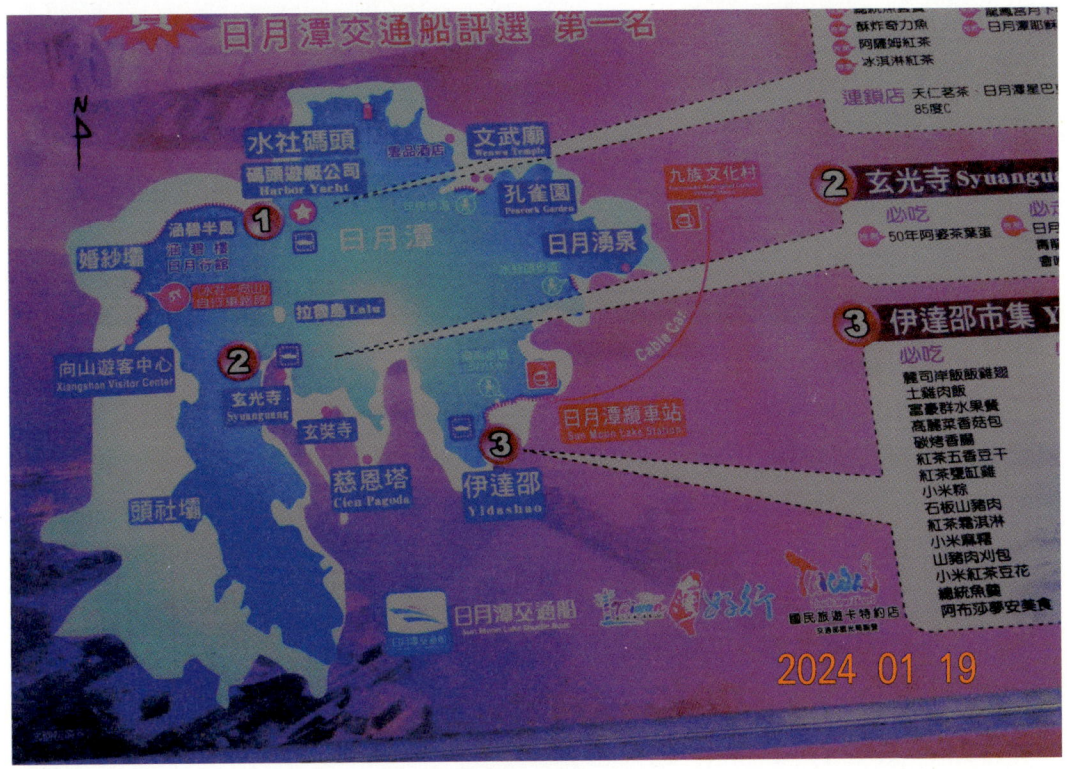

르웨탄 안내도

10시 20분에 르웨탄에 도착했고 장기사는 5시간 후에 오기로 하고 떠났다. 지도를 보면 우리가 있는 곳은 1번, 유람선을 타고 2번으로 가서 한 시간쯤 걷고, 다시 유람선을 타고 3번으로. 이곳에서 점심을 들고 호숫가를 걷고 배를 타고 다시 1번으로 돌아오는 것이 르웨탄 일정이다. 르웨탄 윗부분은 해같이 둥글고 아랫부분은 초생달, 그래서 르웨탄日月潭이다. 시간이 있다면 자전거를 타고 한 바퀴 돌아볼 터인데. 뱃삯은 경로우대로 1인당 250원(12 천원 꼴)이다. 대만에선 외국인은 경로우대를 못 받는데 점잖은 기사 덕분. 사전에 기사에게 우리의 여권을 보여줬었다. 배가 출발하는 간격은 보통 20분으로 배 시간에 신경을 안 써도 되었다.

슈안장玄奘법사를 모시는 슈엔광玄光사

언덕에서 본 수이샤마토우

언덕에서 내려다보니 본 부두, 수이샤마토우水社碼頭에는 배들이 제법 많았고, 유람하기에 최적의 날씨였다. 부두 입구에는 북반구에 널리 분포하는 수련(water lily, 睡蓮)꽃이 피어있었다. 6-7월에 개화하고 꽃은 3-4일 동안 밤에는 자고 낮에만 핀다. 그래서 잠자는 연, 수련. 꽃피는 시기는 우리나라 기준이다. 본 부두에서 중천 5호를 타고 15분후에 슈엔광 부두에 도착했다. 슈엔광사 입구에는 4인 악단이 연주와 노래를 하고 있었는데 분위기는 별로였다. 절로 오르는 계단에는 파룬따파法輪大法를 홍보하는 여인들이 시범을 보이고 있었다. 진, 선, 인忍을 수련의 근본원리로 하고 몸과 마음을 함께 수련하는 파룬궁이다. 1992년 공개되었고 지금은 140여개국에서 1억 명 이상이 수련을 하고 있다고 한다. 길가에는 백합과의 소관목, 홍죽이 줄지어 심어져 있고. 열대지방에 분포하지만 우리나라에서도 흔히 볼 수 있는 식물이다. 슈엔광사라고 한글로 표시된 안내표시를 보니 우리나라 사람들도 많이 찾는가 보다. 펀치후에서도 본 키가 큰 포인세티아 같은 나무도 볼 수 있었다.

슈엔광사는 요란하지 않고 아담한 절로 서유기에 등장하는 현장(슈안장)법사를 모시는 절이다. 선레이크와 문레이크의 경계선에 있고 1955년 창건된 절로 절 입구에는 포인세티아가 놓여 있었다. 멕시코 원산으로 열대, 아열대에 자라는 작은 나무. 16세기 멕시코크리스마스이브에 가난한 소녀가 잡초들을 모아 교회 제단에 다가서니 붉은색의 아름다운 꽃이 피었다고. 멕시코 원주민은 이 나무의 수액을 약품, 염료로 사용했다고 한다. 멕시코 주재 미국 초대 대사이며 식물학자인 조엘 로벗 포인Joel Roberts Pointsett에 의해 미국에 처음 소개되었다. 절에는 현장법사가 사막을 지나 불경을 지고 오는 그림이 있다. 현장(602-664)은 당나라 초기 고승으로 불경의 삼경에 통달한 삼장법사의 한 사람이다.

인도에서 불경을 갖고 오는 현장법사

불경의 삼 요소는 경장, 율장, 논장. 경장은 부처님의 설법을 모은 금강경, 법화경, 아함경 등을 말하고, 율장은 후대 불교인들의 학문적 연구의 결과물이고, 논장은 불교 신도가 지켜야 할 논리, 규정 등을 모은 것. 현장은 629년 천축으로 불리는 인도에 들어가 15년간 경전을 연구하고 귀국하여 불교 경전을 한문으로 번역하였다. 그의 대당서역기는 서유기에 영향을 주었고. 절 근처 바위에는 천추고려千秋苦旅라는 글자가 새겨져 있었다. 긴 세월에 끝이 없는 고생스러운 여행이 우리의 인생이 아닌가.

청룡산은 오르는 길을 산책하니 잎이 바늘처럼 날카로운 삼나무가 이곳에도 많았다. 부두로 하산하니 4인조 악단은 춤추는 무리에 둘러싸여 신이 나 있었고 젊은 서양인들도 보였다. 이들도 이곳 여행 중에 우리와 종종 마주쳤고. 영우는 여태까지 우리가 복잡하게 살아왔으니 앞으로는 단순하게 살아가자는 말을 꺼냈다. 옳은 말이다. 배를 타려니 케리안드라calliandra, 붉은 분첩나무가 보였다. 콩과 상록활엽나무로 하와이 자귀나무라 불리우고 여인들의 분첩을 닮았다. 남아메리카 열대지방이 원산지이다.

이따사오에서 호숫가를 걷고

호수에 떠있는 배 한 척

   다시 배를 타고 두 번째 장소, 이따사오伊達邵로 옮기려니 빈 배 한 척이 호숫가에 두둥실 떠 있었다.

       이제야 알겠네
       당신이 왜 홀로 있는지를

       손에는 검버섯 피고
       눈 밑에
       산 그림자 밀려온 후에야

       손과 손이
       뜨거이 닿아
       한 송이 꽃을 피우고

       봄에도 여름에도
       강물 소리 가득하던 우리 사이

       벅차오르던 숨결로
       눈 맞추던 사랑

       이제 호수되어
       먼 모랫벌로 밀려가 버린 것을

       이제야 알았네
       물이 된 지금에야

(문정희, 1947-, 호수)

르웨탄의 번화가에 내리니, 이따사오 여객센터이다. 먹거리 골목이 서너 개 있고, 골목에 있는 식당에 들려 뉴로미엔, 청채, 만두를 시켰다. 뉴로미엔 맛은 타이페이보다 못했지만 가격은 착한 편. 손이 모자라서 서비스는 불량했고. 이곳에서 음식을 주문하는 방법은 플라스틱 판에 색연필로 원하는 메뉴에 개수를 쓰면 된다. 식사 후 근처에 있는 큰 규모의 세븐일레븐에 들려 화장실을 찾았다. 조그만 꽃 화분이 옹기종기 놓여 있었고. 세븐일레븐은 세계 최초의 편의점 브랜드로 1927년 얼음을 판매하던 곳에 간단한 식품을 팔기 시작했다. 세븐일레븐은 그때 당시의 영업시간을 표시한 것. 산책길을 걸어 오르내리니 인도를 생각나게 하는 멋진 장식용 조각이 있는 루루자자카페도 있고 야자수들은 이국적인 분위기를 창출했다. 계단을 오르니 이곳의 원주민, 사오족邵族이 사냥하는 그림도 붙어 있고.

호숫가로 다시 내려오니 서양 젊은 친구들은 케이블카를 타러 가고 있었고, 우리는 벤치에서 잠시 휴식을 취했다. 청정한 호수와 숲이 마음에 들었다. 옆의 벤치에는 주인 잃은 핸드폰 하나, 조금 있더니 폰을 놓고 간 노인이 자전거를 타고 등장했는데 셔츠에는 불노不老라는 글씨가 쓰여 있었다. 젊다는 것인지, 늙지 말자는 것인지. 이 친구 우리에게 자기는 73세라고 뻐기듯 말했다. 우리는 77세라고 말하며 "You are young"이라고 했더니 슬그머니 퇴장했다.

왼쪽의 벤치를 보았더니 방금 전에 할머니들이 앉았었는데 젊은 여자들 패거리들이 앉아 있었다. 노인들이 젊은이들로 변신했는지. 우리도 그랬으면 얼마나 좋을까. 강태공들은 없었지만 낚시 좌대도 여기저기 보였고, 우리는 케이블카 승강장까지 갔다가 승선장으로 돌아오려니, 호수는 져가는 해에 반짝거렸다.

마침 한 노인이 투망을 던져놓고 한참을 기다리다 올리니 사람들이 모여들었고, 투망 속에는 돔 종류의 큰 물고기들이 가득했다. 호수에 얼마나 물고기가 많길래. 물고기를 미리 잡아 놓았던가 사서 집어넣고 저녁때가 가까이 오니 잡아 올려 식당으로 갖고 가는 것이겠지. 아이스크림과 버블티 파는 가게에서 아이스크림을 사서 먹자니 금세 흘러내렸다.

본 부두로 가는 유람선을 타려니 선장이 빨리 빨리하며 우리보고 손짓을 했다. 선실 밖 뒷자리 앉으니 선장은 무엇이라 떠들고 승객들의 폭소가 터졌고. 하선할 때 보니 선장에게 팁을 주는 손님도 있었다. 대만사람들 예의 있고 친절하고 팁도 줄 줄 알고, 우리보다 한 수 위이다. 유럽 여행을 할 때 보면 가이드들은 독일사람들에게 특별히 친절하다. 팁이 후한 까닭. 배 밖의 외로워 보이는 지탄은 집사람을 생각하는지. 하루 전에도 "보고 싶어, 여보"하고 전화를 했었다.

다시 타이중 시내로

멋진 건물의 타이중국가가극원으로

타이중국가가극원 앞의 친구들

뭍에 내리니 화려한 부겐빌레아꽃이 만발했다. 분꽃과 덩굴성 관목으로 남미의 열대, 아열대 지방에 분포한다. 진홍색 포엽이 관상 포인트이며 진짜 꽃은 포엽에 둘러싸인 조그맣고 하얀 꽃이다. 프랑스 항해가, 부겐 빌레아가 최초로 발견했다. 약속 시간에 정확히 장기사를 만났고 시간도 여유도 있어 타이중국가가극원National Taichung Theater으로 향했다. 기사와의 소통은 문제가 없었다. 파파고Papago로 내가 한국말로 말하면 중국어로 나오고 이것을 장기사에게 보여줬고 기사가 중국어로 말하면 영어로 된 글이 나오고 이것을 나에게 보여주었다. 어설프게 아는 중국어로 말하는 것보다 정확했고 시간도 절약되었다.

가극원에서 기사와 헤어지며 좋은 식당을 소개해달라 했더니 친위엔춘沁園春식당을 소개해주며 식당의 소재지, 전화번호, 식단을 소개하는 폰의 화면을 보여주었고 이를 내 폰으로 사진을 찍었다. 내리면서 홍구친구가 기사에게 하루 전 호텔측에 선불로 준 천 원을 제하고 3천 원을 주었다. 기사가 거스름돈을 주는 것을 되었다 했고. 말도 없이 이것저것 챙겨주는 장기사가 고마웠다. 내가 계산하는 것이 어리숙하여 여행 둘째 날부터 홍구가 회계를 맡아 잘 처리했다. 계산도 빠르고 긍정적인 생각의 친구다.

가극원의 건물은 어디나 내놓아도 손색없는 건물이다. 서울에서 출생한 일본 건축가

(1941-), 이토 도요오가 설계한 건물. 가극원 앞 분수도 멋졌고 손수레를 끄는 모자가 이를 즐기고 있었다. 시간이 없는 우리는 겉핥기만 하고 도심의 녹색공간을 둘러보았다. 이곳 벤치에서 친구들은 함박웃음을 터트렸고. 오늘 여행이 만족스럽다는 표현이겠지. 공원의 멋진 조각들도 둘러보니 키다리 나무들 위에는 높은 빌딩군이 우리를 내려다 보고 있었고. 우리는 도심의 한 가운데 있었다.

친위엔춘에서의 여행을 마무리 짓는 맛있는 저녁

친위엔춘 식당에서의 만찬

우리는 기사에게 소개받은 친위엔춘 식당으로 출발하여 지나가는 청년에게 길을 물었더니, '이삼십 분은 걸린다고' 하며 우리가 걸어서 간다고 하니 머리를 갸우뚱했다. 영우는 차로 걸리는 시간을 걸어서 가는 거리로 착각했다. 영우의 구글 지도를 따라가는 길, 퇴근 시간의 정체가 시작되었다. 베트남 같지는 않지만 오토바이족들도 줄을 이었고, 타이완 노래방, KTV도 눈에 자주 띄었다.

환경보호는 어디를 가나 큰 과제이다. '함께 탄소를 감축하여 환경을 보호하고 아름다운 지구를 아이들에게 물려 주자'는 구호가 담장에 붙어 있다. '一起來減碳環保把美麗的地球留給孩子' 타이중 시청 청사, 국립타이완 미술관, 시의회 가는 안내표시도 있었고, 다리도 아프고 피곤하여 택시를 잡으려 하여도 여의치 않아, 버스정류장에서 버스를 기다렸더니 시외버스정류장이다. 도로 중앙에 있는 시내버스정류장으로 이동하였더니 식당 쪽으로 가는 버스가 곧 왔다. 영우는 어느새 버스 번호를 알아놓았고 버스에서 우리가 내릴 버스정거장을 체크하였다. 버스를 내려 조금 걸으니 큰길가에 친위엔춘이 보였다.

친위엔춘沁園春은 상하이식 음식점. 여직원 우리를 보며 예약이 안 되었다고 거절하니 난감하였지만 그대로 물러설 우리가 아니지. 이곳 음식이 유명하여 서울서 여기까지 왔다며 애교를 부리니 30분 이내 먹는 조건으로 수락하였다. 스프, 소갈비, 샐러드, 샤오롱빠오小籠包, 볶음밥, 진먼고량주 등을 시켰다. 고급음식점이라 술도 팔았고. 이번 여행 중 가장 푸짐하고 맛있었던 식사였다. 샤오롱빠오[1]는 정말 오랜만이었고 즙, 피, 만두 속 순으로 먹으라고 영우는 군소리를 했다.

타이완 남부에 있는 컨딩을 여행할 때 술 취해 발 마사지를 한 후 거리로 나왔는데 거리에는 마침 샤오롱빠오 파는 집이 있었고, 영우가 마사지해준 친구의 입속으로 만두 하나를 넣어주었다. 뜨거워 어쩔 줄 몰라 하던 그의 표정이 아직도 생생하다.

내친김에 요리 하나 더 시켰더니, 욕심. 포장해 달라는 수 밖에 없었다. 물론 식사 시간도 연장이 되었고 음식점 측도 요리를 많이 시켜 먹어주니 좋았다.

얼근해져 밖으로 나와보니 타이중역 근처가 아닌감. 숙소를 배려하여 음식점을 추천하여준 장기사에게 다시 한번 고마움을 느꼈다. 조그만 일들이 사람들을 감동하게 한다. 귀국하여 보니 타이중에도 전철이 있다. 대만 가이드북을 보니 타이중 전철도가 접혀있었다. 베이툰(北屯)역에서 시청을 거쳐 고속철타이중高鐵臺中역까지 운행하는 전철을 깜빡한 것. 그나 마나 가극원에서 식당까지는 바로 전철을 이용할 수가 없다.

숙소 근처 세븐일레븐에서 각자의 이지카드에 320원이 차도록 충전을 했다. 다음날 공항까지 가는 버스 차비이다. 그리고는 숙소에 돌아와서 싸 온 음식에 남은 고량주를 비웠다. 홍구는 피곤하다고 사양했고, 조금 있으니 홍구에게서 전화가 왔다. 영우가 영어로 씨부렁댔더니 겁이 나는지 전화를 끊었다. 한잔하고 씨부렁대다가 우리 방으로 돌아오니 홍구는 전화가 이상했다고 했고, 나는 딴 방에 전화한 것 아니냐 하고 둘러댔다. 하여튼 타이중의 마지막 밤은 즐거웠다.

---

1. 샤오롱빠오小籠包 : 뜨거운 국물이 들어있는 만두.

귀국하는 날

1월 20일, 여행의 마지막 날, 타이중역 인근에 있는 U버스 정류장으로 갔다. 조식은 공항에서 하기로 했고, 정류장 옆은 재래시장이고 시간도 남아 시장을 한 바퀴 돌았다. 담벼락에는 그라피티가 그려져 있는데 그라피티는 담벼락에 몰래 써놓은 서양식 낙서이다. 시장은 이른 시간이었지만 사람들이 꽤 많았다. 무과木爪로 불리는 파파야, 물고기, 채소, 소고기 등 없는 것이 없었고 파락芭樂이라고 쓰여있는 신종 과일에 사람들이 모여있었다. 가시박 열매인가 알 수가 없었다. 시간이 있었으면 사 먹었을 터인데.

버스 시간이 되어 버스를 타려니 이지카드를 쓸 수가 없다고 하고, 지난밤 일부러 충전을 시킨 것이 헛일이 되었다. 부랴부랴 표를 현금으로 구입했으나 버스는 떠나버렸고, 다음 차를 탈 수밖에 없었다. 이번 여행은 실수투성이, 나이 탓도 있겠지만 실수로 더욱 기억에 남을 여행이 되었다.

공항 가는 길, 날씨가 잔뜩 흐렸다. 여행 내내 날씨가 좋았으니 얼마나 운이 좋았는가. 공항에서 이지카드를 사용하여 280원짜리 아침 식사를 했다. 소고기를 둘둘 마른 것에 스프, 두유 그리고 오이 반찬. 그래도 40원이 남았다. 이것도 걱정거리. 그래서 이것 없애려고 커피 한잔을 했다. 4인 합계 160원을 쓰는 절차가 얼마나 복잡했는지. 여직원의 계산법이 복잡했다. 그것보다 단순하게 살자고 했는데 40원(2천 원 정도)에 목숨 건 사람들처럼 행동했으니.

출국 절차를 마치고 면세점에서 아이들과 처형들을 위해 펑리수 10개를 샀더니 한 개를 더 주었다. 가격은 결코 싼 것이 아니었다. 타이중의 명품, 타이양빙을 살 것을. 친구들은 주로 진먼고량주를 샀다. 16시 35분 인천공항에 도착하여 화장실에서 두꺼운 옷으로 갈아입고 집에 오니 저녁 7시. 친구들 덕에 기억에 남을 여행이 되었다, 시행착오가 많아 더욱 그랬고. 아리산, 르웨탄을 가다 보니 전철을 타고 타이중을 못 돌아본 것이 못내 아쉬웠다. 내년 1월엔 말레이시아를 가볼까.

1인당 여행경비를 따져보니, 비행기 삯 55, 숙박료 14, 기타 38만 원으로 합계 107만 원이었다. 4년 전 가오슝 여행 때는 비행기 22, 숙박 15, 기타 30만 원으로 67만 원이 들었다. 11년 전 타이완 북부 여행비는 가오슝 때와 비슷했고. 비행기 삯이 무척 올랐다.

재미없는 글, 읽어주시어 감사합니다.

참고한 책

* 미국사, 앙드레 모로아, 기린원
* 북미여행 가이드, 중앙일보 미주본사
* 비바 라스베가스, 도린 오리온, 시공사
* 나의 첫여름, 존 무어, 사이언스북스
* 어린왕자, 생텍쥐페리, 프레스빌
* 캘리포니아, 김영주, 안그라픽스
* 미국서부 100배 즐기기, 이정아, 랜덤하우스중앙
* 미국서부, 중앙books
* 태양, 바람 그리고 사막, 김영주, 컬쳐그라퍼
* 아메리카, 천개의 자유를 만나다, 이장희, 위캔북스
* 미국 누비記, 정경민, 필맥
* 찰리와 함께한 여행, 존 스타인벡, 궁리
* 풍경과 함께한 스케치 여행 뉴욕, 이장희, 성하출판
* 블루 하이웨이, 윌리엄 히트문, 민음사
* 태양이 머무는 곳, 아치스, 에드워드 애비, 두레
* 미국의 지리, 스티븐S와 버졸, 미국 국무부
* 뉴요커도 모르는 뉴욕, 안나킴, 한길아트
* 인디언의 영혼, 오히예사, 오래된 미래
* 쫓기는 동물들의 생애, 어니스트 톰슨 시튼, 지호
* 회색곰 왑의 삶, 어니스트 톰슨 시튼, 지호
* 그때, 타이완을 만났다, 이지상, 알에이치코리아

* //www.nps.gov
* //www.newzealand.co.kr